Leselandschaft

Warum der Titel Leselandschaft?
Wer die Leselandschaft 1 bereits durchwandert hat, dem ist das Konzept der „Textsorten-Anthologie", das beiden Bänden zugrunde liegt, bereits vertraut. Dazu schrieben wir im Vorwort des ersten Bandes: „Schilder, Gebrauchsanweisungen, Zeitungsartikel, Postkarten, E-Mail-Botschaften, Berichte, Analysen, das Kleingedruckte auf dem Busfahrschein – wir sind umgeben von ‚Texten', stündlich und täglich, in der Muttersprache wie in der Fremdsprache (je nachdem, wo wir leben). Wer sich in dieser ‚Landschaft' von Texten darauf vorbereitet mit einer fremden Sprache zu leben, macht leichte Spaziergänge, geht Irrwege und lehrreiche Pfade, durchquert manche Ebene mühsam, sieht schwer zu nehmende Gipfel, Hindernisse und Abkürzungen, die Flora und Fauna des Wegrandes, genießt Ausblicke und ... findet unschwer viele Analogien."

Was ist Leselandschaft?
Leselandschaft ist ein Unterrichtswerk für Deutsch als Fremdsprache auf Mittelstufenniveau in zwei Bänden.

Was bietet Leselandschaft?
Leselandschaft bietet Texte, Übungen und Aufgaben zum
– Leseverstehen
– Wortschatz
– Sprechen und
– Schreiben

Das Unterrichtswerk ermöglicht fortgeschrittenen Lernern einen progressionsorientierten Spracherwerb in den Bereichen:
– Training des Leseverstehens durch Lesestrategien
– Erwerb von thematisch strukturiertem Wortschatz
– Systematisierung und Anwendung von Redemitteln
– Bildbeschreibungen
– Schreibtraining in verschiedenen Textsorten
– Sprechtraining (Gesprächssituationen und Argumentation)

Was ist charakteristisch für dieses Buch?
Leselandschaft ist in kleine, überschaubare Einheiten gegliedert. Dadurch bleiben die Lernschritte stets Lehrer wie Lerner transparent. In den Lerneinheiten finden sich:
– authentische Texte
– Texte zu verschiedenen Themen
– Texte unterschiedlicher Textsorten
– vielfältige Wege in diese Texte hinein und durch sie hindurch
– variationsreiche Aufgaben zu thematisch strukturiertem Wortschatz
– systematisch zusammengestellte Redemittel und Anwendungsaufgaben
– Bilder zum Sprechen
– reale Gesprächs- und Schreibanlässe

An wen richtet sich Leselandschaft?
Leselandschaft spricht alle Lerner an, die die Grundstufe abgeschlossen haben (Zertifikat Deutsch als Fremdsprache mit gutem Erfolg) und die sich beispielsweise auf die Zentrale Mittelstufenprüfung (ZMP) des Goethe-Instituts vorbereiten wollen.

Wie ist das Buch aufgebaut?
Leselandschaft 2 enthält 12 Einheiten mit jeweils einem thematischen Schwerpunkt:
– Glück
– Wissen, Lernen
– Computer, Multimedia
– Arbeit
– Zeit
– öffentliches Handeln, Politik, Staat, Bürokratie,
– Ernährung, Gesundheit, Sport
– Problemlösung, Konfliktregelung
– Medien
– Verkehr
– Markt, Wirtschaft, Geld
– Ideen, Kunst

Die Themenschwerpunkte für Leselandschaft 1 & 2 wurden auf der Grundlage der Zentralen Mittelstufenprüfung (ZMP) ausgewählt. Innerhalb einer Einheit sind die Texte und Aufgaben zu den Blocks
- Leseverstehen
- Wortschatz
- Redemittel
- Bildbeschreibung
- Schreiben
- Diskussion

zusammengefasst. Oben rechts auf jeder Seite zeigt der Wegweiser dem Lerner, wo im Lernstoff er sich gerade befindet.

Wie kann ich als Lerner mit diesem Buch arbeiten?
Übungen und Aufgaben zeigen Ihnen, um welche Lernziele es jeweils geht. Wenn Sie zu Hause den Lernstoff nacharbeiten wollen, können Sie die Aufgaben mit Hilfe der Lösungen und Hinweise im Anhang bearbeiten.

„Lesestrategien" – warum?
Mancher Lesetext dieses Buches wird mit einer Situationsbeschreibung eingeleitet („Nehmen wir an, dass ..."). Denn wir entscheiden stets in einer konkreten Situation, warum wir einen Text überhaupt lesen wollen bzw. müssen:
- Weil wir uns einen Überblick über die wesentlichen Informationen verschaffen wollen?
- Weil wir eine bestimmte Information darin suchen?
- Weil wir ihn Wort für Wort verstehen wollen?

Die Strategien, mit denen sich solche Leseinteressen realisieren lassen, sind:
- kursorisches Lesen: die Identifizierung der Hauptinformationen (z. B. bei der Durchsicht eines Zeitungsartikels)
- selektives Lesen: das Finden bestimmter Informationen (z. B. in einem Fahrplan)
- totales Lesen: das detaillierte Verständnis Wort für Wort

Leselandschaft übt den Umgang mit solchen Lesestrategien.

Welche Textsorten enthält Leselandschaft 2?
U. a.: Reportage, Buchrezension, Filmkritik, Sach- und Fachtext, Gedicht, Instruktion, Geschichte, Empfehlung, Interview, Satire, Essay.

Was ist der Unterschied zwischen Aufgaben zum Wortschatz und zu den Redemitteln?
Aufgaben zum Wortschatz beschäftigen sich mit der Thema-Lexik, also jenen Wörtern und Wendungen, die man kennen muss um über ein bestimmtes Thema (z. B. „Umwelt") sprechen bzw. schreiben zu können.
Redemittel dagegen sind sprachliche Mittel, die man in den unterschiedlichsten Situationen verwenden kann (z. B. „vorschlagen", „seine Meinung ausdrücken", „beraten" u. a. m.).

Was für Schreibaufgaben gibt es?
Leselandschaft enthält – jeweils in drei methodischen Schritten – Schreibaufgaben u. a. zum persönlichen Brief, zum formellen Brief, zu Zusammenfassung, Stellungnahme, Erörterung, Darstellung u. a. m.

Was bietet das Buch zum Sprechtraining an?
„Offene" Bilder, die Anlass zur Besprechung eines Themas und all seiner Aspekte bieten. Diskussionsvorgaben, d. h. Beschreibungen von Sachverhalten, Situationen und Ereignissen, die unter verschiedenen Gesichtspunkten von einer Lerngruppe analysiert, strukturiert und bewertet werden können.

Für wie viele Unterrichtseinheiten bietet dieses Buch Material?
Für 100–120 Unterrichtseinheiten – je nach Gruppe, nach Vorkenntnissen und Interessenlagen.

Lösungen und Hinweise zu den Texten und Aufgaben finden sich am Ende dieses Bandes.

Leselandschaft 2

Unterrichtswerk für die Mittelstufe
von Günther Hasenkamp

Verlag für Deutsch

Für Eva-Maria,
Almut und Dagmar;
mit Dank an alle,
die mir geholfen haben

Dieses Buch ist nach den Regeln der neuen Rechtschreibung gesetzt.

Das Werk und seine Teile sind urheberrechtlich geschützt.
Jede Verwertung in anderen als den gesetzlich zugelassenen Fällen
bedarf deshalb der vorherigen schriftlichen Einwilligung
des Verlags.

5.	4.	3.	2.	1.	Die letzten Ziffern bezeichnen
2000	1999	98	97		Zahl und Jahr des Druckes

Alle Drucke dieser Auflage können, da unverändert, nebeneinander
benutzt werden.
2. Auflage
© 1997 VERLAG FÜR DEUTSCH
Max-Hueber-Straße 8, D-85737 Ismaning
Umschlaggestaltung: Peer Koop unter Verwendung einer
Grafik von Ralf Meyer-Ohlenhof
Layout: Peer Koop & Christiane Gerstung
Druck: Druckerei Auer, Donauwörth
Printed in Germany
ISBN 3-88532-759-7

Inhalt

Vorwort 3

Kapitel 1:	**Eine Vogelfeder finden**	8
Kapitel 2:	**Sondern für das Leben**	29
Kapitel 3:	**Ich@Computer**	43
Kapitel 4:	**Meine Arbeit**	63
Kapitel 5:	**Meine Zeit**	83
Kapitel 6:	**Im öffentlichen Raum**	99
Kapitel 7:	**Der Schokolade widerstehen**	127
Kapitel 8:	**Gordische Knoten**	141
Kapitel 9:	**Durch die Programme**	159
Kapitel 10:	**Wir lieben den Stau**	173
Kapitel 11:	**Auf dem Markt**	187
Kapitel 12:	**Eine Idee von der Welt**	205

Lösungen und Hinweise
zu den Aufgaben 218
Text- und Bildquellen 226

Ein ausführliches Inhaltsverzeichnis von Leselandschaft 1
und Leselandschaft 2 finden Sie auf den Seiten 6 und 7.

Leselandschaft 1

1 Nach Paris?
Themenfeld: Reisen
Lesetexte: Informationstext (Nachts nach Paris), Reportage (Es gibt Geheimnisse auf dieser Welt), Vertrag (Reisebedingungen). *Redemittel:* Vorschläge, Vergleich. *Bildbeschreibung:* Bergterrasse. *Schreiben:* persönlicher Brief, Darstellung.

2 Lesende
Themenfeld: Lesen
Lesetext: Sachtext (Leselust). *Redemittel:* Entwicklungen, Inhaltswiedergabe, Zusammenfassung. *Bildbeschreibung:* Drei Lesende. *Schreiben:* Darstellung. *Wortschatz:* Texte, Satzzeichen, Abkürzungen.

3 Heimat, das ist, wenn ...
Themenfeld: Heimat
Lesetexte: O-Ton-Texte (Heimat), Satire (Innen und außen), Gedicht (Michael Hamburger, Der Pavillon des Braunen Kranichs). *Redemittel:* Unterschiede und Gegensätze, Definitionen und Abgrenzungen. *Bildbeschreibung:* Filmplakat.

4 Wenn man hier keine Zeitung hält
Themenfeld: Landleben
Lesetexte: Gedicht (Sarah Kirsch, Im Sommer), Forschungsüberblick (Neue Landjugend). *Redemittel:* Meinungspingpong (I). *Schreiben:* formeller Brief, Diskussion Tropicland.

5 Eine richtige Großstadt
Themenfelder: Städte, Wohnen
Lesetext: O-Ton-Text (Warten auf die große Stadt). *Redemittel:* Vorteile – Nachteile, Beratung. *Bildbeschreibung:* Ankunft. *Schreiben:* Beschreibungen, Diskussion, Sparmaßnahmen.

6 Meine Frau, die bleibt zu Hause
Themenfeld: Frauen – Männer
Lesetexte: Meldung (Die Ehe macht die Männer dick), O-Ton-Texte (Meine Frau, die bleibt zu Hause; Kinder, Karriere und ein Mann), Sachtext (Wenn die Männer zu Hause bleiben). *Redemittel:* Thema einleiten, Argumente anführen, Schlussbemerkung, Anteile. *Bildbeschreibung:* Zwei Frauen. *Schreiben:* Stellungnahme, Diskussion: weibliche / männliche Verhaltensweisen.

7 Das Jahrhundert der Umwelt
Themenfeld: Umwelt
Lesetexte: Schulbuch (Die sieben ökologischen Gefahren der Menschheit), Meldung (Drei Viertel aller Deutschen), Flugblatt (Wie Greenpeace zu einem Auto kam, das es eigentlich gar nicht gibt). *Redemittel:* Ursachen und Wirkungen, legal – illegal. *Bildbeschreibung:* Die Gänsemutter. *Schreiben:* Stellungnahme, Diskussion: Protestaktionen.

8 Zusammen leben
Themenfeld: Zusammen leben
Lesetext: Reportage („Kommen, geben und etwas mitnehmen"). *Redemittel:* Beispiele, Begründungen. *Bildbeschreibung:* Klassenfoto. *Schreiben:* Darstellung, Diskussion: Wertewandel.

9 Mein Tag
Themenfelder: Alltag, Beruf
Lesetexte: O-Ton-Texte (Mein Tag), Aktennotizen. *Schreiben:* persönlicher Brief / formeller Brief. *Wortschatz:* Beruf, Büroorganisation.

10 Alles Geschichte
Themenfeld: Geschichte
Lesetexte: Sachtext (Die geteilte Stadt in einem geteilten Land), Romankapitel (Ausharren im Paradies). *Redemittel:* Erinnerung, Gedächtnis, Geschichte. *Bildbeschreibung:* Demonstration. *Schreiben:* Biographie.

Leselandschaft 2

1 Eine Vogelfeder finden
Themenfeld: Glück
Lesetexte: Umfrage (Was ist Glück?), Reportage (Nicht das Allerweltsglück), Buchrezension (Der Mordsspaß an der Todesgefahr), Gedicht (Peter Hamm, Loctudy/Bretagne, Sommer 1979). *Redemittel:* Einschränkungen. *Bildbeschreibung:* junger Mann, Casino. *Schreiben:* Stellungnahme.

2 Sondern für das Leben
Themenfelder: Wissen, Lernen
Lesetexte: Umfrage (Was blieb von der Schulzeit?), Sachtext (Was ist Mindmapping?), literarischer Text (Rolf Niederhäuser). *Schreiben:* Erläuterung. *Redemittel:* Strategien, Kompensation. *Bildbeschreibung:* Erstklässlerin, Massenuni.

3 Ich@Computer
Themenfelder: Computer, Multimedia
Lesetexte: Sachtext (Ich und mein Computer), Reportage (Ein Tag im Multimedia-Reich), Geschichten (Internet-Storys). *Redemittel:* Informieren. *Bildbeschreibung:* Telearbeit. *Schreiben:* persönlicher Brief.

4 Meine Arbeit
Themenfeld: Arbeit
Lesetexte: Reportage (Jeder bekommt den gleichen Lohn), Empfehlungen (Gute Manieren am heißen Draht). *Redemittel:* Am Telefon. *Bildbeschreibung:* Fluglotsen, Kellnerin. *Schreiben:* Stellungnahme. *Sprechen:* Arbeitszeitmodelle.

5 Meine Zeit
Themenfeld: Zeit
Lesetexte: Umfrage (Die Deutschen fürchten Stress – und Langeweile), Sachtext (Ach du liebe Zeit!), literarischer Text (Werner Koch, Meine Katze). *Redemittel:* Prioritäten, Termine. *Bildbeschreibung:* Schäfer, Studentin. *Sprechen:* Zettelwand. *Schreiben:* formeller Brief.

6 Im öffentlichen Raum
Themenfelder: öffentliches Handeln, Politik, Staat, Bürokratie
Lesetexte: Stichwörter (14 Kurzporträts), Reportage (Das Geheimnis des Erfolges ist der Fleiß), literarische Texte (Jürgen Becker, Geschäftsbesuch, Konferenz). *Redemittel:* Engagement, Entscheidungen, Tagesordnung. *Bildbeschreibung:* Zivildienstleistender, Amnesty International. *Schreiben:* Stellungnahme. *Wortschatz:* sprechen – reden. *Sprechen:* Umgehungsstraße.

7 Der Schokolade widerstehen
Themenfelder: Ernährung, Gesundheit, Sport
Lesetext: Interview (Warum können wir der Schokolade nicht widerstehen, Herr Pollmer?). *Redemittel:* Meinungspingpong (II), Schaubild. *Bildbeschreibung:* Konditorei, Imbissbude. *Schreiben:* persönlicher Brief.

8 Gordische Knoten
Themenfelder: Problemlösung, Konfliktregelung
Lesetexte: Instruktionen (Goofie, Gordischer Knoten), Fachtext (Mediation). *Redemittel:* Gesprächssteuerung, Missverständnisse. *Bildbeschreibung:* Kombattantin, Sitzblockade. *Schreiben:* Vorschlag. *Diskussion:* Flugzeugentführung.

9 Durch die Programme
Themenfeld: Medien
Lesetexte: Filmkritiken (Das Versprechen). *Redemittel:* Beurteilung. *Bildbeschreibung:* Filmszene. *Schreiben:* persönlicher Brief, Darstellung. *Diskussion:* Redaktionskonferenz.

10 Wir lieben den Stau
Themenfeld: Verkehr
Lesetexte: Satire (Wir lieben den Stau), Buchrezension (Ein Zukunftsmodell für den Verkehr), Gedicht (Reiner Kunze, Orientierung in Marseille). *Redemittel:* Vereinbaren. *Bildbeschreibung:* öffentlicher Nahverkehr. *Schreiben:* Stellungnahme.

11 Auf dem Markt
Themenfelder: Markt, Wirtschaft, Geld
Lesetexte: Sachtext (Mega-Trends), Reportage (Gut getauft ist halb gewonnen). *Redemittel:* Trends. *Schreiben:* formelle Briefe. *Bildbeschreibung:* Werbeanzeigen.

12 Eine Idee von der Welt
Themenfelder: Ideen, Kunst
Lesetext: Essay (Highway durch Moskau). *Redemittel:* Ideen, Begrüßung / Abschied. *Bildbeschreibung:* Mount Vernon Highway, Wrapped Reichstag. *Schreiben:* Darstellung.

1–2	Sprechen
3–5	Leseverstehen
6	Wortschatz
7	Schreiben
8	Bildbeschreibung
9	Schreiben
10–18	Leseverstehen
19–22	Redemittel
23–24	Wortschatz
25	Leseverstehen

Eine Vogelfeder finden

Sprechen

1 Stehen Sie auf. Gehen Sie durch den Raum, in dem Sie sich mit Ihrer Lerngruppe befinden, und suchen Sie eine Person, die

Name(n)

_____ (1) noch nie im Lotto gespielt hat.

_____ (2) jetzt und hier einen Glücksbringer dabei hat.

_____ (3) schon einmal vierblättrigen Klee gepflückt hat.

_____ (4) heute noch nicht gelacht hat.

_____ (5) schon einmal einen Fallschirmsprung gemacht hat.

_____ (6) in zwei Minuten eine selbst erlebte Abenteuergeschichte erzählen kann.

_____ …

2 Gehen Sie an Ihren Platz zurück. Tauschen Sie mit Ihrem Tischnachbarn / Ihrer Tischnachbarin einige Informationen aus, die Sie eben über die anderen Gruppenmitglieder erhalten haben.

1 Eine Vogelfeder finden

Leseverstehen

Was ist Glück?

3 Selektives Lesen

a) Unterstreichen Sie beim ersten Lesen alle Äußerungen, die – Ihrer Meinung nach – von Kindern gemacht wurden.

❦ Wenn man etwas gewinnt. ❦ Den Augenblick genießen. ❦ Ein Traum, den ich einfangen möchte. ❦ Den Vollmond sehen. ❦ Etwas Schönes, was ganz plötzlich kommt. ❦ Der Zwang, immer wieder zeichnen zu müssen. ❦ Wenn man ein vierblättriges Kleeblatt findet. ❦ Glück ist Konzentration. ❦ Den Fahrradtest bestehen. ❦ Eine Vogelfeder finden. ❦ Wenn man im Wasser nicht untergeht. ❦ Gegen den Stamm meiner Lieblingsbuche gelehnt weit über mir den Himmel zu wissen und fühlen, wie lebendig ich bin. ❦ Wenn man Geld findet. ❦ Um 3 Uhr vergessen zu haben, dass es vor einer Stunde 2 Uhr war und in einer Stunde 4 Uhr sein wird. ❦ Wenn man eine 6 im Lotto hat. ❦ Die Vorstellung, dass wir eines Tages die Bilder, Zeichen und Signale der Natur wieder verstehen könnten und damit uns. ❦ Wenn man alles so hinkriegt, wie man es will. ❦ Wenn sich die Seele wie ein Zimmer mit Licht füllt. ❦ Wenn man etwas Besonderes geschafft hat, was man sonst nicht schafft. ❦ Die Seele baumeln lassen. ❦ Wenn man etwas geschenkt bekommt. ❦ Ein Frühlingsmorgen und ein Gänseblümchen. ❦ Wenn man gute Noten hat. ❦ Dass jemand da ist, der mich liebt. ❦ Wenn ich Geburtstag habe. ❦ Dass es mir immer besser geht, als es mir gehen könnte. ❦ Wenn man den Bus nicht verpasst. ❦ Dort zu leben, wo kein Hass ist. ❦ Ein Haustier haben. ❦ Der berühmte Augenblick, den man anhalten möchte. ❦ Wenn man denkt, man kriegt Ärger und man kriegt keinen. ❦ Wenn mir nichts passiert. ❦ Wenn man neue Freunde findet. ❦ Atme tief ein und aus (dreimal täglich), sprich „Das ist / das Glück" und zeige dabei auf irgendetwas: einen Bissen Brot, dein Bett, eine Shampooflasche, das Geräusch des Regens, das Pochen in deiner Brust. ❦ Wenn man lernt, sich selbst besser kennen zu lernen. ❦ Plötzliches Strahlen der Seele. ❦ Wenn Carolin Schluss macht mit Achim und wieder mit mir anfängt. ❦ Glück ist, wenn ich am Samstagmorgen auf den Markt gehen kann und mit einer Tasche voll Salat, Broccoli, Erbsen, Erdbeeren, Zopfbrot, Fisch, Oliven und einem großen Blumenstrauß in der Hand wieder heimkomme. ❦ Wenn ich was Schönes geschenkt bekomme. ❦ Wenn man einen Glückspfennig findet. ❦ Die Zeit vergessen. ❦ Hitzefrei. ❦ Seelenverwandte zu finden, zu lieben und geliebt zu werden. ❦ Wenn man eine Katze hat. ❦ Gemeinsam da zu sein ❦ Etwas finden, was ich nicht weiß. ❦ Plötzliches Lob. ❦ Eltern haben. ❦ Geboren sein. ❦ Der Zustand, in dem man die Welt umarmt, sich selbst gratuliert und dem Schicksal dankt. ❦ Wenn kein Krieg ist. ❦ Wenn ich leben kann, wie ich es mir wünsche. ❦ Wenn die Sonne scheint und ich in den See gehen kann. ❦ Wenn man 120 Jahre alt wird. ❦ Wenn ich krank bin und nicht in die Schule muss.

❦ Innere Ruhe. ❦ Im Tor gut sein. ❦ Draußen den Regen hören. ❦ Sich verlaufen haben und den Weg wiederfinden. ❦ Es (für einen Augenblick) zu haben. ❦ Wenn ich schnell einschlafe. ❦ Auf der Wiese liegen und nichts denken und den Frühling riechen. ❦ Wenn die Frau Brehm da ist. ❦ Wenn ich reich bin. ❦ Sich wohl fühlen. ❦ Wenn ich was finde. ❦ Harmonisches Zusammenleben. ❦ Wenn einem unerwartet etwas Gutes passiert. ❦ Ein guter Arbeitsplatz. ❦ Wenn ich mit meiner Freundin in die gleiche Klasse komme. ❦ Plötzlich ein Kuss von dir. ❦ Glück ist Glück und nichts anderes.

Ergebnis einer Blitzumfrage
bei Kindern (Mädchen und Jungen),
Erwachsenen, auch Autoren & Autorinnen.

1–2	Sprechen
3–5	Leseverstehen
6	Wortschatz
7	Schreiben
8	Bildbeschreibung
9	Schreiben
10–18	Leseverstehen
19–22	Redemittel
23–24	Wortschatz
25	Leseverstehen

b) Tauschen Sie sich mit einem Lernpartner / einer Lernpartnerin darüber aus, ob auch er/sie dieselben Äußerungen markiert hat. (Die Lösung finden Sie im Schlüssel am Ende dieses Buches.)

c) Teilen Sie Ihre Lerngruppe:

– Die erste Gruppe kann untersuchen, welche Gemeinsamkeiten zwischen Erwachsenen und Kindern hinsichtlich ihrer Vorstellungen von „Glück" bestehen.

– Die zweite Gruppe kann sich den Unterschieden widmen.

Es kommt hier darauf an, zu verallgemeinern; Beispiele allein genügen nicht. (Redemittel finden Sie z. B. in Leselandschaft 1, Kapitel 3, Nr. 10).

4 Zeichnen Sie zwei große Kreise so an die Tafel, dass eine Schnittmenge entsteht. Geben Sie den Kreisen die Überschriften „Kinder" und „Erwachsene" und übertragen Sie dann Ihre Ergebnisse aus Übung 3b).

5 *Welche Äußerungen mir besonders aufgefallen sind und warum – Ein schriftlicher Kommentar in 80–100 Wörtern.*

Wortschatz

6 Wortfamilie

Im Folgenden wurde anstelle des Wortes „Glück" (mit großem oder kleinem Buchstaben) ein Blumensymbol verwendet.

a) Klären Sie zunächst mit einem Lernpartner oder einer Lernpartnerin, ob Sie die Bedeutung dieser Formulierungen kennen.

s Prüfungs❀   r ❀spilz   etwas ❀t mir   (un)❀lich über
r Un❀srabe   s ❀sgefühl   ❀los   über❀lich   e ❀szahl
r ❀stag   zum ❀   es ist ein ❀ , dass   eine ❀ssträhne haben
❀strahlend   r ❀wunsch   e ❀wunschkarte   verun❀en
das ist ❀ssache   er ist ein ❀skind   es ist ein ❀ , dass   auf gut ❀
…

b) Notieren Sie nun diese Formulierungen mit einem Beispielsatz in der nachstehenden Tabelle.

Nomen	Adjektive	Verben	Wendungen

Kontexte für Wörter

c) Ergänzen Sie die folgenden Halbsätze überall dort, wo drei Punkte stehen, grammatisch korrekt, und zwar so, dass die angegebenen Formulierungen in einem sinnvollen Kontext stehen.

1. Prüfungsglück braucht nur derjenige, der …
2. Noch nie ist … geglückt, … zu …
3. Es ist Glückssache, ob …
4. Ich würde nie auf gut …
5. … überglücklich …
6. Als Glückskind würde ich jemanden bezeichnen, der z. B. …
7. … meinen herzlichen Glückwunsch!
8. … verunglückt.
9. … – zum Glück!
10. Es ist ein …
11. Einmal hatte ich Pech. Das war, als ich …

1–2	Sprechen
3–5	Leseverstehen
6	Wortschatz
7	Schreiben
8	Bildbeschreibung
9	Schreiben
10–18	Leseverstehen
19–22	Redemittel
23–24	Wortschatz
25	Leseverstehen

Schreiben

7 Formulieren

Formulieren Sie aus den folgenden Stichwörtern einen zusammenhängenden Text. Schreiben Sie in Haupt- und Nebensätzen und verwenden Sie dabei Konnektoren wie z. B. *wenn, nach, indem, durch, dabei* u. a. m.

- Mihaly Csikszentmihaly, Professor, Chicago, geboren 1934, gebürtiger Ungar
- eines seiner Bücher: *Flow – Das Geheimnis des Glücks* (dt. 1992)
- 25 Jahre Forschungsarbeit
- über 100 000 Aussagen, verschiedenste „Versuchspersonen", Fragebögen, Statistiken
- Versuch: Psychologie der optimalen Erfahrung
- Wann fühlt sich der Mensch am glücklichsten?
- Ergebnis: bestimmte Tätigkeiten → Gefühl des „Fließens / Schwebens" verspüren, hohes subjektives Wohlbefinden, völlig in dieser Tätigkeit aufgehen, Zeit und Raum vergessen
- verschiedenste Berufe: Musiker, Chirurg, Fließbandarbeiter u. a.
- dem Leben Sinn verleihen
- in Kauf genommen: große Anstrengungen dafür

1 Eine Vogelfeder finden

Bildbeschreibung

8 Legen Sie zuerst eine Betrachtungspause ein und machen Sie sich Notizen.

Das Bild

a) Beschreiben Sie, was auf dem Bild zu sehen ist.
Hilfreiche Fragen zu Bild 1 könnten sein:

- *Wer ist zu sehen?*
- *Wo befindet er sich?*
- *Was tut er (im Moment, sonst)?*
- *Welche Tages- oder Jahreszeit?*
(usw.)

Das Thema

b) Geben Sie Ihrem Bild eine Überschrift, mit der Sie ein Thema ansprechen („Junger Mann unter einem Baum" wäre nur eine beschreibende Überschrift).
Dazu könnten Sie z. B. folgenden Fragen nachgehen:

- *Warum ist er dort?*
- *Was denkt er im Moment?*
- *Was ist ihm (nicht) wichtig?*
- *Was würde er unter Zeit, Abenteuer, Welt, Raum, Sommer, Idylle und weiteren Begriffen verstehen?*
(usw.)

Das Bild und ich

c) Welche persönlichen Erfahrungen, Ansichten oder Vergleiche könnten Sie zu Ihrem Bild einbringen?

Zusammenhänge

d) Gibt es Zusammenhänge zwischen beiden Bildern? Wenn ja, worin bestehen sie?

1–2	Sprechen
3–5	Leseverstehen
6	Wortschatz
7	Schreiben
8	Bildbeschreibung
9	Schreiben
10–18	Leseverstehen
19–22	Redemittel
23–24	Wortschatz
25	Leseverstehen

1 Eine Vogelfeder finden

Schreiben

Hans im Glück

9 *Planen*

a) In der berühmten Sammlung *Kinder- und Hausmärchen* der Brüder Jacob und Wilhelm Grimm – erstmals 1812 erschienen – findet sich u. a. das Volksmärchen *Hans im Glück*. Es erzählt eine Geschichte, die hier in Stichwörtern wiedergegeben ist. Rekonstruieren Sie diese Geschichte gemeinsam.

Hans: sieben Jahre Arbeit, ein Stück Gold als Lohn – zu Fuß nach Hause
Reiter: schönes Pferd, bequem – Tausch: Pferd gegen Gold – Pferd geht durch, Hans abgeworfen
Bauer mit Kuh: ruhiges Tier, Milch – Tausch: Pferd gegen Kuh – Hitze, Kuh ohne Milch
Metzger: Tausch: Kuh gegen Schwein
junger Mann mit Gans: soeben wurde in der Umgebung ein Schwein gestohlen
Hans: will nicht verdächtigt werden – Tausch: Schwein gegen Gans
Scherenschleifer: stets Geld in der Tasche, ein profitables Handwerk – will Hans nicht auch Handwerker werden? – Tausch: Gans gegen Stein zum Scherenschleifen – schwerer Stein, langer Weg – Durst: Brunnen – Stein fällt hinab
Hans von aller Last befreit: „So glücklich wie ich gibt es keinen Menschen unter der Sonne!" – heim zur Mutter

b) Planen Sie eine Stellungnahme zum Thema „Die Wahrheit des Märchens". Am Beispiel von *Hans im Glück* sollten Sie folgenden Fragen nachgehen:

- Welche Botschaft lässt sich diesem Märchen entnehmen?
- Hans: ein Idealist – ein Realist?
- Inwiefern passt sein Beispiel in die moderne Konsumgesellschaft?

Formulieren
Beginnen Sie so: „*Hans im Glück* ist ein altes Volksmärchen. Sein Inhalt lässt sich wie folgt zusammenfassen: (Geben Sie hier den Inhalt des Märchens auf der Basis der obigen Stichwörter wieder.)"
Verwenden Sie die folgenden Formulierungshilfen:

Er ist ein Idealist, weil … / Er ist insofern ein Idealist, als dass er …
einerseits / andererseits, auf der einen Seite / auf der anderen Seite
materielle Bedürfnisse befriedigen
r Konsum (= das Kaufen von Waren)
vom Konsumdenken geprägt sein

den Lebensinhalt in ... sehen
dem Leben einen Sinn geben
Woran liegt das? Welche Gründe lassen sich dafür anführen?
u. a. m.

Überarbeiten

Legen Sie Ihren Text einem Lernpartner / einer Lernpartnerin vor. Lassen Sie sich Textpassagen zeigen, die nicht ganz verständlich sind. Finden Sie heraus, ob und ggf. wo Ihr Lernpartner / Ihre Lernpartnerin Schwierigkeiten hat Ihren Gedanken zu folgen. Machen Sie sich Notizen und überarbeiten Sie ggf. Ihren Entwurf.

1–2	Sprechen
3–5	Leseverstehen
6	Wortschatz
7	Schreiben
8	Bildbeschreibung
9	Schreiben
10–18	Leseverstehen
19–22	Redemittel
23–24	Wortschatz
25	Leseverstehen

Leseverstehen

10 Wörterwiese

gut gelaunt   ausgeglichen   zurückhaltend   lebenslustig
grantig   smart   aufgedreht   übermütig
sympathisch   wütend
angepasst   streng   energisch
kontaktfreudig
begeisterungsfähig   böse   süchtig
frustriert   gelassen   froh   „happy"
autoritär   voreingenommen
kreativ   erregt   souverän   offen
abgebrüht   gefühllos   selbstsicher   nachdenklich
cholerisch
aufgebracht
verärgert   kaltblütig   selbstbewußt
warmherzig
schlecht gelaunt   „sauer"   verschlossen
begeistert   muffig   deprimiert
forsch
vorsichtig
zögerlich   ausgebrannt   entschlossen

niedergeschlagen   kollegial   aufgeregt   ängstlich
...

a) Wie könnte man den Unterschied zwischen einer „(Charakter-) Eigenschaft" und einer „Stimmung" (bzw. einer „Laune" oder auch einem „Gefühl") beschreiben?

b) Machen Sie einen Gang über die Wörterwiese. Wenn Sie ein Wort finden, das Sie kennen

   – umkreisen Sie es und
   – notieren Sie es in einer Tabelle als „Eigenschaft" / „Stimmung" / „weder – noch".

c) Verfahren Sie ebenso mit fünf weiteren, „unbekannten" Wörtern.

d) Kennen Sie die „Smileys", die irgendwann von irgendjemandem im Computerreich erfunden worden sind? Solche Smileys können Sie auf jeder Schreibmaschinentastatur erfinden. Um sie zu erkennen, muss man die Seite um 90 Grad drehen, dann sieht man ein Gesicht, z. B.: : -). Versuchen Sie nun einige Begriffe von der Wörterwiese diesen Smileys zuzuordnen.

   1. : - (2. : - c   3. : - *)   4. ; -)   5.) : -)   6. : - }

e) Sehen Sie sich Ihre Spalte „Eigenschaften" an. Welche davon sollten auf einen Fallschirmspringer zutreffen?

11 Fragebogen

Zehn Fragen an Fallschirmspringer

Machen Sie sich zunächst klar, welche grammatischen Möglichkeiten es im Deutschen gibt, Fragesätze zu bilden.

1. Entscheidungsfragen, auf die man mit *ja* oder *nein* antworten kann: *Gehen wir jetzt?*
2. Ergänzungsfragen mit Fragewörtern: *wann – wo – wie – warum* u. v. m. *Wann gehen wir endlich? Aus welchem Grund hast du mich nicht angerufen?*
3. Vergewisserungsfragen („Echofragen") um sicherzustellen, dass man etwas richtig verstanden hat: *Wir gehen jetzt?*
4. Rhetorische Fragen, die gar nicht als Fragen gemeint sind, sondern als Aufforderung an einen Dialogpartner mir zuzustimmen: *Ist das nicht wahnsinnig?*

Untersuchen Sie, an welcher Satzposition das Verb in den Fragesätzen 1–4 steht. Schreiben Sie nun Ihren Fragebogen:

Beginnen Sie mit	Fragen Sie z. B. nach
– einem Verb – „Auf welche Weise …" – „Welch(er / e / es) …" – „Worin" … – „In welchen Abständen" – „Aus welchem Grund …"	– Ausrüstung – Vorkenntnissen – Training – Risiken – Vorschriften (u. a. m.)

1–2	Sprechen
3–5	Leseverstehen
6	Wortschatz
7	Schreiben
8	Bildbeschreibung
9	Schreiben
10–18	Leseverstehen
19–22	Redemittel
23–24	Wortschatz
25	Leseverstehen

12 Kursorisches Lesen

Lesen Sie den Text *Nicht das Allerweltsglück* einmal ganz durch und notieren Sie dabei zu den Textabschnitten A–F eine dieser Überschriften:

(1) *Augenblicke davor* – (2) *Keine Routine* – (3) *Springen als Sucht* – (4) *Ausrüstung und Flug* – (5) *Springen als Flucht* – (6) *Der Absprung*

A _____

B _____

C _____

D _____

E _____

F _____

13 Unser Text, eine Reportage, arbeitet mit „Szenen" (also Passagen mit erzählter Handlung) und „Reflexionen". Welcher Abschnitt ist was? Entwerfen Sie ein Ablaufdiagramm des Textes.

14 Versuchen Sie einige Ihrer Fragen aus dem obigen Fragebogen mit Hilfe des Textes zu beantworten.

Nicht das Allerweltsglück

Ein Bericht von Judi Tobias

A Genau 475 mal bin ich mit dem Fallschirm aus einem Flugzeug gesprungen, ich bin also keine Anfängerin mehr, aber ich bin auch kein Routinier. Vielleicht gibt es unter den Fallschirmspringern überhaupt keine Routiniers. Ich jedenfalls kenne keinen, der beim Springen kaltblütig wäre, gefühllos, abgebrüht. Es scheint, als gehe es allen, wie erfahren sie auch sein mögen, vor jedem Absprung genau wie mir.

B Ich bin elektrisiert. Das Herz schlägt wild. Nein, es ist nicht Angst, sondern jene angespannte Erwartung ist es, die man vor einem bedeutenden Erlebnis hat. Ich rede beiläufig mit den anderen Springern an Bord des Flugzeugs und die antworten beiläufig, aber keiner kann den anderen täuschen. Alle an Bord sind genauso nervös und auf ihren Sprung fixiert wie ich.

Wir sind in einer zweimotorigen Beechcraft 3200 Meter über der Wüste von Arizona und fliegen mit fast 200 Kilometern pro Stunde nach Westen. Wenige 100 Meter südwestlich des Flugplatzes von Coolidge werden wir springen.

„Fertig machen!" ruft Rick, der an der offenen Flugzeugtür kniet. Rick ist unser „Absetzer". Er ist dafür verantwortlich, dass wir genau an der richtigen Stelle das Flugzeug verlassen, mithin also in dem geplanten Gebiet landen können.
...

Rick starrt nach unten. Sein Gesicht ist dem Fahrtwind und dem Sturm ausgesetzt, der durch die Propeller erzeugt wird, so dass es merkwürdig verzerrt aussieht.

C Er trägt einen knallroten Springeranzug und auf dem Rücken, goldfarben, den Haupt- und den Reservefallschirm, deren solide Gurte über die Schultern, den Bauch und zwischen die Beine gebunden sind. Die Gurte sind stark und so justiert, dass sie genau richtig funktionieren, wenn bei der Öffnung des Hauptschirms drei oder gar vier g auf den Körper wirken – das Dreifache oder das Vierfache der normalen Erdanziehung.

Ricks Springeranzug ist, genau wie unsere, nach den Gesetzen der Aerodynamik geschnitten. Er ist an den Beinen und Armen extra weit und wird deshalb im freien Fall mehr „Steuerung" und Kontrolle hergeben, als wenn er eng am Körper läge. Genau besehen bestimmt der Anzug die Fläche des Körpers, wenn wir nun gleich wie ein Flugzeug fliegen werden; nur: Ein Flugzeug ist in seinen Reaktionen vergleichsweise langsam und plump und bei weitem nicht so subtil und reaktionsschnell wie der menschliche Körper.

Wir werden, wenn wir frei zur Erde fallen, unsere Arme und Beine genauso zum Bremsen und Steuern benutzen wie ein Pilot seine Klappen und Ruder. Wir werden mit Fingern und Füßen feinste Fallkorrekturen vornehmen. Wir werden jede Körperbewegung koordinieren. Wir werden es müssen. Denn wir wollen nicht nur springen, sondern im freien Fall eine Formation bilden.

D Wir stehen auf. Ich erwische mich dabei, wie ich nervös meine Lippen lecke. Ich kontrolliere noch einmal meine Gurte. Das Flugzeug reduziert seine Geschwindigkeit auf 160 Stundenkilometer. „O.K.", schreit Rick, und: „Los!"... „O.K.", ruft Denise. Sie steht hinter mir als Letzte.

Wir drängen zum Ausgang, es sind nur ein paar Schritte und dann der Fall, der wie eine Erlösung ist und alle Spannung nimmt, alle Nervosität. Ich nehme meine Hände von meinem Vordermann, lege sie an meinen Körper, ziehe meine

Schultern nach vorn und tauche wie eine Rakete in die Tiefe. Ich sehe, wie die anderen der Wüste entgegenstürzen.

Ich spüre, wie der Wind kalt nach mir greift und meinen Anzug an mich presst, aber der Wind beherrscht mich nicht. Ich kontrolliere meinen Flug: Meine Geschwindigkeit – etwa 320 km/h (sprich: Kilometer pro Stunde) – ist mein Antrieb und mein Körper, mit dem ich steuere, ist der Apparat, mit dem ich mir den Antrieb nutzbar mache. Wir steuern aufeinander zu. Die anderen kommen näher …

E Fallschirmspringer genießen ihr Leben und indem sie springen, verschaffen sie sich Genüsse, von denen viele Menschen noch nicht einmal wissen, dass es sie gibt. Alle Springer, die ich kenne, sind geradezu ansteckend lebenslustig. Allerdings: Springen macht süchtig. Werte verschieben und Verhaltensweisen ändern sich, wenn man einmal ein Springer geworden ist. Ich weiß das von mir selber: Als ich überlegte, ob ich mir einen Satz neuer Autoreifen kaufen sollte, fiel mir ein, dass der Preis genau die Kosten für sechs Sprünge ausmachen würde.

F Es gibt bei uns in Amerika ein paar Springer, die immer nur Gelegenheitsarbeiten annehmen und gerade so viel Geld verdienen, dass sie sich ihr Hobby leisten können. Diejenigen aber, mit denen ich in Arizona springe, gehen alle einer festen Arbeit nach und nach allem, was ich von ihnen weiß, geht es ihnen genau wie mir: Es gibt in jedermanns Leben die täglichen kleinen oder auch großen Frustrationen, Vorschriften, Einengungen, Anpassungszwänge – und die großartigen Möglichkeiten ihnen beim Fallschirmspringen zu entfliehen.

1–2	Sprechen
3–5	Leseverstehen
6	Wortschatz
7	Schreiben
8	Bildbeschreibung
9	Schreiben
10–18	Leseverstehen
19–22	Redemittel
23–24	Wortschatz
25	Leseverstehen

15 Totales Lesen

Untersuchen Sie den Text genauer mit Hilfe der folgenden Fragen.

zu Abschnitt A
Warum ist für die Autorin Fallschirmspringen keine Routine?

1. Weil sie sich selbst auch nach vielen Sprüngen noch nicht routiniert fühlt.
2. Weil sie nicht kaltblütig sein will.
3. Weil sie zwar gern so erfahren wie alle sein möchte, aber erst 475 Sprünge hinter sich hat.

zu Abschnitt C
Wie lässt sich der Körper im freien Fall steuern?

1. Springeranzüge vergrößern die Körperoberfläche und ermöglichen dadurch bessere Steuerungsmöglichkeiten.
2. Die Springeranzüge müssen eng und aerodynamisch geschnitten sein.

zu Abschnitt E
Wie steht die Autorin zum „Genuss" als Lebensziel?

1. Genuss ist ein höherer Wert als materielle Dinge.
2. Genuss ist ebenso wichtig wie materielle Dinge.

zu Abschnitt F
Wie sieht sie das Verhältnis zwischen Alltag und Erlebnis?

1. Beim Fallschirmspringen kann man dem Alltagstrott entfliehen.
2. Man kann dem Alltagstrott durch Gelegenheitsarbeiten entfliehen.
3. Nur mit einer festen Arbeit ist es möglich, dem Alltagstrott zu entfliehen.

16 Hier die Sätze des letzten Textabschnitts. In welche Reihenfolge würden Sie sie bringen um den Text pointiert abzuschließen?

(1) Es ist nicht das Allerweltsglück, das mich überfällt, wenn ich aus dem Flugzeug stürze, aber ich weiß: Ich bin glücklich.
(2) In den Sekunden, in denen du frei durch den Himmel fällst, hast du dir den Traum erfüllt, den die Menschen immer schon hatten, wenn sie einen schönen Vogel im Flug sahen.
(3) Wenn du in der Luft bist, hast du – und niemand sonst – dein Leben in der Hand und erlebst etwas, das noch wirklich die Bezeichnung „Erlebnis" verdient.
(4) Fallschirmspringen ist dynamisch und intensiv, es ist im Grunde einfach und es ist auf wunderbare Weise wirklich.

Reihenfolge: ____ ____ ____ ____

17 Notieren Sie 3–5 kommentierende Sätze zum Text und verwenden Sie dabei Redemittel aus dem „Meinungswortschatz" (Sie finden diese Redemittel in Leselandschaft 1, Kapitel 4, Nr. 5). Nehmen Sie Bezug zu einigen Aussagen der Autorin zur „Freiheit", zum „Genuss" und „Erlebnis", zur „Sucht" nach Wiederholung u.a.m.

18 Vergleichen Sie Ihre Mini-Kommentare untereinander und klären Sie dabei, ob man Ihrer Ansicht zustimmt. Verlesen Sie dazu Ihre Kommentare in Frageform. Sie können z.B. so beginnen:

Wären Sie (Wärst du / Wärt ihr) auch der Meinung, dass ...?
Würden Sie (Würdest du / Würdet ihr) mir zustimmen, wenn ich sage, dass ...?

Ich finde, ...
Sehen Sie (Siehst du / Seht ihr) das auch so?
Sind wir übereinstimmend der Ansicht, dass ...?
...

Trainieren Sie diese Wendungen ein paar Minuten mit einem Lernpartner / einer Lernpartnerin. Diskutieren Sie dann mit der ganzen Lerngruppe.

1–2	Sprechen
3–5	Leseverstehen
6	Wortschatz
7	Schreiben
8	Bildbeschreibung
9	Schreiben
10–18	Leseverstehen
19–22	Redemittel
23–24	Wortschatz
25	Leseverstehen

Redemittel

19 **Einschränkungen**

Wenn Sie in einem Preisausschreiben einen Fallschirmsprung gewinnen würden – würden Sie den Preis annehmen? Hätten Sie Lust an einem Surfkurs teilzunehmen? Würden Sie bei einem Radrennen mitfahren? Würden Sie eine Bergtour auf einen Fünftausender mitmachen? ...
Beantworten Sie diese Fragen und verwenden Sie dabei einige der folgenden Redemittel:

Ja, aber nur wenn ...
Kommt drauf an.
Es kommt darauf an, ob ...
Es kommt ganz darauf an. Entweder ... oder ...
Es / Das hängt davon ab, ...
Je nachdem.
Unter Umständen (ja / nein).
Unter der Bedingung, dass ...
Wenn die Bedingung erfüllt ist, dass ..., dann ...
Unter der Voraussetzung, dass ...
Vorausgesetzt, dass ...
Folgende Voraussetzungen müssen gegeben sein: ...
In dem Fall, dass ...
Ohne Einschränkungen.

20 A Kann ich von hier aus in zehn Minuten in der Innenstadt sein? /
   Könnte ich übers Wochenende deinen Laptop ausleihen? / ...
   B Kommt darauf an. / Es hängt davon ab.
   C Worauf? / Wovon?
   D Nun, darauf, ... / davon, ... / Nur unter der Bedingung, dass ...

a) Notieren Sie drei bis fünf Fragen zu beliebigen Themen, auf die man wie oben in B antworten kann.

b) Spielen Sie einige solcher Minidialoge mit einem Lernpartner / einer Lernpartnerin durch und erweitern Sie sie.

21 Verfassen Sie einen kleinen Text, für den die folgenden Stichwörter die Basis bilden. Bringen Sie einige der o. g. Redemittel in Ihrem Text unter.

Expeditionen in entlegene Gegenden dieser Welt brauchen eine sorgfältige Vorbereitung: Ausrüstung – Klima – physische Fitness – Teamgeist Notfälle: Verbindung zu einer Rettungsstation – gesicherte Finanzierung – Aufteilung der Verantwortung für ... – Route – Zeitplan – Ziel.

22 In einer Diskussion können Sie ebenfalls Redemittel der Einschränkung verwenden. Probieren Sie es mit folgenden Themen.
(Zeit je Diskussion ... Minuten)

– *Man sollte alle Risikosportarten verbieten.*
– *Wer freiwillig eine riskante Sportart ausübt, sollte höhere Versicherungsprämien zahlen müssen.*
– *Marathonläufer sind potentielle Selbstmörder.*
– *Wer sein Geld unbedingt ins Spielcasino tragen will, der soll es meinetwegen tun.*
– *Computerspiele machen süchtig und sind schädlich!*
  ...

Ich stimme zu, möchte aber folgende Einschränkung machen: ...
Das kann man ohne Einschränkungen sagen.
Dem kann man (nicht) ohne Einschränkungen / ohne Vorbehalte / vorbehaltlos zustimmen.
Ich wäre nur dann dafür, wenn ...

Wortschatz

23 In die Lücken des Textes *Der Mordsspaß an der Todesgefahr* passen acht von diesen neun Wörtern. Setzen Sie sie an der richtigen Stelle ein.

A Form
B Sinn
C Phänomen
D Gefühl
E Gemeinschaft

F Unsicherheit
G Grundbedingung
H Beherrschbarkeit
I Wunsch

Der Mordsspaß an der Todesgefahr

Was treibt Menschen zum Bungeespringen, Felswandklettern oder Drachenfliegen? Ein Buch über die Suche nach dem Nervenkitzel

Für viele Menschen ist schon eine Urlaubsreise nach Spanien Abenteuer genug. Andere Zeitgenossen haben es gern etwas prickelnder: Trekking im Himalaja, Freeclimbing in den Alpen oder mit dem Auto quer durch die Sahara. Der amerikanische Psychologe Michael Apter hat mit seinem Buch *Im Rausch der Gefahr* dem _____ (1) risikoträchtigen Freizeitvertreibs nachgespürt.

Mit Akribie unterscheidet Michael Apter die Variationen der Suche nach Gefahr und untersucht die psychischen Bedingungen, die Menschen gefährliche Situationen lustvoll erleben lassen. _____ (2) dafür, dass nicht Panik, sondern Spaß erlebt wird, ist nach Apters Ansicht ein Gefühl der Sicherheit, das er den „schützenden Rahmen" nennt. Bildlich gleicht dieser Rahmen einem Käfig, in dem sich ein Tiger befindet. Ohne den Käfig würden wir auf die Raubkatze mit großer Angst reagieren. Der Käfig aber erlaubt es, das gefährliche Tier mit einem prickelnden _____ (3) der Erregung zu erleben. Im Gegensatz zu real existierenden Gitterstäben genügt beim „schützenden Rahmen" jedoch das subjektive Gefühl nicht gefährdet zu sein, um objektiv bedrohlichen Situationen angstfrei gegenübertreten zu können.

Ängstliche Menschen mögen schon beim Verlassen der Wohnung _____ (4) verspüren. Mutigere hingegen verfügen über einen ausgesprochen stabilen „schützenden Rahmen". Sie genießen es, lebensgefährliche Situationen zu meistern, weil das bei ihnen ein Gefühl der Stärke und der _____ (5) der Welt hinterlässt. Steht der Mensch in unserer modernen Welt oft ohnmächtig anonymen Apparaten gegenüber, kann er in solchen Bewährungssituationen Handlungsfähigkeit und Entschlossenheit beweisen. Nicht immer aber findet die Suche nach dem Nervenkitzel in Formen statt, die für die _____ (6) so ungefährlich sind wie die bisher beschriebenen. Viele Menschen begeben sich bei ihrer Suche nach erregenden Situationen auf direkten Crashkurs mit der Gesellschaft. Anhand zahlreicher Fallbeispiele zeigt Michael Apter eine Palette gemeingefährlicher Aktivitäten: Jugendgangs, die aus Spaß an der Gewalt wehrlose Menschen überfallen; Jugendliche, die nachts mit hoher Geschwindigkeit über Ampelkreuzungen rasen.

Die gesellschaftlichen Hintergründe für die von ihm beschriebenen Phänomene nimmt Michael Apter leider kaum in den Blick. Warum etwa sind viele, insbesondere männliche Jugendliche, nicht in der Lage sich sozial verträgliche Ziele zu setzen? Oder woraus resultiert jenes gewaltige

Vakuum an _____ (7) in unserer Gesellschaft, auf das solch destruktives Verhalten ebenso verweist wie auf das Leben aus zweiter Hand vor dem Fernsehgerät?

Trotz dieser Einschränkungen: Apters Verdienst ist es, die verschiedenen Facetten der Suche nach dem Nervenkitzel mit der ihm eigenen wissenschaftlichen Genauigkeit zusammengetragen zu haben. Und das in einer zugleich spannenden, anschaulichen und für den Laien verständlichen _____ (8).

Christian Thiel / Michael Apter, in:
Deutsches Allgemeines Sonntagsblatt

24 Überprüfen Sie:

a) Wer Risikosportarten liebt, lebt in einem „schützenden Rahmen".

    1   ja   ☐
    2   nein   ☐
    3   steht nicht im Text   ☐

b) Wer sich subjektiv gefährdet fühlt, ist es objektiv auch.

    1   ja   ☐
    2   nein   ☐
    3   steht nicht im Text   ☐

c) Weil man sonst im Leben oft Ohnmacht verspürt, sucht man nervenaufreibende Situationen.

    1   ja   ☐
    2   nein   ☐
    3   steht nicht im Text   ☐

1 Eine Vogelfeder finden

d) Die Jagd nach dem Nervenkitzel ist für die Gesellschaft ungefährlich.

    1   ja ☐
    2   nein ☐
    3   steht nicht im Text ☐

e) Der Rezensent hat an dem Buch nichts auszusetzen.

    1   ja ☐
    2   nein ☐
    3   steht nicht im Text ☐

1–2	Sprechen
3–5	Leseverstehen
6	Wortschatz
7	Schreiben
8	Bildbeschreibung
9	Schreiben
10–18	Leseverstehen
19–22	Redemittel
23–24	Wortschatz
25	Leseverstehen

Leseverstehen

25 a) Das Gedicht von Peter Hamm *Loctudy / Bretagne* arbeitet mit Bildern, die man „sieht" (z. B. das Meer) oder „hört" (z. B. das Besteckklappern). Manche Bilder beschreiben etwas weiter Entferntes, andere etwas Nahes. Markieren Sie diese Bilder im Text (Seite 28).

     b) Zwischen beiden Bilderwelten befindet sich das „Ich". Lesen Sie dieses Gedicht eher optimistisch, pessimistisch oder weder noch?

Peter Hamm

Loctudy / Bretagne (Sommer 1979)

Es kann warten, das Leben, kommt
ohne mich aus –

Großmut des Lichts am Abend
über dem regengepflügten Land
und dem immer offenen Auge des Meeres.
Zwischen Hortensienbüschen liest einer
Malcolm Lowry und will wieder einmal
mehr als man bekommen kann.

Dabei fehlt eigentlich nichts.
Bald ruft die vertraute Frauenstimme
zum Abendessen. Hinter den Fenstern
hört man bereits Besteckklappern
und Mozart, KV 271, das Andantino –

Alles ist schon gewesen. Und wo
war ich damals?

– Malcolm Lowry, amerikanischer Schriftsteller, 1909–1957; sein bekanntestes Werk ist der Roman „Unter dem Vulkan", 1947.
– KV = das Köchelverzeichnis der Werke Wolfgang Amadeus Mozarts

Sondern für das Leben

1	Leseverstehen
2–4	Wortschatz
5–6	Leseverstehen
7	Diskussion
8	Bildbeschreibung
9	Schreiben
10	Redemittel

Leseverstehen

Was blieb von der Schulzeit?

Dieser Frage ist der Schriftsteller Walter Kempowski (geb. 1929) vor einigen Jahren in einer Umfrage nachgegangen.
Hier einige Auszüge daraus (in Klammer der Geburtsjahrgang der interviewten Person):

1 Was man in der Schule gelernt hat, kann ich nicht so konkret sagen. Eine bestimmte Grundstimmung. Grundzusammenhänge. Das ist was anderes als Wissenszusammenhänge. Deutsch, Latein oder Mathematik, das war alles von einer gewissen Grundstimmung getragen. Die hat bei mir eine solche Dichte, dass ich ein handfestes und standfestes Fundament hatte, auf das ich aufbauen konnte.
    Ministerialdirigent (1927)

2 Mit den Sprachen hatte ich Schwierigkeiten. Wenn ich heut' so darüber nachdenke, dann war das aber doch wohl eine gewisse Faulheit sich damit zu beschäftigen. Also zum Beispiel Vokabeln zu lernen. So was stellt man ja leider immer erst sehr viel später fest.
    Redakteur (1941)

3 Ich fing das i unten rechts in der Ecke an zu schreiben. Der Lehrer hat mir das ganz ruhig gesagt: „Hör mal, wir fangen oben links an", und da hatte ich gleich Vertrauen. In der Pause gingen die Schüler damals in Viererreihen auf dem Hof, in einem großen Oval. Ich lief da nicht mit, sondern stellte mich zu den Lehrern, weil ich so ein Vertrauen hatte, und die haben sich amüsiert und haben gefragt, was ich denn später mal werden will. Da hab' ich gesagt: „Lehrer".
    Lehrer (1900)

4 Das erste Wort, das ich „erlesen" habe, ist das Wort „Kaninchen". Das war 'ne Leistung, weil es so lang war.
    Beamter (1929)

5 Auf dem Gymnasium hatte ich in Mathematik durchweg eine Vier. Auf der Ingenieurschule hatte ich durchweg eine Zwei. Der Grund: Man wurde motiviert und der Spaß wurde erhalten.
    Ingenieur (1940)

6 Für mich sind Sprachen ein Ausweg ein neuer innerer Mensch zu werden. „Immensee" hatte ich sehr gern, hab' ich oft gelesen. Das war sehr romantisch und das war ein schöner Ausweg aus einer sehr unromantischen und schlimmen Kindheit.
    Germanist, Engländer (1938)

7 Ich hab' schwer lesen gelernt. Das machte mir große Schwierigkeiten. Aber auf einmal konnte ich fließend lesen, weil da ein „sch-sch-sch" vorkam. Eine Lokomotive. Das war mein Aha-Erlebnis, von da an ging's, weil mich das was anging.

Archivar (1928)

8 Der Lehrer stand in der Mitte und wir mussten im Kreis um ihn herumlaufen. Er hatte ein zusammengeknülltes Butterbrotpapier in der Hand, das warf er irgendeinem von uns zu und rief dabei eine lateinische Vokabel. Wenn der die Vokabel wusste, durfte er weiterlaufen, sonst musste er raus. Das hieß „Vokabelschlacht". Da haben die Leute ziemlichen Ehrgeiz entwickelt.

Student (1945)

9 Mein entscheidendstes Bildungserlebnis in der Schulzeit war, wie unser sehr verehrter Lehrer gefragt wurde, was „Petersilie" auf Englisch heißt. – „Ich weiß es nicht." – Das war fast ein Schock. Dass der Gott es nicht weiß, das war ein Schock.

Redakteur (1933)

10 Mich hat gestört, dass man beim Sprechen fremder Sprachen immer so schauspielern muss. Mir ging das gegen den Strich. Ich hab' immer extra schlecht gesprochen.

Ingenieur (1929)

11 Männlich sind die Wörter all auf *or* und *os* und *er* und *es*, sofern der zweite Fall hat eine Silbe mehr ... Das kann ich immer noch. Völlig nutzlos.

Redakteur (1934)

12 Ich hab' mich sehr wohl gefühlt in der Schule. Ich hab' gelebt in der Schule, weil ich da meine Fähigkeiten entwickeln konnte und sagen konnte, was ich dachte. Anders als zu Hause. Ich hatte das Gefühl, dass ich mich entwickeln konnte. Der Kontakt zu Menschen, die mehr wussten als ich. Dass man was erfahren kann. Um 7 Uhr stand ich schon an der Schultür, dass ich bloß reinkam, so ungefähr.

Hausfrau (1936)

13 Wenn jemand schlecht über die Schule spricht, dann hat das wohl oft den Grund, dass er schwach in dem betreffenden Fach war. Wenn er geglänzt hätte, würde er die Schule doch loben, nicht wahr? Außerdem muss man bedenken, dass der Lehrer auch nur'n Mensch ist und Sympathien und Antipathien hat. Das muss man einkalkulieren.

Buchhändler (1939)

14 Ich war immer eine gute oder bessere Schülerin. Ich hab' was profitiert, wenn ich einen Lehrer hatte, der es verstand, mich mit meinen Fehlern zu loben. Bei den andern war ich immer negativ, bei denen also, die mich gleich zurechtgewiesen haben.

Hausfrau (1922)

15 „Ich konnte nicht", das war doch das schlimmste Erlebnis der Schule überhaupt. „Ich kann dies nicht, ich kann das nicht."

Hausfrau (1933)

16 Sie wundern sich, dass mir nichts Hervorstechendes einfällt, wenn Sie mich nach Schule fragen? Aber, nicht wahr, man kann lesen und schreiben, rechnen und im Ausland redet man Englisch. Das alles ist doch auch „Frucht" der Schule und die vergisst man ungerechterweise.

Apotheker (1931)

17 Vielleicht pass' ich nicht in Ihr System, ich bin nämlich gern zur Schule gegangen.

Hausfrau (1930)

18 Schultüten mit Glanzpapier, oben mit Seidenpapier zugebunden. Ganz große Dinger. Die Kinder der Wohlhabenden hatten die größeren. Süßigkeiten waren da drin und Bleistift und Radiergummi.

Hausfrau (1943)

19 Auf meine Klassenlehrerin war ich sauer. Zwei Stunden nachsitzen und das Diktat immer wieder abschreiben. Ich fand den Fehler nicht! Schließlich sagte sie: „Du hast den Schlusspunkt vergessen!"

Kaufmann (1942)

20 Der Lehrer kam morgens in die Klasse und fragte: „Was wollen wir heute machen?" – Dann durften wir uns was wünschen. Irgendetwas Nettes, schreiben oder lesen. Aber manchmal sagte er: „Heute müssen wir was tun, heute müssen wir arbeiten!" Und dann ging's richtig los.

Bibliothekarin (1930)

21 In der einklassigen Volksschule hab' ich meine ersten erdkundlichen Erfahrungen gesammelt. Unser guter Lehrer ließ uns den Grundriss der Klasse maßstabsgerecht abzeichnen und zum Schluss durften wir seinen dicken Bauch auch mit einzeichnen.

Professor (1915)

22 Einmal im Jahr kamen 'ne Menge Filme in der Schule. Die wurden dann alle nacheinander gezeigt. Je älter man war, desto mehr Filme durfte man sehen. Ich erinnere mich an das Abbauen von Kohle. Die schwarzen Gesichter, Helme, Fördertürme. Das war was völlig Neues, das kannte ich von zu Hause nicht.

Lehrerin (1937)

23 Positiv waren die Lehrer, bei denen man merkte, dass sie Spaß an ihrer Arbeit haben. Bei denen lernte man auch was.

Ingenieur (1940)

24 In Sexta hab' ich mir die Primaner angekuckt und hab' gedacht: „Das schaffst du nie." Man weiß als Schüler ja nicht, dass man neun Jahre lang auf das Abitur vorbereitet wird. Das Abitur selbst war ja nur noch eine Tür, die man aufmachte. Als ich dann nach Erlangen ging, um Geologie zu studieren, hab' ich Idiot mir als erstes die Prüfungsordnung geben lassen, um zu sehen, ob ich das auch schaffen kann. Die Folge war: wochenlange Depressionen. An so einfachen Sachen kann unter Umständen ein Leben zerbrechen, an einem Irrtum also ... Ich hab' schließlich gedacht: „Fängst erstmal an."

Geologe (1912)

1	Leseverstehen
2–4	Wortschatz
5–6	Leseverstehen
7	Diskussion
8	Bildbeschreibung
9	Schreiben
10	Redemittel

1 a) Im Lateinischen gibt es ein bekanntes geflügeltes Wort: „Nicht für die Schule lernen wir, sondern für das Leben". Stimmen Sie dem zu?

b) In seiner Umfrage hat der Schriftsteller *Walter Kempowski* dieses Motto etwas genauer unter die Lupe genommen. Woran erinnerten sich die Befragten? Lesen Sie die Texte selektiv, d. h., notieren Sie für jede Kategorie (A, B, C, D, E) die Textbelege. Nicht alle Texte kommen dafür in Frage.

A dass Gelerntes (k)einen Nutzen für später hat

Text(e) / Nr. _____

B Motivation

Text(e) / Nr. _____

C (mangelnde) Erfolgserlebnisse

   Text(e) / Nr. _____

D persönlicher Bezug zum Lerngegenstand

   Text(e) / Nr. _____

E Ermutigung / Entmutigung

   Text(e) / Nr. _____

c) Werten Sie diese Aufgabe an der Tafel aus. Dabei sollte jemand den jeweiligen Text oder Sätze aus dem Text vorlesen. Begründen Sie, warum der Text Ihrer Meinung nach in eine bestimmte Kategorie gehört.

d) Aus jedem vorgelesenen Text sollten Sie ein bis zwei Wörter als Lernwortschatz „mitnehmen". Notieren Sie diese separat. (Wenn Sie damit fertig sind und Wörter wie „Petersilie" oder „Förderturm" kommen nicht darin vor, erklären Sie – warum nicht?)

Wortschatz

2 a) Suchen Sie sich einen Interviewpartner / eine Interviewpartnerin in Ihrer Lerngruppe. Befragen Sie ihn / sie nach seinem / ihrem bisherigen Bildungsgang: Welche Schule(n), Abschlüsse und Qualifikationen er / sie erworben hat oder noch erwerben möchte. Machen Sie sich Notizen. (Wörterhilfen s. u.)

   b) Erstellen Sie daraus einen Minitext. Es ist wichtig, dass Sie dabei den auf Seite 33 zusammengestellten Themenwortschatz, soweit irgend möglich, anwenden.

   c) Legen Sie Ihren Text dem Interviewten vor. Er soll ggf. inhaltlich korrigieren. Außerdem soll er alle Wörter und Wendungen farbig markieren, die Sie aus der Zusammenstellung verwendet haben. Je farbiger Ihr Text ist, desto besser haben Sie die Übung b) gelöst.

1	Leseverstehen
2–4	Wortschatz
5–6	Leseverstehen
7	Diskussion
8	Bildbeschreibung
9	Schreiben
10	Redemittel

s Wissen
e Kenntnis
e Qualifikation

Kenntnisse erwerben / besitzen / ausbauen / nachweisen
Qualifikation, -en erwerben / besitzen / ausbauen / nachweisen
Wissen erwerben / besitzen / ausbauen / nachweisen

s Qualifikationsprofil
qualifiziert sein für etwas
sich für etwas qualifizieren

r Abschluss, ¨e

einen Abschluss machen / nachweisen / schaffen
seinen Abschluss als Automechaniker / Bäcker / ... machen

r Hauptschulabschluss
r Realschulabschluss
s Abitur
e Diplomprüfung
s Staatsexamen, -mina
s Magisterexamen, -mina
e Dissertation, -en
e Habilitation, -en

e Prüfung, -en

eine Prüfung machen / nachweisen / (nicht) bestehen / (nicht) schaffen / bei einer Prüfung durchfallen
Er hat die Prüfung mit „sehr gut" bestanden.
Er hat die Prüfung gerade so eben noch bestanden.
Die Prüfung wird im Ausland anerkannt.

e Zensur, -en
e Note, -n

Der Lehrer gibt eine Zensur / Note, der Schüler erhält / bekommt sie.

eine gute / schlechte Zensur / Note

das deutsche Zensurensystem:
1 = sehr gut; 2 = gut; 3 = befriedigend;
4 = ausreichend; 5 = mangelhaft; 6 = ungenügend

3 Wörtern auf der Spur

Übertragen Sie diese Tabelle in Ihr Heft.

Infinitiv	Partizip II	Ein Beispiel: Was bedeutet das konkret, im Unterschied zu einem anderen Verb, und auf wen (nämlich Lehrer oder Lernenden) bezieht sich dieses Verb?
a) lernen	*gelernt*	
b) studieren		
c) lehren		
d) unterrichten		
e) motivieren		
f) pauken / büffeln (umgangssprachlich)		
g) nachsitzen		
h) etwas beherrschen		
g) etwas vermitteln		
i) anwenden		
j) sich etwas merken		
k) Lernziele erreichen		
l) Lücken schließen		
m) sich selbst organisieren		
…		

4 Wortfamilie *lernen*

a) Im Wörternetz *lehren / unterrichten* finden Sie Begriffe mit dem Wortstamm *lehr-*, aber auch inhaltlich dazugehörige Ausdrücke. Übertragen Sie das Netz in Ihr Heft und ergänzen Sie es gegebenenfalls.

b) Legen Sie selbst ein solches Wörternetz zur Wortfamilie *lernen* an, in das Sie die folgenden Wörter sowie nach Ihrer Ansicht dazugehörende Begriffe notieren:

r Lerner, -   r Lernstoff   e Lernmotivation   lernbegierig
(er)lernbar   e Lernstrategie, -n   e Lernfähigkeit
r Lernprozess, -e   e Lerntechnik, -en   lernfähig   r Lerneifer
lernbereit   e Lernmethode, -n

2 Sondern für das Leben

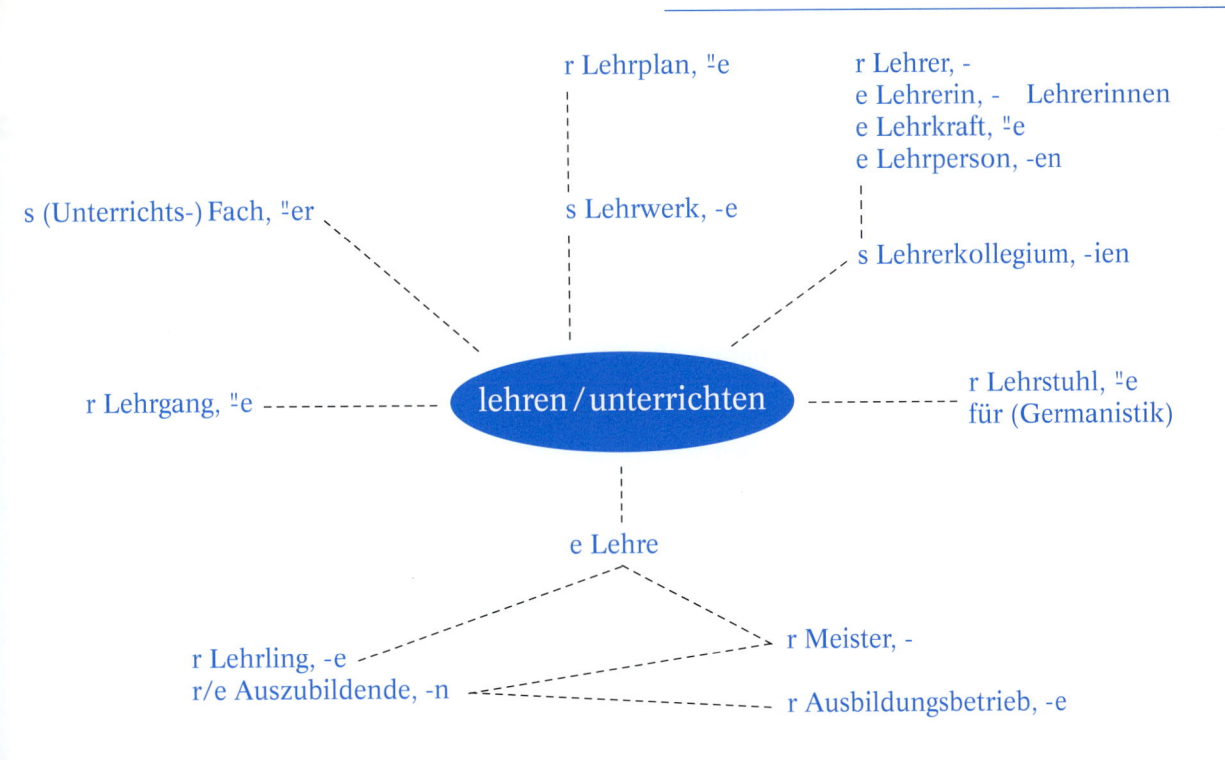

```
                    r Lehrplan, ⸚e          r Lehrer, -
                                            e Lehrerin, -   Lehrerinnen
                                            e Lehrkraft, ⸚e
                                            e Lehrperson, -en
s (Unterrichts-) Fach, ⸚er    s Lehrwerk, -e

                                            s Lehrerkollegium, -ien

                        ( lehren / unterrichten )

r Lehrgang, ⸚e                                          r Lehrstuhl, ⸚e
                                                        für (Germanistik)

                            e Lehre

        r Lehrling, -e                  r Meister, -
        r/e Auszubildende, -n           r Ausbildungsbetrieb, -e
```

c) Vervollständigen Sie die folgenden Halbsätze.

1. Wer stets lernbegierig ist, _____

   _____

2. Eine effektive Lernstrategie _____

   _____

3. Alles ist (er)lernbar, wenn _____

   _____

4. An einem Lehrstuhl _____

   _____

5. Es fördert den Lernprozess, wenn _____

   _____

6. ... (liegt Ihnen noch ein Satz auf der Zunge?)

Leseverstehen

5 Wenn Sie den Text *Was ist Mindmapping* lesen, können Sie (falls Sie sich nicht schon mit diesem Thema beschäftigt haben) etwas „lernen", nämlich _____
(Überfliegen Sie zunächst den Text und ergänzen Sie danach den voranstehenden Satz.)

Was ist Mindmapping?

mind (*engl.*) – Verstand, Geist, Gedanken…;
map (*engl.*) – (Land-)karte

Kommunikation bedeutet Verständigung untereinander und das heißt – u. a. –, sich mit eigenen Ideen und mit den Ideen anderer auseinander zu setzen. Nehmen wir zum Beispiel an, wir wollen für ein Referat, einen Vortrag, eine Präsentation oder für irgendeine Besprechung ein Thema vorstellen und uns mit einigen Hauptgedanken sowie mit verschiedenen Einzelheiten beschäftigen. Vor uns steht die Aufgabe der Strukturierung; sie ist entscheidend für den Kommunikationserfolg, denn – etwas flapsig ausgedrückt – „Gut strukturiert ist halb verstanden".

Die meisten Menschen beginnen, ihre Gedanken linear zu entwickeln: oben links auf einem Blatt Papier und dann weiter. Mancher beginnt auch, sogleich in vollständigen Sätzen zu formulieren. Diese Vorgehensweise hat einige elementare Nachteile. Denn während wir den Papierbogen füllen, fallen uns Schlüsselwörter zu unserem Thema meistens nicht in jener Reihenfolge ein, in der wir sie notieren möchten, sondern in unregelmäßiger, „wilder", „chaotischer" Weise. Beim Mindmapping hingegen gehen Sie in ganz anderer Weise vor. Sie beginnen mit dem Thema, das in der Mitte des Papierbogens in einem Kreis notiert wird (z. B. „Fremdsprachenunterricht"). Von diesem Zentrum aus ziehen Sie eine lange Linie in eine beliebige Richtung, den ersten „Hauptast", der Ihren ersten Hauptgedanken (z. B. *Lehrer*) „tragen" wird; notieren Sie diesen Hauptgedanken in Form eines Substantivs an dieser Linie. Einige Hauptgedanken zum Thema „Fremdsprachenunterricht" könnten sein: *Institution, Lehrer, Klasse, Medien, Unterrichtsziele* usw.

Jeder dieser „Hauptäste" lässt sich durch weitere „Nebenäste" ergänzen. Bei den Medien könnten dies zum Beispiel *Tafel, Lehrbuch, audiovisuelle Medien, Vokabelheft* u. a. m. sein; die Linie mit den audiovisuellen Medien könnte sich beispielsweise in *Computer, Videogeräte, Kassettenrecorder* verzweigen. Langsam entsteht die Struktur eines Baums – von einem Helikopter aus gesehen, der sich genau senkrecht über ihm befindet. Ziehen Sie schließlich z. B. eine gepunktete Linie um einen sogenannten „Komplex", das heißt um eine Hauptlinie einschließlich aller dazugehörigen Nebenlinien.

Wenn Sie eine Mindmap anlegen, sollten Sie einige Regeln beachten. Beginnen Sie immer mit dem Zentralbegriff (bzw. einer Frage oder einer Problemstellung) in der Mitte. Denken Sie dann weiter vom Allgemeinen zum Speziellen, vom Abstrakten zum Konkreten. Benutzen Sie Substantive um Ihre Ideen als Schlüsselwörter auf den Punkt zu bringen. Schreiben Sie alles in Großbuchstaben. Verwenden Sie, wenn möglich, unterschiedliche Farben und verfahren Sie dabei nach einem nachvollziehbaren

System. Wenn es sich anbietet, verwenden Sie grafische Zeichen oder Symbole.

Man braucht nicht viel um eine Mindmap herzustellen. Außer Papier (in nicht zu kleinem Format) benötigen Sie lediglich Stifte, vielleicht in unterschiedlichen Farben und Strichstärken. Mindmaps lassen sich prinzipiell für zwei verschiedene Anwendungsbereiche benutzen. Einerseits können Sie die Technik verwenden um Ideen zu entwickeln und festzuhalten, z. B. bei der Vorbereitung eines Vortrags, eines Aufsatzes usw.; unser obiges Beispiel „Fremdsprachenunterricht" hat dies gezeigt. Andererseits können Sie die Methode auch dann einsetzen, wenn es um das Rekonstruieren und Festhalten von Gehörtem oder Gelesenem geht, also z. B. bei der Lektüre von Texten (u. a. auch von Fachliteratur), beim Nachvollziehen von Gedankengängen, Problemaufrissen, Alternativen, Thesen, Diskussionen, Konferenzen und bei vielen anderen Gelegenheiten.

Aus der Gehirnforschung wissen wir, dass – stark vereinfacht formuliert – unsere logischen, linearen, analytischen („akademischen") Fähigkeiten von der linken Gehirnhälfte gesteuert werden, während unsere gestalterischen, musikalischen, bildhaften Fähigkeiten auf die rechte Gehirnhälfte zurückgehen. Mindmaps aktivieren beide Gehirnhälften, was als ein entscheidender Vorteil dieser Technik gilt.

Noch ein Wort zur Herkunft der Methode. Sie wurde von Tony Buzan entwickelt, der sich mit Lese-, Lern- und Gedächtnistechniken beschäftigt hat und diese Methode erstmals 1974 in seinem Buch *Use your head* erläutert hat.

1	Leseverstehen
2–4	Wortschatz
5–6	Leseverstehen
7	Diskussion
8	Bildbeschreibung
9	Schreiben
10	Redemittel

a) Lesen Sie den Text nun noch einmal und ergänzen Sie dabei die unvollständige Abbildung zum Thema „Fremdsprachenunterricht".

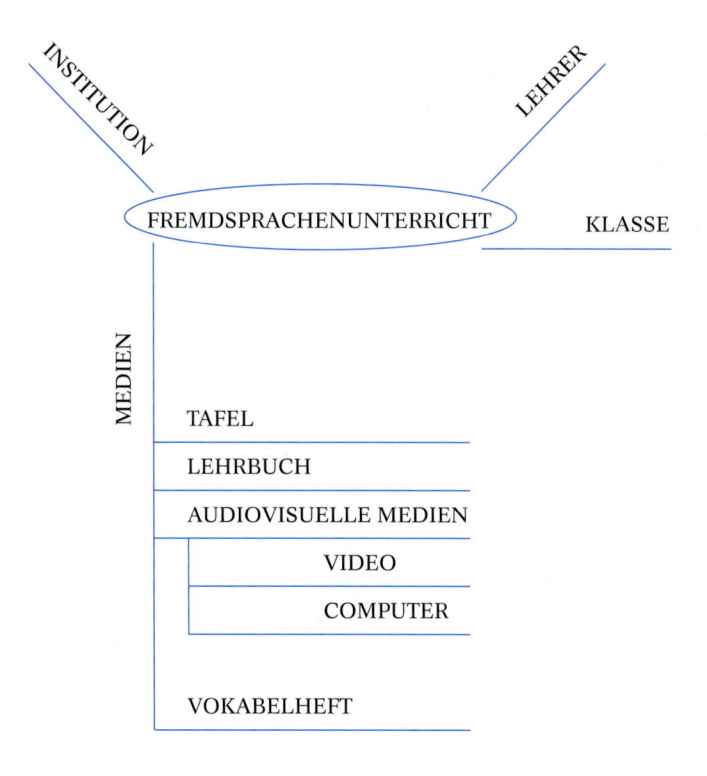

b) Vergleichen Sie Ihre Ergebnisse in der Gruppe und entwickeln Sie diese Mindmap mit eigenen ergänzenden Ideen weiter. Dabei sollten Sie sich darüber im Klaren sein, dass es hier nicht eine einzige „richtige" Mindmap geben kann; mehrere Varianten sind denkbar. Der Reiz einer solchen Arbeitsweise liegt unter anderem darin, dass das gemeinsame Zusammentragen und Strukturieren der Ideen den Teamgeist Ihrer Gruppe enorm beflügeln kann.

6 a) Fassen Sie noch einmal zusammen, was Sie nun über Mindmaps wissen. Es ist nicht schwer, dies in Form strukturierter Notizen zu tun – also als Mindmap zum Thema „Mindmaps". Rekonstruieren Sie dazu den Inhalt des Textes *Was ist Mindmapping?*

b) Wenn Sie zu Übungszwecken weitere Mindmaps anfertigen wollen – hier wären ein paar einfache Themen: *Vorbereitung der Geburtstagsparty – Meine Heimatstadt – Mein Referat zum Thema ... – ...*

Diskussion

7 a) Machen Sie ein Experiment. Lernen Sie einen Text – z. B. den folgenden von *Rolf Niederhauser* – auswendig (!). Wenn Sie es geschafft haben, verfassen Sie einen kurzen Text (sagen wir: 100 Wörter), in dem Sie beschreiben, wie Sie beim Auswendiglernen vorgegangen sind und was dabei für Sie hilfreich oder hinderlich war.

b) Richten Sie eine Lesepause ein, in der Ihre Texte im Uhrzeigersinn in der Lerngruppe herumgegeben werden; danach wird sicher jeder (fast) alle Texte gelesen oder zumindest durchgesehen haben. Diskutieren Sie in Ihrer Lerngruppe, ob Sie das Auswendiglernen für eine produktive Lernstrategie halten, was man dadurch (nicht) lernen kann, welche Erfahrungen wichtig waren, was für Texte sich dafür eignen usw. – Sie könnten ja auch forthin einzelne kurze Texte oder Textteile aus diesem Buch auswendig lernen.

Wie leicht es einem zum Beispiel fällt, am Morgen vor dem Spiegel in einem stillen Selbstgespräch französisch zu reden und kaum ist man unter den Leuten, fehlt das Vokabular, fehlt jedes spontane Gefühl für Grammatik oder auch nur die richtige umgangssprachliche Wendung. Zehn Jahre Schulfranzösisch für nichts und wieder nichts. Das Paradoxe daran: es ist das dringliche Bedürfnis, vor der Wirklichkeit zu bestehen, das uns gerade vor der Wirklichkeit versagen lässt. Die Selbstkontrolle schränkt das wenige, was man leisten könnte, noch mehr ein, indem sie die Spontaneität verbietet. Die Wirklichkeit als Prüfungssituation. Nachher, wenn man im Getriebe der Metro wieder mit sich allein ist, fällt es einem natürlich ein, wie es richtig geheißen hätte, mühelos –

Rolf Niederhauser

Bildbeschreibung

8 Legen Sie zuerst eine Betrachtungspause ein und machen Sie sich Notizen.

1	Leseverstehen
2–4	Wortschatz
5–6	Leseverstehen
7	Diskussion
8	Bildbeschreibung
9	Schreiben
10	Redemittel

2 Sondern für das Leben

Das Bild
a) Beschreiben Sie, was auf dem Bild zu sehen ist.

e Schultüte, -n
r ABC-Schütze, -n
e Grundschule, -n
s Studium

Das Thema
b) Geben Sie Ihrem Bild eine Überschrift, mit der Sie ein Thema ansprechen.

r Kommilitone, -n
e Kommilitonin, -nen
e Vorlesung, -en
s Seminar, -e
e Mitschrift, -en
s Studienfach, ¨er
Physik, Germanistik ... studieren
s Physikstudium
s Germanistikstudium
r Hörsaal, -säle
r Campus
r Studienplatz, ¨e
e Studienzeit
e Massenuniversität

Das Bild und ich
c) Welche persönlichen Erfahrungen, Ansichten oder Vergleiche könnten Sie zu diesem Bild einbringen?

z. B.: Die meisten Vorlesungen während meiner Studienzeit habe ich in einem fensterlosen Hörsaal gehört. Irgendjemand hatte jedoch ein farbiges Gemälde an der Wand angebracht, auf dem ein Fenster zu sehen war, durch das man in die freie Natur blicken konnte, mit Blumen, Tieren ... (usw.)

Zusammenhänge
d) Gibt es Zusammenhänge zwischen beiden Bildern? Wenn ja, worin bestehen sie?

Schreiben

9 Beschreibung meiner persönlichen Sprachlernmethode

Planen

Planen Sie einen Text, in dem Sie Ihre persönliche Sprachlernmethode darstellen. Sie sollten auf folgende Punkte eingehen:

1. Lesen
2. Schreiben
3. Hören
4. Sprechen
5. Grammatik
6. Wortschatz
7. Kooperatives Lernen in einer Gruppe
8. Selbstorganisation und Hilfsmittel

Sammeln Sie zunächst gemeinsam Ihre Ideen zu jedem einzelnen Punkt.

Formulieren

Hier einige Wörter und Wendungen, die Sie u. U. benutzen können:

- gut sein in (z. B. Grammatik), etwas Gelerntes anwenden, Kenntnisse erweitern / festigen, etwas behalten / sich etwas merken / sich erinnern können an etwas
- etwas vergessen, etwas verlernen, (keine) Übung haben im (z. B. Sprechen), mir fehlt die Praxis
- ein Wörterbuch verwenden, ein Wort nachschlagen
- ein Vokabelheft / Wörterheft führen, etwas in das Heft eintragen
- Lernstrategien entwickeln / anwenden, Interesse / Motivation entwickeln / verlieren
- etwas gern haben / tun, etwas hassen, gelangweilt sein, ermüden
- frei sprechen, flüssig sprechen, (starke) Hemmungen haben / gehemmt sein, geringes / großes Selbstvertrauen haben
- Selbstvertrauen gewinnen / verlieren / aufbauen …

Überarbeiten

Legen Sie Ihren Text (nicht mehr als 200–250 Wörter) einem Lernpartner / einer Lernpartnerin vor. Lassen Sie sich Textpassagen zeigen, die nicht ganz verständlich sind. Finden Sie heraus, ob und ggf. wo Ihr Lernpartner / Ihre Lernpartnerin Schwierigkeiten hat Ihren Gedanken zu folgen. Machen Sie sich Notizen und überarbeiten Sie ggf. Ihren Entwurf.

Redemittel

10 a) Lesen Sie folgende Szene aus einem Geschäft. Der Kunde möchte einen großen wattierten Briefumschlag erwerben, mit dem man ein Buch versenden kann, kennt aber weder das Wort „(Brief-)Umschlag" noch weiß er, ob es so etwas hier überhaupt zu kaufen gibt.

Ja, guten Tag, ich hätte gern ein ... Also, ich weiß leider nicht, wie das auf Deutsch heißt ... (Man zeigt ihm einen Kugelschreiber). *Nein, nein, das meine ich nicht. Es ist so groß* (macht eine Handbewegung) *und ich brauche das, weil ich ein Buch verschicken möchte. Wissen Sie, ich habe hier dieses Buch* (zeigt das Buch) *und ich möchte es jemandem schicken.* (Er erhält einen einfachen Briefumschlag.) *Ja, das ist es! Wie heißt das auf Deutsch – Briefumschlag? Der / Die / Das Briefumschlag? Aha, der Briefumschlag. Ja, schön ... Aber ... Ich suche einen speziellen Briefumschlag, wissen Sie, weil in diesem Briefumschlag das Buch vielleicht kaputtgeht. Ja, der! Der ist gut, so einen habe ich gesucht ... Ganz genau! Vielen herzlichen Dank! Und sagen Sie bitte, wie heißt so etwas auf Deutsch? So, das ist also ein „wattierter Briefumschlag". Gar nicht so einfach ... Aber nochmals vielen Dank für die Hilfe!*

Strategien:
Welche Strategien verfolgt der Kunde um sein Ziel zu erreichen, welche Strategien verfolgen Sie in vergleichbaren Situationen?

Sprache:
Unterstreichen Sie einige Wörter und Wendungen, die Ihnen für vergleichbare Situationen nützlich erscheinen.

b) In diesem Buch finden Sie Redemittel nicht nur in den entsprechend benannten Übungen und Aufgaben. Durchforsten Sie den „Metatext" dieser Lektion, d. h., richten Sie Ihr Augenmerk jetzt, am Ende der Lektion, noch einmal auf die Übungsanweisungen, die Einleitungstexte zu den Aufgaben und die Erklärungen. Notieren Sie sich aus diesen Sätzen jene Wörter und Wendungen, die Sie lernen möchten. Nicht selten finden Sie hier „multifunktionale" Redemittel, die sich auch in anderen Zusammenhängen sinnvoll verwenden lassen. – Tun Sie dies nicht nur in dieser Lektion, sondern auch in allen anderen.

1–3	Wortschatz
4	Leseverstehen
5–7	Wortschatz
8	Leseverstehen
9	Sprechen
10	Redemittel
11	Bildbeschreibung
12	Schreiben

Ich@Computer

Wortschatz

1 Geräte bedienen

Wenn Sie technische Geräte bedienen, müssen Sie immer wieder bestimmte Tätigkeiten ausführen.

a) Ordnen Sie zu.

A einen Schalter 　　　　 1 drücken
B einen Knopf 　　　　　 2 mit ihm etwas regulieren oder einstellen
C einen Regler 　　　　　 3 hineinstecken, herausnehmen
D eine Taste 　　　　　　 4 einlegen, einschieben, herausnehmen
E einen Stecker 　　　　　 5 betätigen
F eine Kassette, eine CD, eine Diskette

b) Beschreiben Sie kurz, wie Sie folgende Geräte einschalten, ausschalten und bedienen: *eine Waschmaschine, einen Walkman, einen Anrufbeantworter, einen Projektor* oder irgendein anderes Gerät Ihrer Wahl (Sie können auch eines erfinden).

2 Der PC

a) Zeichnen Sie einen Computer (Das Bild muss nicht „schön" sein, sondern nur ungefähr die verschiedenen Teile des Geräts erkennen lassen). Beschriften Sie die Zeichnung mit folgenden Wörtern:

r Bildschirm, -e   e Zentraleinheit, -en   s Diskettenlaufwerk, -e
r Drucker, -   e Diskette, -n   e Tastatur, -en   e Taste, -n
e Maus, ⸚e   s Verbindungskabel, -   r Schalter, -
e Leuchtanzeige, -n

PC = Personalcomputer; das Wort stammt aus dem Englischen: personal computer; in Fachzeitschriften steht meist: Personal-Computer

Mit einem PC arbeiten

b) Selbst wenn Sie noch nie mit einem PC gearbeitet haben, können Sie sich bestimmt vorstellen, in welcher „logischen" Reihenfolge die folgenden Tätigkeiten ausgeführt werden müssen. Nummerieren Sie zuerst.

____ A Schließen Sie den PC an das Netzteil bzw. an das Netzkabel an.
____ B Schalten Sie den PC ein.
____ C Drucken Sie den Text noch einmal aus.
____ D Schalten Sie den Drucker ein.
____ E Drucken Sie den Text als Entwurf aus.
____ F Fügen Sie Ihre Korrekturen in den Drucktext ein.
____ G Starten Sie das Textverarbeitungsprogramm.
____ H Geben Sie den Text ein.
____ I Verlassen Sie das Textverarbeitungsprogramm wieder.
____ J Schalten Sie alle Geräte aus.
____ K Hoffen Sie, dass das Programm nicht abstürzt.
____ L Stecken Sie den Stecker des Netzteils in die Steckdose.
____ M Speichern Sie den Text ab.

Geben Sie nun eine schriftliche Anweisung, wie man vorgehen muss. Verwenden Sie dabei in jedem Satz eine der folgenden Konjunktionen: *bevor, während, nachdem.*

3 Anweisungen

a) In Computer-Handbüchern – aber auch in anderen Texten – finden Sie häufig Anweisungen (Instruktionen), die Sie auffordern, etwas Bestimmtes zu tun. (Beispiele dazu finden Sie in Übung 2b).
Wie ist der Satzbau in allen diesen Sätzen?

b) Schreiben Sie nun selbst einige solcher Sätze, indem Sie sinngemäß ergänzen.

_____ um Musik zu hören.

_____ um das Gerät mit Strom zu versorgen.

_____ um das Gerät abzuschalten.

…

c) Nehmen wir an, in diesem Moment klingelt Ihr Telefon. Am Apparat meldet sich ein Besucher, den Sie erwarten. Er möchte dorthin, wo Sie sich jetzt gerade befinden, und telefoniert aus einer Zelle am Hauptbahnhof. Geben Sie ihm eine kurze Anweisung, was er tun soll.

1–3	Wortschatz
4	Leseverstehen
5–7	Wortschatz
8	Leseverstehen
9	Sprechen
10	Redemittel
11	Bildbeschreibung
12	Schreiben

Leseverstehen

4 Was Computer alles können

a) Der Text *Ich und mein Computer* zeigt einige sehr verschiedene Anwendungsbereiche der Computertechnologie. Lesen Sie den Text selektiv, suchen Sie nach den unterschiedlichen Anwendungsbereichen unter der Fragestellung: *Wessen Computer kann was?* (Halten Sie sich dabei an die Informationen des Textes. Mehrere Zuordnungen sind möglich.)

Name

_____ a) Texte speichern und ausdrucken

_____ b) Prozesse und Funktionen kontrollieren

_____ c) Daten übermitteln

_____ d) Personendaten speichern

_____ e) Texte layouten

_____ f) Daten einscannen

_____ g) in Texten suchen

_____ h) den Verbrauch kontrollieren

b) Kennen Sie einige andere, auch ungewöhnliche Bereiche, in denen heute Computertechnologie verwendet wird?

   Wörter entschlüsseln
c) Suchen Sie die folgenden Ausdrücke im Text. Versuchen Sie ohne ein Wörterbuch ihre Bedeutung zu ermitteln. Dabei können Sie sich entweder am Wortstamm (z. B. *helfen* in *sich behelfen mit*) oder am Kontext orientieren.

1. in allen Lebenslagen _____
2. im Handumdrehen _____
3. in Bedrängnis sein _____
4. sich behelfen mit _____
5. innig _____
6. versetzen _____
7. ausgeschenkt _____
8. sein Fall ist das nicht _____

Ich und mein Computer

von Christian Ankowitsch

Für die einen ist er ein Arbeitsgerät, für die anderen ein Freund in allen Lebenslagen: Längst hat der elektronische Alleskönner den Alltag vieler Menschen erobert. Aber er sieht nicht immer so aus, wie man es von ihm erwartet.

Manuel Zimmer
Wohin der Eilbote auch immer geschickt wird, sein kleiner Alleswisser ist dabei und speichert jede Adresse. Als Strichcode auf dem Briefumschlag verschlüsselt, lässt sie sich im Handumdrehen scannen wie ein Etikett im Supermarkt. Zurück in seinem Kölner Büro, steckt Manuel Zimmer das Gerät in einen klassischen Computer. Im nächsten Moment weiß die Bonner Zentrale, ob eine weitere von jährlich drei Millionen Sendungen ihr Ziel erreicht hat.

Achim Korthals
Ist er mal in Bedrängnis, klemmt sich der Pastor von Jevenstedt seinen tragbaren Computer unter den Arm und behilft sich mit der vorbereiteten Predigt, die per Diskette ins Haus kommt. Der Rechner leistet aber auch gute Dienste bei Grabreden, beim Bibelstudium und beim Layout des Gemeindebriefs. Achim Korthals hat gemeinsam mit anderen Pastoren sogar einen Verein gegründet – Macclesia heißt er und er hilft den Gottesmännern bei der Arbeit mit ihren Apple-Computern.

Astrid Kasischke
Ein besonders inniges Verhältnis zu ihrem Computer hat Astrid Kasischke: Sie trägt ihn unter der Haut ... Das zigarettenschachtelgroße Gerät namens Defibrillator verfolgt mittels einer Sonde jeden Schlag ihres Herzens. Sollte es, wie schon zweimal geschehen, grundlos und in tödlichem Tempo zu rasen beginnen, versetzt der „Defi" ihrem Herzen einen 700 Volt starken Elektroschock, so dass es wieder normal zu schlagen beginnt. Einmal hat ihr ganz persönlicher Computer Astrid Kasischke bereits das Leben gerettet.

Erich Hellwig
Wenn der Kantinenleiter Erich Hellwig für die Hälfte seiner 700 täglichen Gäste geschmorte Hirschkeule kocht, liefert ihm der Computer nicht nur das Rezept. Er sorgt auch für die Kalkulation (pro Menü 3,95 Mark), den Einkaufszettel und die Bestellung der 70 Kilo Fleisch per Datenfernübertragung. Das Lager der Kantine überwacht der Rechner ebenfalls: Er registriert jede einzelne ausgeschenkte Tasse Kaffee und sorgt rechtzeitig für Nachschub.

Thorsten Vehrs
Keine der Milchkühe von Bauer Thorsten Vehrs kann an den Futtertrog, ohne dass der Computer dies registrieren würde. Um den Hals tragen die Tiere einen Sender. Der meldet dem Rechner, wie viel ihrer Tagesration an Kraftfutter sie bereits gefressen haben und wann zum letzten Mal. Je nachdem teilt ihnen dann der Computer etwas zu – oder auch nicht. Auf diese Weise wird der gesamte Futtervorrat kontrolliert. Demnächst will Thorsten Vehrs auf seinem neuen Rechner zusätzlich die Milchleistung und die Trächtigkeit der Tiere erfassen. Vater Hans Vehrs hält sich lieber im Hintergrund: Sein Fall ist die neue Technik nicht.

DIE ZEIT Magazin vom 3. 3. 1995

1–3	Wortschatz
4	Leseverstehen
5–7	Wortschatz
8	Leseverstehen
9	Sprechen
10	Redemittel
11	Bildbeschreibung
12	Schreiben

Wortschatz

5 Menschen und Computer

Es gibt verschiedenste Bezeichnungen für Menschen, die mit Computern zu tun haben. Ordnen Sie zu.

1	r Programmierer, -	a)	Mensch, der sich überdurchschnittlich stark für Computer begeistert
2	r Computerfreak, -s	b)	jemand, der Computerprogramme schreibt
3	r Computeranalphabet, -en	c)	jemand, der gerade erst begonnen hat sich mit der Materie zu beschäftigen
4	r Einsteiger, -	d)	Spezialist für elektronische Datenverarbeitung im weitesten Sinn
5	r Anwender, -	e)	wer sich überhaupt nicht mit Computern auskennt
6	r EDV-Experte, -n	f)	wer einen Computer bedient
7	r Hacker, -	g)	wer illegal in ein fremdes Computernetz eindringt

Notieren Sie ein paar Sätze (mit Substantiven aus 1–7)
nach folgendem Muster:

Ich wäre (nicht) gern ein(e) _____ , weil

_____

Wegen (+ Genitiv) _____ wäre ich (nicht) gern

ein(e) _____

Wegen der Tatsache, dass_____ , wäre ich (nicht) gern ein(e)

_____

6 Fälle

Lesen Sie die folgenden frei erfundenen Fälle und machen Sie sich
Notizen zu der Frage: *Was ist Ihrer Ansicht nach legal (gesetzmäßig)
bzw. legitim (gerechtfertigt)?* (Geeignete Redemittel finden Sie z. B.
in Leselandschaft 1, Kapitel 7, Nr. 15.)

A Eine Gruppe von Hackern dringt in die Computer eines militärischen
Rechenzentrums ein. Am 23. Dezember verschwindet auf allen Terminals
der aktuelle Bildschirminhalt. Stattdessen erscheint die Nachricht:
„Frohes Fest! Diese Nachricht bleibt nur drei Minuten auf Ihrem Bildschirm. Ihr Weihnachtsmann."

B Eine Gruppe von Hackern zapft die Computer einer staatlichen Umweltschutzagentur an. Sie beschafft sich die Messwerte über die Luftverschmutzung in einer großen Stadt des Landes; es stellt sich heraus, dass
die Werte – zumindest zeitweise – sehr viel höher liegen als die offiziell
publizierten. Die Hacker bieten diese Daten anonym einer Zeitung an.
Das Blatt publiziert die Daten.

C Einer Gruppe von Hackern gelingt es, die Telekom-Computer so zu
manipulieren, dass man kostenlos Telefonate in die ganze Welt führen
kann. Das nutzen die jungen Leute weidlich aus: Mit Kollegen in weit
entfernten Ländern tauschen sie Sportergebnisse aus, üben sich in
fremdsprachlicher Konversation ...

D   Ein großer Softwarekonzern bringt ein sensationelles Textverarbeitungsprogramm auf den Markt. Die Fachwelt ist entzückt über die technischen Qualitäten des Programms, aber verärgert über den hohen Anschaffungspreis. Einer Gruppe von Hackern gelingt es, den Kopierschutz des Programms zu „knacken". Das nun kopierbare Programm wird von Softwarepiraten unter der Hand an Freunde und Bekannte verkauft.

E   Herr A., 43, seit seinem zwanzigsten Lebensjahr Angestellter einer großen Bank, gilt in seiner Filiale als der Experte für das hauseigene Computersystem. Als der Posten des Filialleiters kürzlich neu besetzt wurde, wäre eigentlich Herr A. an der Reihe gewesen; stattdessen bekam ein Kollege aus der Zentrale den Job. Herr A., auf dessen Bildschirm täglich hohe Geldbeträge zu sehen sind, ist tief verletzt. Er richtet sich ein privates Konto im benachbarten Ausland ein und beginnt sich noch intensiver mit der Software seiner Bank zu beschäftigen ...

7 Das Netz

a)   Ein Computernetz (oder -netzwerk) besteht ganz einfach aus einem Netzbetreiber (das ist i. d. R. eine Firma mit besonders leistungsfähigen Computern) und verschiedenen Einzelpersonen oder Institutionen, die via Netz untereinander in Verbindung stehen; die Verbindung geschieht über das Telefonnetz, an das die einzelnen Computer mit Hilfe eines Zusatzgerätes (dem Modem) angeschlossen sind.

Legen Sie eine Tabelle mit drei Spalten für „Netzbetreiber", „Sender", „Adressat" an. Sortieren Sie die folgenden thematisch wichtigen Wendungen, sofern möglich, in diese Tabelle ein:

- eine Nachricht schicken / senden / empfangen / erhalten
- die Netzadresse. *In Netzadressen erscheint auch das Zeichen @, für das es kein „richtiges" deutsches Wort gibt. Aus dem Hacker-Jargon stammt dafür der Ausdruck „der Klammeraffe"; mancher benutzt auch das englische at (bei). Das Zeichen trennt Bestandteile einer E-Mail-Adresse, z. B. bei president@whitehouse.gov.*
- an das Netz angeschlossen sein / einen Netzanschluss haben
- Informationen untereinander austauschen
- sich in das Netz einwählen
- das System verwalten
- on line sein
- eine Verbindung zwischen A und B herstellen
- das Passwort eingeben
- eine Telefonnummer (an-)wählen
- mit X verbunden werden / verbunden sein
- untereinander verbunden sein
- Zugriff auf (bestimmte Informationen) haben

b) Setze Sie Wörter aus Übung 7a), aber auch allgemeinsprachliche Begriffe ein, bzw. ergänzen Sie die Worthälften.

Wer _____ (1), kann wahrscheinlich bestätigen, dass „das Netz" eine neue Art der Informationsverarbeitung von uns fordert. Wer sich einmal in das Netz _____ (2) hat, wird mit einer Informationsflut sondergleichen konfrontiert. Diese erfordert eine neue Art zu lesen, denn wer _____ (3) ist, hat _____ (4) auf mehr Informationen, als je in einer einzelnen Bibliothek existierten. Man muss sich daran _____ (5), innerhalb von wenigen _____ (6) zu entscheiden, ob ein 25 _____ (7) langer Text mit dem Titel „Unbedingt lesen" es wert ist, dass man seine _____ (8) auf ihn verwendet. Worauf es ankommt ist, das Interessante vom Uninteressanten zu_____ (9). Es ist no___ ein wen___ schwie___ als be___ der Zeit ___, wo i___ der Reg___ gut ausgeb___ Leute die Informa___ bereits sort___ und redigiert haben.

8 a) Der Text führt uns in die Zukunft – zumindest teilweise, denn manche der technischen Entwicklungen, von denen hier die Rede ist, sind bereits Teil unserer heutigen Realität – je nachdem, wo wir leben und arbeiten.
Sehen Sie sich zunächst einige Begriffe aus dem Text an und überlegen Sie, welche davon Sie ergänzend erläutern können:

Multimedia	Sammelbegriff für alle neuen Technologien wie Computer, Video, TV, Telefon u. a. m.
s TV-Sparten-Programm, -e	ein Fernsehprogramm, das nur bestimmte Programme bringt, z. B. nur Nachrichten oder nur Sportsendungen
e elektronische Post (E-Mail), s elektronische Postfach	über ein Computernetz Briefe, Nachrichten oder Dokumente erhalten, die dann auf dem eigenen Computerbildschirm erscheinen
s Memo, -s	englisches Wort für eine schriftliche Mitteilung

		1–3	Wortschatz
virtuell	das Gegenteil von „wirklich"; in der Computerwelt (dem „Cyberspace") eine drei- dimensionale Simulation von einem Objekt oder einer Situation auf dem Bildschirm, z. B. *ein virtueller Schreibtisch*	4	Leseverstehen
		5–7	Wortschatz
		8	Leseverstehen
		9	Sprechen
		10	Redemittel
		11	Bildbeschreibung
on line sein	über eine Computerverbindung (die „line") mit anderen in Kontakt stehen	12	Schreiben
r Freak, -s	jemand, der sich sehr gut auskennt in einem Bereich, weil er davon begeistert ist, z. B. ein Software-Freak		
s Internet	ein weltumspannendes Computernetz, das seinerseits aus sehr vielen Teilnetzen besteht		
r Highway / *e Datenautobahn, -en*	bildlicher Ausdruck für Computernetz		
r Datenhandschuh, -e	eng anliegender Handschuh mit Fiberoptik-Kabeln, der Handbewegungen in Computerbefehle „übersetzt"		
r Datenhelm, -e	ein Gerät, das man sich wie eine Skimütze auf den Kopf setzt, um u. a. mit Hilfe einer drei- dimensionalen Brille in den Cyberspace blicken zu können		
r Mobilfunk	das System, das die drahtlosen Telefone zum Mitnehmen möglich macht		
s Abstandsradar	misst die Entfernung vom eigenen zu einem fremden Auto oder Gegenstand		
s Teleshopping	Einkauf am heimischen Fernsehgerät		
zappen	mit der Fernbedienung von einem Kanal zum anderen „springen"		
s Telebanking	Bankgeschäfte am heimischen Fernseher erledigen		
Video-on-demand	einen bestimmten Film bei einer Fensehstation abrufen und auf den eigenen Fernseher zu Hause laden		
interaktiv	die Möglichkeit selbst z. B. ein Fernsehprogramm zu beeinflussen (z. B. Teile zu überspringen)		

b) Der Text beschreibt den Alltag einer kleinen Familie in Husum (das ist eine hübsche kleinere Stadt an der Nordseeküste). Die Familienmitglieder sind

- Robert Hermann (der Vater)
- Klara Hermann (die Mutter)
- Max Hermann (der 10-jährige Sohn)

Jeder von ihnen steht im „globalen Dorf" mit verschiedenen anderen Personen an anderen Orten der Welt in Verbindung. Diese Verbindungen sind in der Grafik skizziert. Lesen Sie nun den Text kursorisch und ordnen Sie beim Lesen zu: *Welche Linie steht für welche Person?*

die dicke Linie: _____
die dünne Linie: _____
die gestrichelte Linie: _____

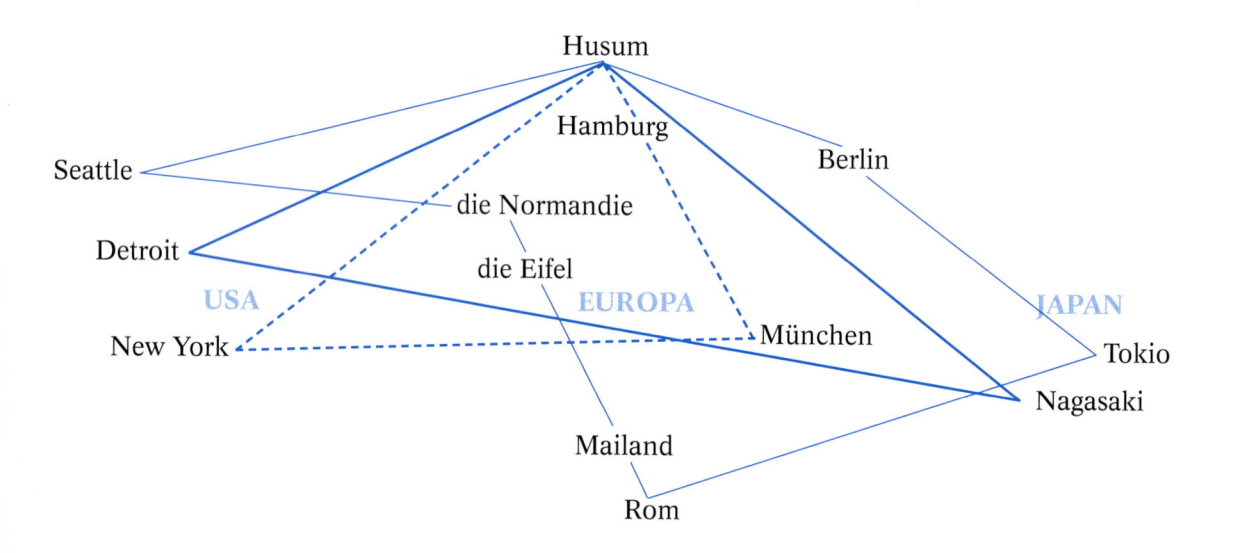

c) Sie können sich nun die Arbeit aufteilen, indem Sie drei Gruppen (zu jeder Person eine) bilden. Die Gruppen könnten arbeitsteilig der Frage nachgehen: *Wie sieht das Leben für die jeweilige Person konkret aus?*
Übertragen Sie das folgende Raster in Ihr Heft und füllen Sie es in der vorgeschlagenen Form aus, indem Sie in Stichwörtern die Tätigkeiten des Tages notieren.

	Robert	Klara	Max
Beruf			Schüler
berufliche / schulische Tätigkeiten			
private Tätigkeiten	– individuell zusammengestellte Zeitungen lesen		– vom TV-Wecker mit Musik geweckt werden

Leseverstehen

Ein Tag im Multimedia-Reich

Eine Vision vom Leben im total vernetzten globalen Dorf

6:15
Husum. Der Hauscomputer der Familie Hermann schaltet im Keller die Heizung und in der Küche die Kaffeemaschine ein. In den Arbeitszimmern der Eltern drucken die Computer die Morgenzeitungen. Robert und Klara Hermann erhalten nach ihren Wünschen zusammengestellte individuelle Zeitungen. Sein Exemplar enthält die wichtigsten politischen Ereignisse und alles, was zum Thema „Computer, Multimedia und Datenautobahn" an diesem Tag in den wichtigsten deutschen und angelsächsischen Medien erscheinen wird. Ihre Morgenlektüre besteht aus allgemeinen Wirtschaftsnachrichten, Unternehmensberichten und Börsenmeldungen. Im Badezimmer wird er via TV mit Sportberichten aus aller Welt berieselt – Schwerpunkt: Fußball. Sie zieht eine Mischung aus Popmusik und Polit-Reportagen vor. Das sind zwei von 500 TV-Sparten-Programmen, die die Hermanns rund um die Uhr empfangen können. Aus dem Schlafzimmer ihres Sohnes dröhnt fetzige Popmusik. Der 10-jährige Max hat seinen TV-Wecker auf einen Musikkanal programmiert. In seinem Drucker liegen bereits neue Cartoons ...

7:30
Der Arbeitstag beginnt. Max trollt sich zum Schulbus. Auf seinem Stundenplan steht heute ein Geografie-Wettbewerb via Videoaufzeichnungen mit Schulklassen in Detroit und Nagasaki. Wichtige Fächer wie Mathe und Englisch werden – ebenfalls per Video – aus Hamburg unterrichtet. Nur für den Zeichenunterricht am Grafiktablett der teuren Schulcomputer, für Sport, Musik und Sozialverhalten ist noch eine Klassenlehrerin zuständig. Klara und Robert verziehen sich in ihre Büroräume. Er, Marketingdirektor einer internationalen Softwarefirma, liest am PC seine elektronische Post. Zehn Eilmeldungen aus den USA liegen vor und fünf Memos aus Japan. Dazu kommen noch rund 50 Nachrichten aus Europa. Die wichtigen Botschaften legt er auf seinen virtuellen Schreibtisch auf dem Computerbildschirm, manche Notiz schiebt er in die elektronischen Aktenordner, den Rest löscht er.

8:00
Robert trifft sich zur Computerkonferenz mit seinen engsten Mitarbeitern. Der Bri-

te Peter, Marketingmann für Westeuropa, lebt in einem Bauernhaus in der Eifel. Giovanni, der Südeuropa-Experte, hat sich in einer ehemaligen Büroetage im Mailänder Geschäftsviertel auf 200 Quadratmetern ein komfortables Loft eingerichtet. Ostexpertin Maria wohnt in Berlin. Die drei sind bereits on line, nur William fehlt, der von einer Fischerkate in der Normandie die Verbindung zur Zentrale in Seattle an der US-Westküste hält. Robert schickt akustische Wecksignale in die französische Provinz. Nach drei Minuten tippt William seinen Morgengruß in die Tasten und eine Entschuldigung: Er habe bis in die früheren Morgenstunden mit den Software-Freaks in Seattle gearbeitet. Maria vermutet jedoch, dass er nur wieder in den USA auf den Internet-Highways gesurft sei ... Robert unterbricht den Plausch. Er fordert die wichtigsten Daten für Werbekampagnen aus ihren Regionen an.

Klara, die als Wirtschaftsjournalistin bei einer Wochenzeitung arbeitet, widmet sich zuerst ihrer Computerpost. Um **11.30** Uhr wird eine Videokonferenz mit dem Chefredakteur und zwei Kollegen über neue Formen der Geldanlage via Datenautobahn stattfinden. Dann gibt es noch eine Memo zum Thema „Datensicherheit". Alle Mitarbeiter werden ermahnt, unveröffentlichte Geschichten im Haupttresor der Redaktion zu sichern. Gerade in der letzten Nacht hat wieder ein Hacker – vermutlich von der Konkurrenz – einen elektronischen „Bruch" bei einem Kollegen versucht. Einige persönliche Notizen aus der Redaktion beantwortet Klara sofort – per E-Mail.

9:30
Die morgendliche Video-Konferenz im Wirtschaftsressort beginnt. Klara und ihre sieben Kollegen gehen den Themenplan für die nächsten Tage durch. Ihre Redaktion hat längst kein gemeinsames Büro mehr. Jeder sitzt zu Hause, doch bei der Video-Konferenz sehen alle einander auf Monitoren. Geografische Distanz ist kein Problem mehr. Über die weit verzweigten Datenautobahnen können sich alle die für sie wichtigen Informationen beschaffen und den Kontakt halten. Ihre fertigen Berichte schickt Klara zum Ressortchef nach München. Der leitet sie weiter zum Chefredakteur nach Hamburg. Von dort gehen sie direkt ins Nachrichtennetz und teilweise in lokale Druckereien. Nur einmal im Monat treffen sich die in Deutschland ansässigen Mitarbeiter persönlich, alle paar Monate sind auch die auswärtigen Kollegen anwesend.

9:57
Robert bereitet sich auf seine virtuelle Konferenz vor. Er setzt den Datenhelm auf und streift den Handschuh über. Punkt zehn Uhr nehmen zwei Männer und zwei Frauen an einem imaginären Konferenztisch in einem mitternachtsblauen, vom Computer simulierten Zimmer Platz: Machiko, die 50-jährige Art Direktorin in Tokio, trägt ein rotes Minikleid, Jane, die 30-jährige Werbechefin in Seattle, ein dezent graues Kostüm. Takaharu, Machikos Chef, ist wie immer in Jeans gekommen. Robert begrüßt sie und legt ihnen die Unterlagen auf den Tisch ...

12:30
Robert beobachtet auf seinem Hausmonitor, wie Annette, die 50-jährige Haushälterin – früher war sie Sachbearbeiterin in einer Bank – den Tisch auf der Terrasse deckt. Seit die Hermanns zu Hause arbeiten, legen sie auf ein gemeinsames Mittagessen besonderen Wert. Reale soziale Kontakte während des Arbeitstages seien wichtig, hat ihnen der Psychologe erklärt, der sie auf die Computer-Heimarbeit vorbereitet hat. Die Gefahr der Vereinsamung sei groß.

14:00
Klara hat einen Termin bei ihrem Friseur in Hamburg. Auf der 90-minütigen Fahrt führt sie mehrere Telefongespräche, hinterlässt Nachrichten auf Anrufbeantwortern und in elektronischen Postfächern. Während sie einige über Mobilfunk geführte Gespräche mit ihrem Handcomputer aufzeichnet, steuert der Bordcomputer den Wagen. Ein Verkehrsleitsystem aus Sa-

Redemittel

10 Informationen

1–3	Wortschatz
4	Leseverstehen
5–7	Wortschatz
8	Leseverstehen
9	Sprechen
10	Redemittel
11	Bildbeschreibung
12	Schreiben

a) e Information, -en
   e Auskunft, ¨e
   e Erkundigung, -en
   Informationen kann man geben / erhalten / bekommen / weitergeben / sich beschaffen / erbitten / zurückhalten / untereinander austauschen / einholen / herausfinden / erfragen.
   Auskünfte kann man geben / erteilen.
   Erkundigungen kann man einziehen.
   sich informieren über
   eine Auskunft einholen
   sich erkundigen nach
   Was viele Informationen enthält, ist informativ: *informatives Material, ein informatives Gespräch.*
   s Informationsmaterial, -ien,   e Informationsquelle, -n,
   r Informationsaustausch,   s Informationsdefizit, -e   u. a. m.
   Ich brauche dringend einige Informationen. / Ich benötige eine Information.
   (Am Telefon:) Ich hätte gern eine Auskunft. / Ich hätte da (noch) eine Frage.

b) Notieren Sie verschiedene Varianten.

   Wer Informationen hat, der kann sie _____

   _____.

   Wer Informationen benötigt, der kann _____

   _____.

   Zwei Personen können Informationen _____

   _____.

c) An wen wenden Sie sich und was können Sie tun, wenn …

   – Ihr Computer abstürzt?
   – Sie eine wichtige Telefonnummer verloren haben?
   – Sie einen Urlaub planen wollen?
   – Sie Fachliteratur zu einem bestimmten Thema suchen?
   – …

Bildbeschreibung

11 Legen Sie zuerst eine Betrachtungspause ein und machen Sie sich Notizen.

Das Bild
a) Beschreiben Sie, was auf dem Bild zu sehen ist.

Das Thema
b) Geben Sie Ihrem Bild eine Überschrift, mit der Sie ein Thema ansprechen.

Das Bild und ich
c) Welche persönlichen Erfahrungen, Ansichten oder Vergleiche könnten Sie zu diesem Bild einbringen?

Schreiben

12 Persönlicher Brief:

Erfahrungen mit Computern

1–3	Wortschatz
4	Leseverstehen
5–7	Wortschatz
8	Leseverstehen
9	Sprechen
10	Redemittel
11	Bildbeschreibung
12	Schreiben

Wiederholung

Schreiben Sie jeweils einen kommentierenden Satz zu den folgenden (extremen?) Meinungen. Verwenden Sie dabei Redemittel aus dem „Meinungspingpong" (Leselandschaft 1, Kapitel 4, Nr. 5) und Redemittel zur „Einschränkung" (in diesem Buch Kapitel 1, Nr. 17 ff.).

1. Computer vernichten Arbeitsplätze.
2. Computer schaffen Arbeitsplätze.
3. Computer sind schuld daran, dass die Gesellschaft anonymer wird.
4. Man kann heute auch ganz gut ohne Computer über die Runden kommen.
5. In meinem Beruf kann man es sich heute nicht mehr leisten, ein Computeranalphabet zu sein.
6. Kinder haben früher mit Puppen und Autos gespielt; heute spielen sie mit Computern.
   …

Planen

Entwerfen Sie einen persönlichen Brief an eine Freundin bzw. an einen Freund und gehen Sie dabei auf die folgenden fünf Punkte ein:

a) auf das Vorhaben Ihres Briefpartners sich einen brandneuen Computer anzuschaffen;
b) auf das, was Sie bisher über Computer gehört oder in diesem Bereich selbst erfahren haben;
c) auf einige Gefahren der Computerarbeit;
d) auf einige Vorteile der Arbeit mit und an Computern;
e) ziehen Sie ein abschließendes Fazit und geben Sie eine Empfehlung an Ihren Briefpartner / Ihre Briefpartnerin.

Sammeln Sie zunächst einige Ideen zu jedem dieser Punkte.

Formulieren
Klären Sie Datum, Anrede und Grußformel im persönlichen Brief (vgl. Leselandschaft 1, Kapitel 1, Nr. 5). Formulierungshilfen zu den einzelnen Punkten sind:

a) erfahren – mitteilen – hören …
b) soweit ich weiß – aus eigener Erfahrung …
c) … birgt die Gefahr, dass … (eine Gefahr bergen) …
d) ein (unbestreitbarer) Vorteil ist … – … ist es von Vorteil, einen Computer zu haben – …
e) Als Fazit kann man festhalten, dass … – Man kann folgendes Fazit ziehen: …

Überarbeiten
Wenn Sie Ihren Brief (ca. 200–250 Wörter) verfasst haben, legen Sie ihn zunächst einem Lernpartner / einer Lernpartnerin vor. Lassen Sie sich Textpassagen zeigen, die nicht ganz verständlich sind, sich wiederholen oder aus einem anderen Grund überarbeitungswürdig sind. Schreiben Sie Ihren Text dann gegebenenfalls neu.

1–3	Wortschatz
4–8	Leseverstehen
9	Sprechen
10	Wortschatz
11	Bildbeschreibung
12	Schreiben
13–21	Redemittel

Meine Arbeit

Wortschatz

1 Blättern Sie bitte um. Suchen Sie für die Wörter im Kasten eine passende Position in der Mindmap (Seite 64). Lösen Sie dann die Aufgabe 2 auf dieser Seite.

2 Wenn auf dem Arbeitsmarkt Vollbeschäftigung herrscht, geht ein Arbeitsleben i. d. R. nach folgendem Muster vor sich:

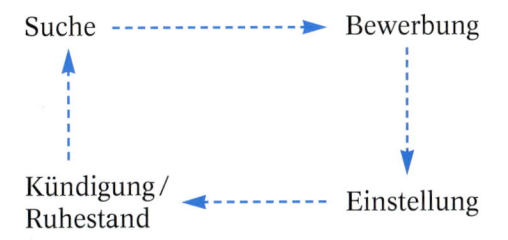

Suche ----------→ Bewerbung
↑   ↓
Kündigung / Ruhestand ←-------- Einstellung

In einer Wirtschaftskrise jedoch stimmt dieses Schema nicht mehr. Beschreiben Sie, was anders wird, und verwenden Sie dabei diese Formulierungen:

- einen Arbeitsplatz suchen / finden / haben / aufgeben / verlieren
- einer Arbeit nachgehen
- einen Mitarbeiter einstellen – eingestellt werden
- einem Mitarbeiter kündigen – gekündigt werden
- sich bewerben um
- in den (vorzeitigen) Ruhestand treten / gehen
- sich pensionieren lassen / pensioniert werden

4 Meine Arbeit

1 Mindmap zu Aufgabe 1, Seite 63.

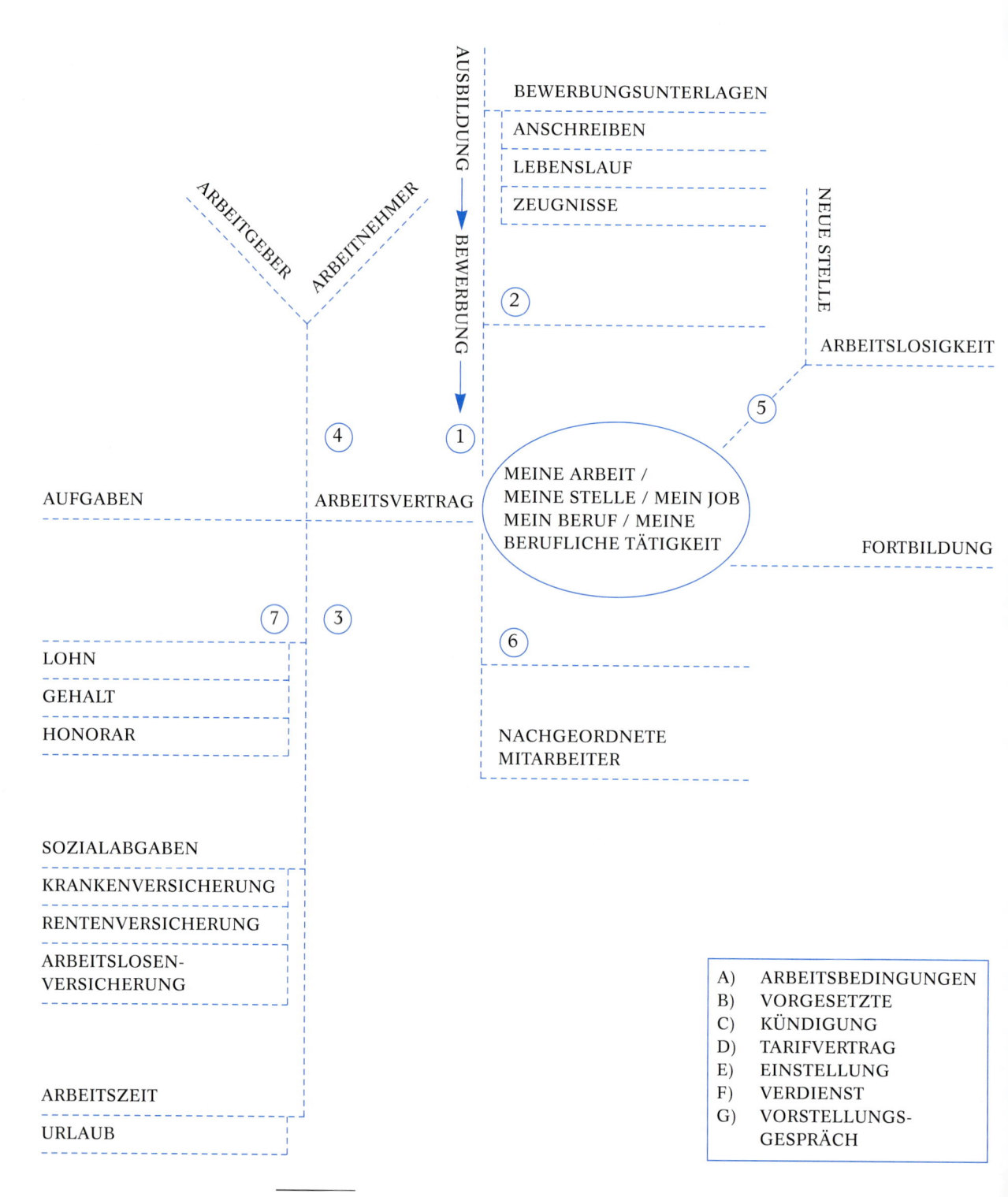

AUSBILDUNG

BEWERBUNGSUNTERLAGEN
- ANSCHREIBEN
- LEBENSLAUF
- ZEUGNISSE

BEWERBUNG

ARBEITGEBER / ARBEITNEHMER

NEUE STELLE

ARBEITSLOSIGKEIT

②

④ ①

MEINE ARBEIT / MEINE STELLE / MEIN JOB / MEIN BERUF / MEINE BERUFLICHE TÄTIGKEIT

⑤

AUFGABEN — ARBEITSVERTRAG

FORTBILDUNG

⑦ ③ ⑥

- LOHN
- GEHALT
- HONORAR

NACHGEORDNETE MITARBEITER

- SOZIALABGABEN
- KRANKENVERSICHERUNG
- RENTENVERSICHERUNG
- ARBEITSLOSEN-VERSICHERUNG

- ARBEITSZEIT
- URLAUB

A)	ARBEITSBEDINGUNGEN
B)	VORGESETZTE
C)	KÜNDIGUNG
D)	TARIFVERTRAG
E)	EINSTELLUNG
F)	VERDIENST
G)	VORSTELLUNGS-GESPRÄCH

4 Meine Arbeit

1–3	Wortschatz
4–8	Leseverstehen
9	Sprechen
10	Wortschatz
11	Bildbeschreibung
12	Schreiben
13–21	Redemittel

3 a) Wer kennt nicht eine solche Szene: Arbeitnehmer vor dem Fabriktor oder auf der Straße, in Gruppen mit Plakaten, Transparenten, vielleicht Fahnen, kurze Interviews für die Nachrichtensendung gebend, dazu ein Redner vor einem Mikrofon, eventuell Sprechchöre …

Erinnern Sie sich an einen Streik, von dem Sie letzthin gehört oder an dem Sie selbst teilgenommen haben?

b) Der sogenannte „Arbeitskampf" ist in vielen Ländern juristisch mehr oder weniger klar geregelt.
Klären Sie einige zentrale Begriffe zu diesem Thema per Zuordnung.

A	r Streik, -s	1	eine Organisation, die die Interessen der Arbeitnehmer vertritt
B	e Gewerkschaft, -en	2	eine Organisation, die die Interessen der Arbeitgeber vertritt
C	r Arbeitgeberverband, ¨e	3	eine Lösung für ein Problem, bei der beide Seiten nicht alle ihre Forderungen durchsetzen können
D	e Aussperrung, -en	4	eine neutrale Person, deren Aufgabe es ist, gescheiterte Verhandlungen zwischen Gewerkschaften und Arbeitgebern noch einmal zu beginnen
E	r Tarifvertrag, ¨e	5	die Abgabe von Stimmen für bzw. gegen etwas
F	r Schlichter, -	6	eine Gegenmaßnahme der Arbeitgeber gegen streikende Arbeitnehmer; diesen wird der Zugang zu ihrem Arbeitsplatz nicht mehr gestattet
G	e Abstimmung, -en	7	eine Aktion der Gewerkschaften um ihre Forderungen durchzusetzen: eine Zeit lang wird nicht mehr gearbeitet
H	r wilde Streik	8	dasselbe wie 7, allerdings ohne Beteiligung einer Gewerkschaft
I	r Kompromiss, -e	9	ein Vertrag zwischen Arbeitnehmern und Arbeitgebern, der – für eine bestimmte Zeit, einen bestimmten Wirtschaftszweig und für ein bestimmtes geografisches Gebiet – Löhne, Arbeitszeiten u. a. m. regelt

65

c) Baum, Netz oder Flussdiagramm (Ablaufdiagramm):
In welcher Form könnte man den Zusammenhang zwischen den Begriffen aus Übung b) darstellen?

Leseverstehen

4 In der Marktwirtschaft bestimmt der Eigentümer eines Unternehmens, *was*, *wie* und *wie viel* produziert wird. Er trägt auch das wirtschaftliche Risiko – im schlimmsten Fall geht er in Konkurs. Nicht jeder hält dies für die optimale Form des Wirtschaftslebens. So ist im folgenden Text von sogenannten „alternativen" Betrieben die Rede, in denen manches anders abläuft als in sogenannten „herkömmlichen" Unternehmen. Worin könnten Unterschiede zwischen beiden Organisationsformen bestehen? Überlegen Sie bitte, noch bevor Sie Übung 5 machen und bevor Sie mit dem Lesen beginnen.

5 Lesen Sie den Text kursorisch und ordnen Sie den Textabschnitten A–G eine der vorgegebenen Überschriften zu (eine ist zu viel).

1. Arbeitsteilung als Streitpunkt | A | B | C | D | E | F | G |
2. Das Qualifikationsproblem | A | B | C | D | E | F | G |
3. Ein selbst verwalteter Betrieb | A | B | C | D | E | F | G |
4. Probleme mit der Rotation: Ein Beispiel | A | B | C | D | E | F | G |
5. Gute Noten von Wissenschaftlern | A | B | C | D | E | F | G |
6. Charakteristika eines „alternativen" Betriebs | A | B | C | D | E | F | G |
7. Bedürfnislohn | A | B | C | D | E | F | G |
8. Das Arbeitsamt und die selbst verwalteten Betriebe | A | B | C | D | E | F | G |

Sprechen

9 Arbeitszeitmodelle

a) Sehen Sie sich die Arbeitszeitmodelle auf Seite 72 an, klären Sie ggf. Verständnisprobleme.

b) Wählen Sie für Ihre Kleingruppe einen (oder mehrere) der folgenden „Betriebe" aus:

  - einen Automobilclub, der rund um die Uhr Pannenhilfe anbietet (Pannenhelfer im Außendienst)
  - ein Ausflugsrestaurant im Grüngürtel einer Großstadt (Kellner/Kellnerinnen)
  - ein Krankenhaus (Krankenschwestern)
  - eine städtische Behörde (Verwaltungsangestellte)
  - eine Schule (Lehrer/Lehrerinnen)
  - eine Buchhandlung (Verkäufer/Verkäuferinnen)

c) Führen Sie eine kurze Bedarfsanalyse durch. Wann werden Ihre Mitarbeiter (wie oben in Klammern) benötigt: 24 Stunden am Tag, zu bestimmten Stoßzeiten, nur während der Öffnungszeiten? Wann sind Stoßzeiten? Wie steht es mit den Tages- und Jahreszeiten?

d) Organisieren Sie die Arbeitszeit in Ihrem „Betrieb". Welche der auf Seite 72 dargestellten Arbeitszeitmodelle könnten attraktiv sein bzw. kommen in Frage? Wählen Sie eines oder mehrere aus und erläutern Sie diese(s) an einem konkreten (fiktiven) Beispiel. Vergessen Sie dabei nicht:

  - Wir gehen von 38,5 Stunden durchschnittlicher wöchentlicher Arbeitszeit aus.
  - Ihre Ziele sind:
    1. eine möglichst hohe Zahl von Mitarbeitern zu beschäftigen;
    2. die betrieblichen Notwendigkeiten zu berücksichtigen (also keine vorzeitige Schließung des Geschäfts, weil die Arbeitszeit nicht ausreicht!) und
    3. eine möglichst hohe Arbeitsplatzzufriedenheit zu erreichen (also den Wünschen der Mitarbeiter so weit wie möglich entgegenzukommen).

e) Werten Sie die Ergebnisse Ihrer Gruppenarbeit anschließend gemeinsam aus.

Modell 1:

Die Gleitzeit
Beginn und Ende der täglichen Arbeitszeit können innerhalb einer bestimmten Bandbreite variieren. Während einer Kernzeit müssen alle anwesend sein; zwischen ein bis drei Stunden vor Beginn der Kernzeit oder nach ihrem Ende kann man kommen bzw. gehen, sofern die wöchentliche Arbeitszeit eingehalten wird.

Modell 2:

Das Sabbatical
Überstunden oder Urlaubstage können angespart und in Form eines Langzeiturlaubs z. B. bis zu sechs Monaten genommen werden.

Modell 3:

Die Teilzeitarbeit
Jede Form von Arbeit, die nur einen Teil der vollen wöchentlichen Arbeitszeit ausmacht. (Sie sollte in unserem Fall nicht weniger als 16 Wochenstunden betragen.)

Modell 4:

Das Zeitkonto
Wenn es mehr zu tun gibt, kann ein Mitarbeiter seine Überstunden einem Zeit-„konto" gutschreiben, z. B. maximal zehn Wochenstunden. Diese Zeitgutschrift kann er als Urlaub oder als reduzierte Wochenarbeitszeit später einmal in Anspruch nehmen.

Modell 5:

Die Schichtarbeit
Gearbeitet wird in festen Zeitabschnitten (Schichten), also z. B. von 6–14, von 14–22 und von 22–6 Uhr (Frühschicht, Spätschicht, Nachtschicht).

Modell 6:

Die Telearbeit
Der Arbeitsplatz befindet sich zu Hause oder im Auto. Per Computer und Telefon ist man mit der Firma verbunden.

Modell 7:

Das Job-Sharing
Ein voller Arbeitsplatz wird unter zwei oder mehreren Personen aufgeteilt.

Modell 8:

Die Jahresarbeitszeit
Eine festgelegte Anzahl von Arbeitsstunden pro Jahr kann individuell eingeteilt werden, z. B. wochen- oder monatsweise.

Modell 9:

Die Vier-Tage-Woche
Der Betrieb arbeitet an fünf, sechs oder sogar sieben Tagen pro Woche. Der Mitarbeiter braucht jedoch nur an vier Tagen der Woche anwesend zu sein.

Wortschatz

10 Wörtern auf der Spur

1–3	Wortschatz
4–8	Leseverstehen
9	Sprechen
10	Wortschatz
11	Bildbeschreibung
12	Schreiben
13–21	Redemittel

Eine Aufgabe für Wirtschaftsexperten, solche, die es werden wollen, und natürlich für Neugierige: Was wird unter den folgenden Begriffen – möglichst genau, möglichst im Unterschied zu einem vergleichbaren oder ähnlichen Begriff, möglichst durch ein anschauliches Beispiel belegt – verstanden?

r Wettbewerb
e Konkurrenz
r Strukturwandel
r Mittelstand
e Mitbestimmung
s Arbeitsamt, ¨ter
e Konjunktur(schwankungen)
r Zuschuss, ¨e
s (deutsche) Wirtschaftswunder
  (in den Fünfzigerjahren)
e Staatsausgaben
e Sozialhilfe
e Kurzarbeit
r Wohlfahrtsstaat
s Wirtschaftswachstum
s soziale Netz
e Nachfrage
e Marktnische, -n
e Lebensarbeitszeitverkürzung

e Wettbewerbsfähigkeit der
  (deutschen) Industrie
r Konkurrent, -en
e Strukturkrise
r Dienstleistungsbetrieb, -e
r Betriebsrat
s Arbeitsamt, ¨ter
r Zeitvertrag, ¨e
e Subvention, -en
s Besitzstandsdenken
eine Arbeitsbeschaffungs-
  maßnahme (ABM), -n
e Steuersenkung, -en /
e Steuererhöhung, -en
s Billiglohnland, ¨er
s Existenzminimum
(u. v. m.)

r Stellen-/
Personalabbau
r Kündigungsschutz
e Wirtschaftskrise, -n
s Haushaltsdefizit, -e
r Spitzenverdiener, -

(zusammengestellt nach einer Auswahl von Presseartikeln)

Bildbeschreibung

11 Legen Sie zuerst eine Betrachtungspause ein und machen Sie sich dann Notizen.

Wörterhilfen

Bild 1:

r Flughafen, ¨   r Fluglotse, -n   r Kontrollturm, ¨e
e Flugsicherheitszentrale, -n   r Radarschirm, -e
e Anspannung   e Konzentration   ...

4 *Meine Arbeit*

Das Bild
a) Beschreiben Sie, was zu sehen ist.

Das Thema
b) Geben Sie Ihrem Bild eine Überschrift, mit der Sie ein Thema ansprechen.

Das Bild und ich
c) Welche persönlichen Erfahrungen, Ansichten oder Vergleiche könnten Sie zu diesem Bild einbringen?

Zusammenhänge
d) Gibt es Zusammenhänge zwischen beiden Bildern? Wenn ja, worin bestehen sie?

1–3	Wortschatz
4–8	Leseverstehen
9	Sprechen
10	Wortschatz
11	Bildbeschreibung
12	Schreiben
13–21	Redemittel

Schreiben

12 *Planen*

a) Thesendiskussion: Treffen die folgenden Thesen Ihrer Ansicht nach (vollständig / mit Einschränkungen) zu?

- Arbeit ist Lebensinhalt – ob man will oder nicht
- Um unseren Lebensstandard zu halten oder zu verbessern, werden wir alle in Zukunft mehr arbeiten müssen.
- Die Zukunft wird für viele Menschen weniger Arbeit bringen.
- Wir werden unsere Anstrengungen darauf richten müssen, Arbeit zu schaffen.
- …

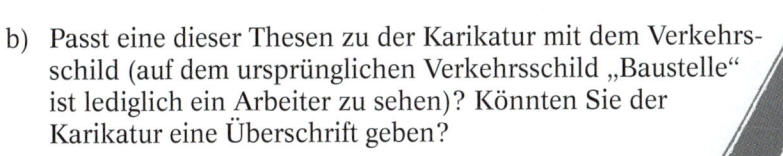

b) Passt eine dieser Thesen zu der Karikatur mit dem Verkehrsschild (auf dem ursprünglichen Verkehrsschild „Baustelle" ist lediglich ein Arbeiter zu sehen)? Könnten Sie der Karikatur eine Überschrift geben?

Tragen Sie gemeinsam Ihre Ideen als Vorbereitung einer Stellungnahme zum Thema „Die Zukunft der Arbeit" zusammen.

Formulieren

Formulierungshilfen können u. a. sein:

r Arbeiter,-   r Angestellte, -n   r Arbeitnehmer, -   e Arbeitskraft
Arbeitsplätze schaffen   Arbeitsplätze abbauen / vernichten
e Vollbeschäftigung
r Arbeitslose, -n
e Arbeitslosigkeit (e Langzeitarbeitslosigkeit)
e Arbeitslosenquote (ist hoch – niedrig / steigt – fällt)
r Arbeitsmarkt
e Branche, -n (z. B. Autoindustrie, Computerindustrie, Unterhaltungselektronik …) / r Industriezweig, -e
e Rationalisierung der Produktion (weniger Ressourcen einsetzen um mehr zu produzieren)
…

Überarbeiten

Überarbeiten Sie Ihren Text gemeinsam mit einem Lernpartner / einer Lernpartnerin.

Redemittel

13 Am Telefon

Gegenstände und Teile davon

r Apparat, -e   e Steckdose, -n   s Kabel, -   r Hörer, -   die Muschel
die Taste, -n   e Wählscheibe, -n   s Display, -s   e Speichertaste, -n
s Mobiltelefon, -e   s Handy, -s   s Telefonbuch, ¨er   e Telefonkarte, -n
die Gelben Seiten (das Branchentelefonbuch)   r Anrufbeantworter, -

Fertigen Sie eine (keine künstlerische) Zeichnung eines Gegenstandes mit seinen Einzelteilen an und beschriften Sie sie.

4 Meine Arbeit

1–3	Wortschatz
4–8	Leseverstehen
9	Sprechen
10	Wortschatz
11	Bildbeschreibung
12	Schreiben
13–21	Redemittel

14 Tätigkeiten rund ums Telefon

a) Suchen Sie mögliche Kombinationen:

heraussuchen
nachschlagen
wählen / tippen / eintippen
sich melden
verbinden mit
abheben
auflegen
sprechen
besetzt sein
abhören
telefonieren
anrufen
ertönen
senden / abschicken / durchgeben
erhalten
führen

e Telefon- / Rufnummer, -n
e Durchwahlnummer, -n
e Direktwahl
r Anrufer, -
r / e Angerufene, -n
r Rückruf, -e
zum Abend- / Billig- / Nulltarif
e Leitung, -en
eine Nachricht auf Band
den Anrufbeantworter
s Besetztzeichen
ein Fax (viele Faxnachrichten)
eine Nachricht / Mitteilung ... per Fax
e Telefonauskunft
s Telefonat, -e
r Hörer

b) Beschreiben Sie mit Hilfe dieser Kombinationen

– die Vorgänge, aus denen ein ganz normales Telefonat besteht
– ein misslungenes Telefonat (d. h., der Angerufene wird nicht erreicht) in seinen einzelnen Vorgängen

15 Fragebogen

a) Warum haben viele Menschen Angst davor, in einer fremden Sprache zu telefonieren? Was – genau – ist anders?

b) Könnten Sie ein Telefonerlebnis (in einer Fremdsprache) erzählen?

16 Redemittel in Situationen

In der Grafik (auf Seite 78) finden Sie einige Standardsituationen, die am Telefon immer wiederkehren. Auf Seite 79 / 80 finden Sie einige Redemittel in Katalogform, die Sie den Situationen zuordnen können. (Tragen Sie den Buchstaben ein.)

4 Meine Arbeit

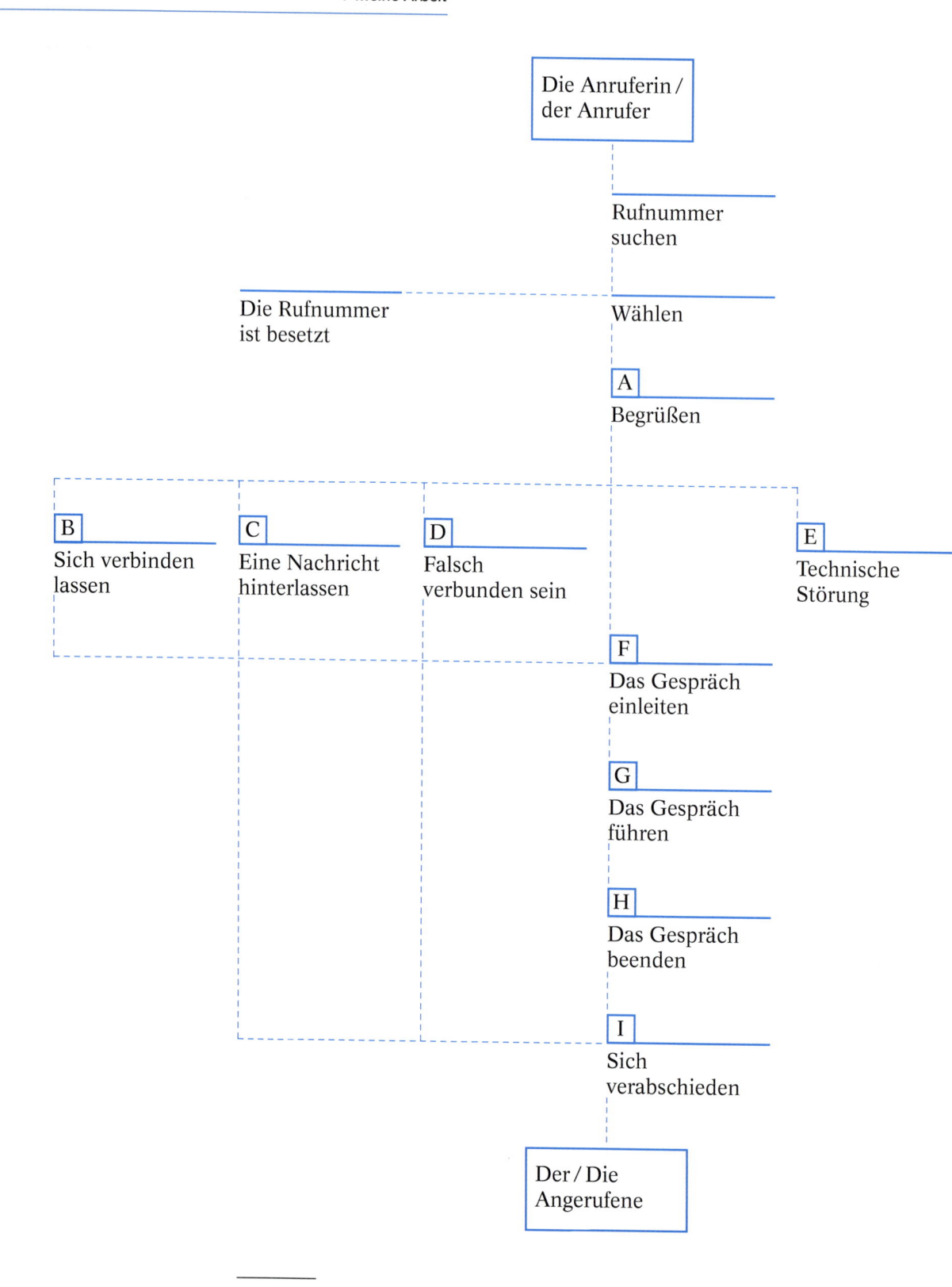

Die Anruferin / der Anrufer

Rufnummer suchen

Die Rufnummer ist besetzt

Wählen

A Begrüßen

B Sich verbinden lassen

C Eine Nachricht hinterlassen

D Falsch verbunden sein

E Technische Störung

F Das Gespräch einleiten

G Das Gespräch führen

H Das Gespräch beenden

I Sich verabschieden

Der / Die Angerufene

	1–3	Wortschatz
	4–8	Leseverstehen
	9	Sprechen
	10	Wortschatz
	11	Bildbeschreibung
	12	Schreiben
	13–21	Redemittel

☐ Guten Tag, Franz Schwarz von der Firma FUTUREMA. / Guten Tag, mein Name ist Franz Schwarz, Firma FUTUREMA. / Ja, hier ist Franz Schwarz von der Firma FUTUREMA, guten Tag.

☐ Jetzt möchte ich Sie aber nicht länger aufhalten. / Das war's. / Das war's auch schon. / Vielen Dank für Ihre Auskunft / ... / Das war sehr hilfreich für mich. / ...

☐ Könnten Sie mich bitte mit Frau Weiß verbinden? / Ich würde gern mit Frau Weiß sprechen. Könnten Sie mich bitte verbinden? (Einen Moment bitte. – Frau Weiß ist leider in einer Besprechung. Könnten Sie in einer Stunde noch einmal zurückrufen?) Ja, o. k. Könnten Sie mir vielleicht die Durchwahl von Frau Weiß geben? (Selbstverständlich. Ihre Durchwahl ist 475.) Danke, ich warte also auf den Rückruf von Frau Weiß.

☐ Wie bitte? / Entschuldigung, wie war das bitte noch einmal? / Wie war noch einmal Ihr Name, bitte? / Könnten Sie das bitte noch einmal wiederholen? / Könnten Sie das bitte buchstabieren? / Wenn ich Sie recht verstanden habe, ... (kommt Frau Weiß am 20. dieses Monats wieder zurück.) / Könnte ich noch einmal wiederholen: (Frau Weiß kommt also am 20. dieses Monats wieder zurück.) / Ich bin mir nicht ganz sicher, ob ich Sie richtig verstanden habe ... / Sie meinen also, dass ... / Sie sagten eben, dass ... Habe ich das so richtig verstanden? / Ich notiere mir also: ... / Könnte ich das bitte noch einmal festhalten? Also: ...

☐ Könnte ich eine Nachricht für Frau Weiß hinterlassen? (Gern. Ich notiere.) Also: Frau Weiß möchte mich bitte so bald wie möglich zurückrufen. Schwarz ist mein Name, sie dürfte die Telefonnummer haben. (Ich wiederhole: Bitte so bald wie möglich Rückruf bei Herrn Schwarz.) Ja, genau, und vielen Dank. (Gern geschehen.)

☐ Ich rufe an wegen ... / Ich rufe aus folgendem Grund an: ... / Ich hätte eine Frage. / Ich würde gern mit jemandem sprechen, der mir etwas über ... sagen könnte. / Ich hätte gern eine Auskunft über ... / zum Thema ...

☐ Oh, mit wem spreche ich bitte? ... Eigentlich suche ich Frau Weiß, Heide Weiß. ... Die gibt es nicht unter Ihrer Nummer? Na dann bin ich leider falsch verbunden. Entschuldigen Sie die Störung!

☐ Hallo, Entschuldigung, aber ich kann Sie nur sehr schwer verstehen ... Die Verbindung ist nicht gut ... Ich höre die ganze Zeit so ein Rauschen im Apparat ... Hallo, können Sie mich noch hören? Ah, ja, da sind Sie ja wieder ... Hallo, schon wieder weg, die Verbindung ist unterbrochen – können Sie mich noch hören? Tja ... Also der ist jetzt weg ...

☐ Nochmals vielen Dank für Ihre Mühe und auf Wiederhören. / Auf Wiederhören. / Wiederhören. / (Und viele Grüße an Alja und Bob, auch von meinem Mann / meiner Frau. / Und richten Sie bitte Alja und Bob ganz herzliche Grüße aus. / Und grüßen Sie bitte Alja und Bob sehr herzlich.)

17 Legen Sie eine Infinitivliste der Verben aus den Redemittel-Katalogen an. Notieren Sie außer dem Infinitiv auch den / die entsprechenden Kasus (ggf. auch die Präposition), das Partizip II und ein Anwendungsbeispiel.

verbinden + A(kkusativ) + *mit* D(ativ)   *verbunden*

Ich verbinde ihn mit seinem Kollegen.

18 Schreiben Sie – unter Verwendung der Redemittel-Kataloge – einen Telefondialog

a) mit der Telefonauskunft, bei der Sie eine bestimmte Nummer erfragen.

b) mit einer Kollegin, mit der Sie einen Termin vereinbaren.

c) mit dem Anrufbeantworter eines Freundes, auf dem Sie eine Nachricht hinterlassen.

d) mit einer Bibliothek, bei der Sie sich nach den Ausleihmodalitäten und den Öffnungszeiten erkundigen.

e) eines viel beschäftigten Menschen, der gleichzeitig mit zwei Telefonpartnern und einer im Raum anwesenden Person einen Termin abstimmt.
...

19 Sehen Sie sich mit einem Lernpartner oder einer Lernpartnerin einen solchen Telefondialog an. Machen Sie sich ein paar Stichwortnotizen und spielen Sie die Dialoge durch. Sie sollten eine dritte Person dabei haben, die auf sprachliche Korrektheit achtet.

20 Ergänzen Sie aus den obigen Redemitteln, was sprachlich und logisch passt.

a) In zehn Minuten …
b) … noch einmal?
c) … hinterlassen.
d) …, ob ich Sie …
e) … geschehen.
f) … so bald …
g) … verbunden!
h) … richten …

1–3	Wortschatz
4–8	Leseverstehen
9	Sprechen
10	Wortschatz
11	Bildbeschreibung
12	Schreiben
13–21	Redemittel

21 Setzen Sie die richtigen Verben ein (zwei sind zu viel):

Gute Manieren am heißen Draht

Auch freundliches Telefonieren will gelernt sein   von Britta Fehrmann

Das Telefon ist aus unserem Alltag nicht mehr wegzudenken. Sowohl im Beruf als auch im Privatleben könnten die wenigsten ohne einen eigenen Apparat _____ (1). Doch auch beim Telefonieren gibt es einige Regeln, die einfach zum guten Ton _____ (2).

Ganz langsam zum Mitschreiben … Haben Ihre Gesprächspartner auch immer das Gefühl, hinter Ihnen rast ein D-Zug her? _____ (3) Sie, artikuliert und, besonders bei der Namensnennung, langsam und deutlich zu sprechen. Sie _____ (4) Aufmerksamkeit, indem Sie mit einigen kurzen, einleitenden Worten beginnen. „Guten Tag, mein Name ist …" führt auf die eigentliche Information, nämlich Ihren Namen hin.

_____ (5) Sie keine Eile und Hektik, sondern _____ (6) Sie dem anderen Teilnehmer das Gefühl, dass Sie sich nur ihm widmen und sich auf seine Anliegen _____ (7). Die Frage „Wie kann ich Ihnen helfen?" vermittelt dem Gesprächspartner, dass Sie ihn und den Grund seines Anrufs ernst _____ (8).

Falls Sie wiederum den Namen des Anrufers nicht verstanden haben, fragen Sie nach. Sprechen Sie ihn ruhig mehrmals während des Gesprächs namentlich an – das zeigt, dass er nicht einer von einhundert Telefonaten ist, sondern eine Ihnen „bekannte" Person. Lächeln Sie beim Telefonieren – dann klingt Ihre Stimme gleich freundlicher! Ihr

A	versuchen
B	bieten
C	konzentrieren
D	reagieren
E	führen
F	erreichen
G	holen
H	fassen
I	vermeiden
J	auskommen
K	gehören
L	klingen
M	geben
N	verbreiten
O	nehmen

Gesprächspartner kann Sie ja nicht sehen, ist also ganz auf Ihren Tonfall angewiesen, um die „Lage zu peilen". Falls Sie dazu neigen, am Telefon ein bisschen burschikos zu _____ (9): Schenken Sie sich selbst ein Lächeln. Der gute Ton macht die Musik und auch die anderen _____ (10) womöglich freundlicher!

_____ (11) Sie es, während des Gesprächs mit anderen zu reden – egal, ob mit Kollegen, Ihrem Mann oder Ihren Kindern. Nichts ist nervenaufreibender als eine ständige Unterbrechung und ein „Kannst weiter reden, ich bin wieder dran!" Wenn Sie privat keine Zeit zum Telefonieren haben, bitten Sie den anderen sich kurz zu _____ (12) oder _____ (13) Sie Ihren Rückruf zu einem späteren Zeitpunkt an.

Berliner Zeitung

1–3	Wortschatz
4–8	Leseverstehen
9–10	Redemittel
11–15	Leseverstehen
16–17	Wortschatz
18	Bildbeschreibung
19	Sprechen
20–21	Redemittel
22	Schreiben

Meine Zeit

Wortschatz

1 Ordnen Sie die Sätze (a)–(e) fünf Sätzen aus 1–6 zu, die dasselbe aussagen.

(a) Hier ist heute alles anders als gestern und morgen wieder anders als heute.
(b) Hier schaust du auf die Uhr und es ist neun, eine Sekunde später schon halb zwölf.
(c) Hier verläuft das Leben ruhig.
(d) Hier muss man ständig mehr tun, als eigentlich in der vorgegebenen Zeit möglich ist.
(e) Hier kann man sich morgens überlegen, was man wann und wie lange machen will.

1 Hier vergeht die Zeit sehr schnell.
2 Hier kann man sich die Zeit einteilen.
3 Hier verändert sich alles.
4 Hier steht man ständig unter Zeitdruck.
5 Hier verliert man viel Zeit.
6 Hier geht es gemächlich zu.

2 Führen Sie eine Umfrage in Ihrer Gruppe durch, die über Ihr kollektives Zeitempfinden und Ihre gegenwärtige „Zeit-Situation" Auskunft gibt. Alle Gruppenmitglieder sollten sich an dieser Umfrage beteiligen. Überlegen Sie zuvor, wie Sie die Umfrage praktisch organisieren und nachher (z. B. an der Tafel) auswerten. Und: Setzen Sie sich ein Zeitlimit von nicht mehr als (z. B.) 10 Minuten.

1. Alles verändert sich heute viel zu rasch.
2. Die Zeit vergeht sehr schnell.
3. Ich fühle mich tendenziell gestresst.
4. Meine Mitmenschen sind stark im Stress.
5. Sonn- und Feiertage sind eher langweilig.
6. Pünktlichkeit ist sehr wichtig.
7. Ich teile mir meine Zeit gut ein.
8. Ich verliere relativ viel Zeit mit unnützen Dingen.

1	2	3	4	5	6	7
1	2	3	4	5	6	7
1	2	3	4	5	6	7
1	2	3	4	5	6	7
1	2	3	4	5	6	7
1	2	3	4	5	6	7
1	2	3	4	5	6	7
1	2	3	4	5	6	7

Kreuzen Sie an: 1 = Zustimmung, 7 = Ablehnung

3 Werten Sie das Ergebnis Ihrer Umfrage schriftlich aus:

Die Mehrheit der Gruppe ...
Nur wenige von uns ...
Über die Hälfte der Befragten ...
Ein großer Teil der Gruppe ...
Nur eine Minderheit ...
Fast alle ...
Einige wenige ...

Leseverstehen

4 In dem Text *Die Deutschen fürchten Stress – und Langeweile* werden die Ergebnisse einer Umfrage zusammengefasst. Orientieren Sie sich zunächst:

Wer _____

hat wann _____

wen _____

wo _____

befragt?

Die Deutschen fürchten Stress – und Langeweile

Neben der objektiven, mit Uhren gemessenen Zeit gibt es eine subjektiv empfundene Zeit, die in unseren Gefühlen verankert ist. Sie steht im Mittelpunkt der jüngsten Umfrage, die das Institut für Demoskopie Allensbach im Auftrag von *natur* durchführte. 21 000 Personen in Ost und West wurden dazu befragt. Heutzutage verändert sich alles viel zu rasch: Das empfinden 80 Prozent der Bundesbürger (Ost: 81, West: 79). Wenn sie selbst bestimmen könnten, ergänzen sie, ginge es gemächlicher zu ...

Dass Zeit schnell vergeht, empfand 1977 jeder fünfte Westdeutsche. Heute glaubt dies nahezu jeder Vierte im Westen (23 Prozent). Das ist ein Trend, der auch für den Osten gilt. Das Phänomen Stress breitet sich weiter aus. Längst schon suchen Wissenschaftler nach einer Definition: Stress kommt in Situationen auf, in denen gestellte Aufgaben und eigene Fähigkeiten nicht zueinander passen. Auf das Zeitempfinden übertragen bedeutet dies, dass wir uns gestresst fühlen, wenn uns ein fremder Lebensrhythmus aufgezwungen wird. Da viele Bundesbürger über hektische Zeiten klagen, müssten sie folglich unter Dauerstress leiden. *natur* fragte deshalb auch nach dem persönlichen Stressempfinden und danach, welchen Stress die Deutschen bei ihren Mitbürgern vermuten. Das Ergebnis: Eine Mehrheit – 80 Prozent im Osten, 71 Prozent im Westen – glaubt, „die anderen" seien ständig unter Zeitdruck. Die Frage nach der eigenen Stresssituation brachte ein ganz anderes Ergebnis: 57 Prozent im Osten und 61 Prozent im Westen betrachten sich selbst als nicht gehetzt … Die Diskrepanz lässt sich vielleicht damit erklären, dass viele über den raschen Lauf der Zeit doch nicht allzu unglücklich sind und ihn keineswegs als Stress, sondern als Anschub betrachten. Denn das Gegenteil, die Langeweile, scheint noch mehr gefürchtet zu sein als der Stress. Mitte der Achtzigerjahre sagten immerhin 38 Prozent der befragten Westdeutschen, dass ihre Feiertage von Langeweile geprägt seien. Insgesamt allerdings behält Stress die Oberhand, wenn die Deutschen über den subjektiv empfundenen Lauf der Zeit Auskunft geben. In Westdeutschland sprechen seit Anfang der Neunzigerjahre noch 29 Prozent der Bürger von langweiligen Sonn- und Feiertagen, in Ostdeutschland sogar nur 26 Prozent.

Dr. Edgar Piel,
Institut für Demoskopie Allensbach
aus: *natur* 11/1993

1–3	Wortschatz
4–8	Leseverstehen
9–10	Redemittel
11–15	Leseverstehen
16–17	Wortschatz
18	Bildbeschreibung
19	Sprechen
20–21	Redemittel
22	Schreiben

5 a) Lesen Sie den Text nun selektiv, d. h., suchen Sie fünf Hinweise auf jene Fragen, die das demoskopische Institut gestellt hat. Notieren Sie dazu die Antworten.

Es wurde gefragt, …	Antworten
1 _____	_____
2 _____	_____
3 _____	_____
4 _____	_____
5 _____	_____

b) Vergleichen Sie die Ergebnisse dieser Umfrage mit Ihrer eigenen.

6 Was ist Stress? Im Text wird eine Definition von „Stress" gegeben. Passt diese Definition zu der Verwendung des „Stress"-Begriffs in den folgenden aus dem mündlichen Sprachgebrauch (besonders von Jugendlichen) stammenden Sätzen?

a) „Ich bin momentan total gestresst."
b) „Ich bin jetzt im Prüfungsstress."
c) „Der Kurs stresst mich wahnsinnig."
d) „Am Freitag war's echt stressig."

7
- durchführen
- befragen
- empfinden
- bestimmen
- ergänzen
- vergehen
- sich ausbreiten
- aufkommen

- zueinander passen
- bedeuten
- übertragen
- aufzwingen
- klagen
- leiden
- vermuten
- sich betrachten

- erklären
- scheinen
- gelten
- Auskunft geben
- im Mittelpunkt stehen

Suchen Sie sich 6–10 von diesen Verben aus. Markieren Sie diese im Text *Die Deutschen fürchten Stress – und Langeweile* und notieren Sie – in Kurzform – den Satz, in dem sie verwendet werden. Analysieren Sie, welche Ergänzungen das Verb hat:

- die Nominativergänzung
- und/oder die Akkusativergänzung
- und/oder die Dativergänzung
- und/oder die Präpositionalergänzung

8   Mit *Zeit-* lassen sich sehr viele Komposita bilden. Welche davon können Sie auf Anhieb überzeugend erklären, welche möchten Sie nachtragen?(Wie Sie den richtigen Artikel herausfinden, können Sie u.a. in *Leselandschaft 1*, Kapitel 1, Nr. 15 b nachlesen).

Zeit-
bombe
plansystem
schrift
raffer
raum
pfeil
limit
mangel
killer
gewinn
spanne
verständnis
vergeudung
gefühl
lupe
punkt

Redemittel

9 Prioritäten

Kein Mensch kann alles gleichzeitig erledigen: Man muss Prioritäten setzen.

Wir sollten in folgender Reihenfolge vorgehen: … /
Wir sollten folgende Dinge tun: …
Erstens … / Zweitens … / Drittens … / Viertens …

Diese Einteilungszahlen stehen entweder auf Position I oder III des Satzes. Beispiele:
Position I: Erstens sollte man … / Erstens ist es notwendig, …
Position III: Man sollte erstens … / Es ist erstens notwendig, …

Die Einteilungszahlen können aber auch, gefolgt von einem Doppelpunkt, vor einem Satz stehen:
Erstens: Wir sollten …
Ferner können sie als Ordinalzahlen geschrieben werden:
1.: Wir sollten …
Am wichtigsten ist …
Das ist wichtiger als … / Das hat größere Bedeutung als …
Das ist das Wichtigste überhaupt.
Weniger wichtig ist … / Geringere Bedeutung hat …
Das hat erste Priorität. / Das ist von höchster Priorität.
Das hat (jetzt) keine Priorität.
Das ist von geringerer / höherer Priorität.
An erster Stelle steht …
Erst danach …
Das steht (nicht) ganz oben auf der Prioritätenliste.
Während der ganzen Zeit (sollte man darauf achten, dass …)
… kann man später immer noch machen.

10 a) Diskutieren Sie einen der folgenden Fälle in einer Kleingruppe. Treffen Sie eine Entscheidung über die Reihenfolge, in der – aus Ihrer Sicht – die genannten Aktivitäten zu erledigen sind. Präsentieren Sie anschließend Ihr Ergebnis. Wichtig: Sie sollten dabei einige der o.g. Redemittel verwenden.

Fall 1: *Sie veranstalten ein Rockmusikfestival*

Sponsoren finden · Informationen über die einschlägigen behördlichen Vorschriften einholen · Werbung · Ticketverkauf organisieren · Musiker einladen, Termin absprechen · Lokalpresse kontaktieren ·

Erste-Hilfe-Stationen einrichten · Vorsorge für schlechtes Wetter treffen · Halle mieten · Ordnungskräfte rekrutieren · Künstlerbetreuung organisieren · Finanzierung klären · ...

Fall 2: *Sie planen eine Kanutour auf einem großen Fluss*

Ausrüstung kaufen bzw. mieten · Mitfahrer finden · Übernachtungen buchen bzw. sich bei Campingplätzen anmelden · Literatur (Landkarten, Flusskarten, Reiseführer) beschaffen · Urlaub beantragen · Tagebuch schreiben · Expertenrat mündlich einholen (Telefonate führen) · Fitness-Training · Proviant einkaufen · Autos für den Transport der Ausrüstung mieten · Route und Zeitplan diskutieren · ...

b) Wiederholen Sie diese Aktivität nun schriftlich und in Einzelarbeit.

Durchführung eines Projekts (ganz allgemein)

Finanzierung sichern · Projektergebnisse veröffentlichen · Mitarbeiter bzw. Mitstreiter finden · die Umsetzung der Projektergebnisse in die Wirklichkeit planen · Projektevaluation · Zeit- und Arbeitsplan aufstellen · Ziele schriftlich definieren · Folgeprojekte planen · ...

Leseverstehen

11 „Ach du liebe Zeit!" – das sagt man wie „Ach du meine Güte!", wenn man z. B. den Führerschein vergessen oder eine Blumenvase umgestoßen hat oder auf irgendeine Art erschreckt worden ist. Es handelt sich also um einen Ausdruck der Überraschung oder des Erstaunens. Als Überschrift des nächsten Textes ist diese Wendung auch wörtlich gemeint: Die Zeit – und wie wir mit ihr umgehen ...

12 Nehmen wir an: Sie bereiten einen Text zum Thema „Die Zeit – und wie wir mit ihr umgehen ..." vor. Die folgenden Stichpunkte geben den Inhalt von Textteilen wieder. In welcher Reihenfolge würden Sie diese Stichpunkte anordnen um einen zusammenhängenden Gedankengang darzulegen?

1–3	Wortschatz
4–8	Leseverstehen
9–10	Redemittel
11–15	Leseverstehen
16–17	Wortschatz
18	Bildbeschreibung
19	Sprechen
20–21	Redemittel
22	Schreiben

(1) Freizeit ist für manchen wichtiger als Geld
(2) Mehr Freizeit – trotzdem Zeitmangel
(3) Warten ist unbeliebt
(4) Subjektive Zeiterfahrung: Mehr (oder weniger) vom Leben haben
(5) Tempo ist auch in der Freizeit entscheidend
(6) Die Freizeitindustrie bestimmt das private Leben

13 Lesen Sie nun den Text *Ach du liebe Zeit* kursorisch. Prüfen Sie dabei, welcher der Stichpunkte (1)–(6) aus Übung 12 zu welchem Textabschnitt passt.

A _____

B _____

C _____

D _____

E _____

F _____

Ach du liebe Zeit!

Von Marion Rollin

A Keine Zeit! Das Gefühl ist zum Phänomen einer ganzen Epoche geworden – von Managern und Müttern, von Arbeitern und Ärzten, von Kindern, Studenten, Rentnern. Die Situation ist paradox: Keine Zeit – dabei hatte die Mehrheit der Menschen nie so viel Freizeit wie heute. Dank immer weiter gehender Rationalisierung werden viele Unternehmen immer weniger menschliche Arbeitskräfte einsetzen. Das Damoklesschwert der Arbeitslosigkeit schwebt über Millionen. Wir sind an einem Punkt angelangt, wo der Gewinn an freier Zeit immer auch Verlust bedeutet. Vielen droht die totale Freizeit.

B Die Frage, ob sie nur noch vier Tage arbeiten möchten und dafür gern mehr Freizeit hätten, bejahen – quer durch alle Einkommensschichten – rund ein Drittel aller Deutschen, selbst wenn sie dafür Gehaltseinbußen in Kauf nehmen müssten. Erstaunlich: Größer als die Angst, Wochen und Monate ganz ohne Arbeit dazusitzen, ist die Sehnsucht nach freien Minuten. Industrien machen daraus Spitzenumsätze: Nie zuvor konnten die Menschen so viele Zeit sparende Produkte benutzen wie heute. Auto, ICE, Flugzeug. Telefax und Elektronik-Rechner. Waschmaschine und Mikrowellenherd. Die Großeltern berechneten die Zubereitung einer Mahlzeit nach Stunden, ihre Enkel nur noch nach Minuten und Sekunden. Wir müssten, bei so viel Rationalisierung, im Überfluss der Zeit geradezu schwimmen – und fühlen uns gehetzter denn je.

C Die Zeit, die wir uns mühsam freischaufeln, um über sie nach eigener Lust und Laune verfügen zu können, ist keine „Eigenzeit", keine „Ich-Zeit", wie sie der Wiener Soziologin Helga Nowotny vorschwebt, sondern – ähnlich wie die Arbeitszeit – fremdbestimmt. Denn auch im Privatbereich lassen wir uns einspannen in die funktionale Welt von Bedürfniserzeugung und -befriedigung. Freizeit ist uns zu kostbar geworden. Man schindet doch nicht unter größtem Aufwand Zeit für sich heraus, um danach einfach aus dem Fenster zu schauen und den Aufgang des Mondes nicht zu verpassen! Von der Erwartung, so viel wie möglich aus der freien Zeit herauszuholen, profitiert die Freizeitindustrie: Fast 400 Milliarden Mark – jede vierte Mark ihres privaten Verbrauchs – gaben die Bundesbürger 1992 aus um sich ja keinen Freizeitspaß entgehen zu lassen. Noch nie gab es so viele Angebote.

D Die Angst etwas zu verpassen, bringt die gesamte Nation auf Trab. Mehr tun in gleicher Zeit! Die Soziologin Helga Nowotny: „Angesichts der Fülle an alternativen Möglichkeiten verbreitet sich ein Gefühl des Zeitmangels. Denn jede Entscheidung, die getätigt wird, ist eine zerstörte Möglichkeit." Die galoppierenden Genießer sind unterwegs – und jammern: Laut einer Studie klagen bereits 73 Prozent über Gedränge, Enge und Schlangestehen während ihrer freien Zeit. Viele ärgern sich über Verkehrsstaus und Lärmbelästigung. Kein Wunder, denn jeder zweite Kilometer wird in der Freizeit gefahren.

E „Eigentlich bin ich ganz anders, nur komm' ich so selten dazu" – treffend hat Ödön von Horváth unser Verhältnis zur Zeit ausgedrückt. Der Kampf gegen die ewig gleichmäßig verrinnenden Minuten wird härter. Was immer Dauer erfordert, dauert zu lange. Was immer Zeit beansprucht, beansprucht zu viel Zeit. Die Tatsache, dass Handlungen überhaupt Zeit kosten, gilt schon als Vergeudung. Auch beim Warten wächst die Ungeduld: Als sich auf einem amerikanischen Flughafen die Passagiere beschwerten, dass sie zu lange auf ihr Gepäck warten mussten, parkte man fortan das Flugzeug an einem entfernteren Platz um die Wegezeit der Fluggäste zur Ankunftshalle zu verlängern und ihre Wartezeit zu verkürzen!

F Hinter solcher Hast, mit der eine Aktivität die andere jagt, steht, so argwöhnt der Schriftsteller Jürgen Dahl, die Angst vor dem Ende der Lebenszeit. Tempo, Tempo: Mehr aus der Zeit herausholen, damit wir mehr vom Leben haben – war es das, was wir ursprünglich wollten? Das Gegenteil haben wir erreicht. Wir sitzen da mit dem schalen Gefühl, dass unsere freien Stunden nur noch schneller verfliegen. „Verdünnte Zeit" nennt Max Frisch das Phänomen. Es entsteht durch das „subjektive Zeitparadox". Die subjektiv empfundene Zeitspanne ist abhängig von der Bedeutung, welche die während einer Zeit gemachten Erfahrungen für uns haben. Ereignisse, die uns emotional stark berühren, vergehen im Moment zwar wie im Flug – eine Begegnung, die uns aufregte; eine Reise, auf der wir Abenteuerliches entdeckten –, doch im Rückblick erscheinen sie uns endlos lang. Das große Glück, der große Schmerz: Sie begründen in der Erinnerung intensive Haltepunkte. Was mit bloß flüchtigen Gefühlen besetzt ist, geht im Rückblick unter. Denn der Erinnerung fehlen die Markierungspunkte. Schon in (dem Roman) *Homo Faber* beschrieb Max Frisch das zunehmende Tempo „als Kniff, die Welt so einzurichten, dass wir sie nicht mehr erleben müssen."

Die Woche vom 29.12.1993 (gekürzt)

14 Lesen Sie den Text jetzt ein zweites Mal passagenweise und etwas genauer:

1–3	Wortschatz
4–8	Leseverstehen
9–10	Redemittel
11–15	Leseverstehen
16–17	Wortschatz
18	Bildbeschreibung
19	Sprechen
20–21	Redemittel
22	Schreiben

zu Abschnitt A
Warum bedeutet ein Gewinn an freier Zeit immer auch Verlust?

1. Die meisten Menschen wissen nicht, was sie in ihrer Freizeit tun sollen. ☐
2. Mehr Freizeit wird für viele Menschen weniger Arbeit bedeuten. ☐
3. Viele Menschen verlieren zu viel freie Zeit. ☐

zu Abschnitt B
Der Überfluss an Zeit

1. geht unter anderem auf viele technische Erfindungen zurück. ☐
2. wird von rund einem Drittel aller Deutschen empfunden. ☐
3. verhindert manchmal Stress. ☐

zu Abschnitt C
Die Freizeitindustrie

1. investiert 400 Milliarden Mark für den Freizeitspaß der Bundesbürger. ☐
2. macht so viele Angebote, dass unsere Freizeit oft fremdbestimmt ist. ☐

zu Abschnitt D
„Mehr tun in gleicher Zeit"

1. führt zu Entscheidungsdruck. ☐
2. führt dazu, dass Zeitmangel nicht mehr so wichtig ist. ☐
3. führt dazu, dass man mehr genießen kann. ☐

zu Abschnitt E
Auf einem Flughafen hat man

1. die Wartezeit bei der Gepäckausgabe durch weitere Wege verlängert. ☐
2. die Wartezeit bei der Gepäckausgabe durch kürzere Wege verkürzt. ☐
3. die Wartezeit bei der Gepäckausgabe durch weitere Wege verkürzt. ☐

zu Abschnitt F
Subjektives Zeitempfinden

1. lässt uns im Rückblick die Zeit als unendlich lang erscheinen. ☐
2. führt dazu, dass die Zeit schneller vergeht. ☐
3. beruht auf Erfahrungen und Gefühlen. ☐

15 Teilen Sie einen großen Kreis in drei gleiche Abschnitte: *Zeit haben, Zeit gewinnen, Zeit verlieren*. Schreiben Sie – soweit möglich – die folgenden Wörter und Wendungen in diese drei Rubriken. Falls erforderlich, begründen und diskutieren Sie Ihre Zuordnungen. Wählen Sie am Ende einige Ausdrücke für Ihr Wörterheft aus.

freie Minuten haben – es spart Zeit, wenn ... – sich gehetzt fühlen – sich etwas Zeit freischaufeln – über Zeit verfügen – etwas verpassen – mehr tun in gleicher Zeit – es mangelt an (ausreichend) Zeit – das Verhältnis zur Zeit – die Zeit verrinnt – die Zeit vergeht (wie im Fluge) – das kostet Zeit – das dauert (lange) – das beansprucht (eine gewisse) Zeit – die Hast – die Ungeduld – mehr aus der Zeit herausholen – die Zeit verfliegt – die Ruhe – Zeit finden für etwas – die Gemächlichkeit – die Zeit planen – es bleibt (keine) Zeit für etwas – sich die Zeit einteilen – die Zeit vollständig verplanen – sich die Zeit vertreiben mit etwas – (viel / wenig) Zeit verbringen mit etwas ...

Wortschatz

16 a) Sortieren Sie die „kleinen" Wörter in zwei Gruppen:

in
und
dass
obwohl
mit
weil
nach
über
wenn
auf
an
aber
zwischen
vor
von
im
bei
während

1. *Präpositionen* (stehen mit einem Substantiv, z. B.: „mit einer Katze")	2. *Konjunktionen* (stehen am Anfang eines Nebensatzes, z. B: „ ..., weil sie schlief", oder verbinden zwei Hauptsätze)

b) Setzen Sie nun diese Wörter (ggf. mehrfach) in den folgenden Text ein

1–3	Wortschatz
4–8	Leseverstehen
9–10	Redemittel
11–15	Leseverstehen
16–17	Wortschatz
18	Bildbeschreibung
19	Sprechen
20–21	Redemittel
22	Schreiben

Werner Koch

Meine Katze

_____ (1) ich _____ (2) diesem Text arbeite, liegt meine Katze _____ (3) ihrem Sessel und schläft. Eigentlich ist es mein Sessel, _____ (4) den Unterschied _____ (5) Mein und Dein akzeptiert sie nicht, meine Katze steht _____ (6) dem Standpunkt, _____ (7) sie der eigentliche Besitzer meines Hauses, meines Gartens, meines Sessels, meines Bettes sei, _____ (8) sie erweist mir die große Gnade, _____ (9) und _____ (10) ihr leben zu dürfen. Das Wort „Katzenbesitzer" ist absurd. Kein Mensch kann eine Katze „besitzen", _____ (11) Gegenteil; jede Katze ergreift Besitz _____ (12) allem, was ihr _____ (13) die Augen oder gar _____ (14) die Pfoten kommt ... Fast jeder Streit _____ (15) uns geht darum, wer seine Zeit dem anderen opfert. Ich teile mir meine Zeit genau ein, arbeite konzentriert und gezielt, _____ (16) wenn ich _____ (17) einem neuen Buch schreibe, brauche ich meine Ruhe. _____ (18) meine Katze wollte, könnte sie mich begreifen, _____ (19) sie will es nicht _____ (20) fängt Streit an. Sie will sich nicht _____ (21) geregelte Zeiten gewöhnen und Diskussionen weicht sie aus. Sie hat nicht nur ihren eigenen Kopf, sie hat auch ihre eigene Zeit. _____ (22) ich esse, will sie _____ (23) den Garten; _____ (24) ich gerade eingeschlafen bin, miezt sie mich wach; _____ (25) ich schreibe, will sie spielen, springt _____ (26) den Schreibtisch, durchstöbert meine Manuskripte, spielt _____ (27) den Bleistiften, wirft das Tintenfass um und _____ (28) ich das alles duldend hinnehme, spielt sie rigoros weiter, tapst _____ (29) mein Schreibpapier und schlägt _____ (30) der Pfote _____ (31) meinem Federhalter. _____ (32) solchen Augenblicken könnte ich sie erwürgen. Ich tue es nur deshalb nicht, _____ (33) sie genau weiß, _____ (34) sie eine halbe Stunde später _____ (35) meinem Schoß sitzen wird, schnurrt, schläft _____ (36) mich zwischendurch _____ (37) ihren zeitlosen Augen anblickt, als sei sie noch immer unsterblich _____ (38) mich verliebt.

Ich glaube, meine Katze kennt keine „Warums". Was gestern gewesen ist, interessiert sie nicht mehr; was morgen kommt, ist ihr gleichgültig. Sie weiß nicht, was Zeit ist. Ich muss mir die Zeit nehmen, einteilen, stehlen; manchmal vertreibe ich mir die Zeit, manchmal vergeude ich sie, manchmal mache ich mir die Zeit bewusst. Die Zeit _____ (39) ich, wir leben getrennt voneinander und obwohl ich oft sage, ich hätte keine Zeit, weiß ich dennoch sehr genau, dass nicht ich Zeit habe, _____ (40) die Zeit vielmehr mich hat. Meine Katze hat Zeit. Die Zeit ist ihr angeboren _____ (41) einverleibt wie ihr Fell, ihre Ohren, ihre Krallen, ihre zeitlos schönen Augen. Ihre Zeit ist immer nur Gegenwart, _____ (42) innerhalb dieser Gegenwart der Augenblick. Nur _____ (43) diesen Augenblick konzentriert sie ihre Gedanken, ihre Gefühle, ihre Gelüste. Sie denkt weder vor noch nach; sie lebt jetzt, nur jetzt. Jetzt liegt sie _____ (44) ihrem Sessel und schläft; zumindest _____ (45) diesem, _____ (46) ihrem Augenblick.

aus der Literaturzeitschrift „Akzente"

17 Was meinen Sie: Treffen diese Erfahrungen mit Katzen auf alle Katzen und vielleicht auch auf andere Tiere (Hunde, Eichhörnchen, Elefanten ...) zu?

Bildbeschreibung

18 Legen Sie zuerst eine Betrachtungspause ein und machen Sie sich dann Notizen zu einem der beiden Bilder.

Das Bild
a) Beschreiben Sie, was auf dem Bild zu sehen ist.
   Wörterhilfen:

   Bild 1:   r Schäfer, -   s Schaf, -e   e Herde, -n   ...

   Bild 2:   r Fahrradständer, -   ...

Das Thema
b) Geben Sie Ihrem Bild eine Überschrift, mit der Sie ein Thema ansprechen.

Das Bild und ich
c) Welche persönlichen Erfahrungen, Ansichten oder Vergleiche könnten Sie zu diesem Bild einbringen?

Zusammenhänge
d) Gibt es Zusammenhänge zwischen den beiden Bildern? Wenn ja, worin bestehen sie?

e) Was für eine Geschichte erzählen diese Bilder jeweils?

5 Meine Zeit

1–3	Wortschatz
4–8	Leseverstehen
9–10	Redemittel
11–15	Leseverstehen
16–17	Wortschatz
18	Bildbeschreibung
19	Sprechen
20–21	Redemittel
22	Schreiben

Sprechen

19 Zettelwand

Angenommen, Sie haben eine Ideensammlung als sog. „brainstorming" zum Thema „Die Zeit" durchgeführt und an einer Tafel, auf einem Plakat o. ä. auf einzelnen Zetteln ganz unterschiedliche Ideen zum Thema gesammelt. Nehmen wir ferner an, Ihr Plakat sieht so aus:

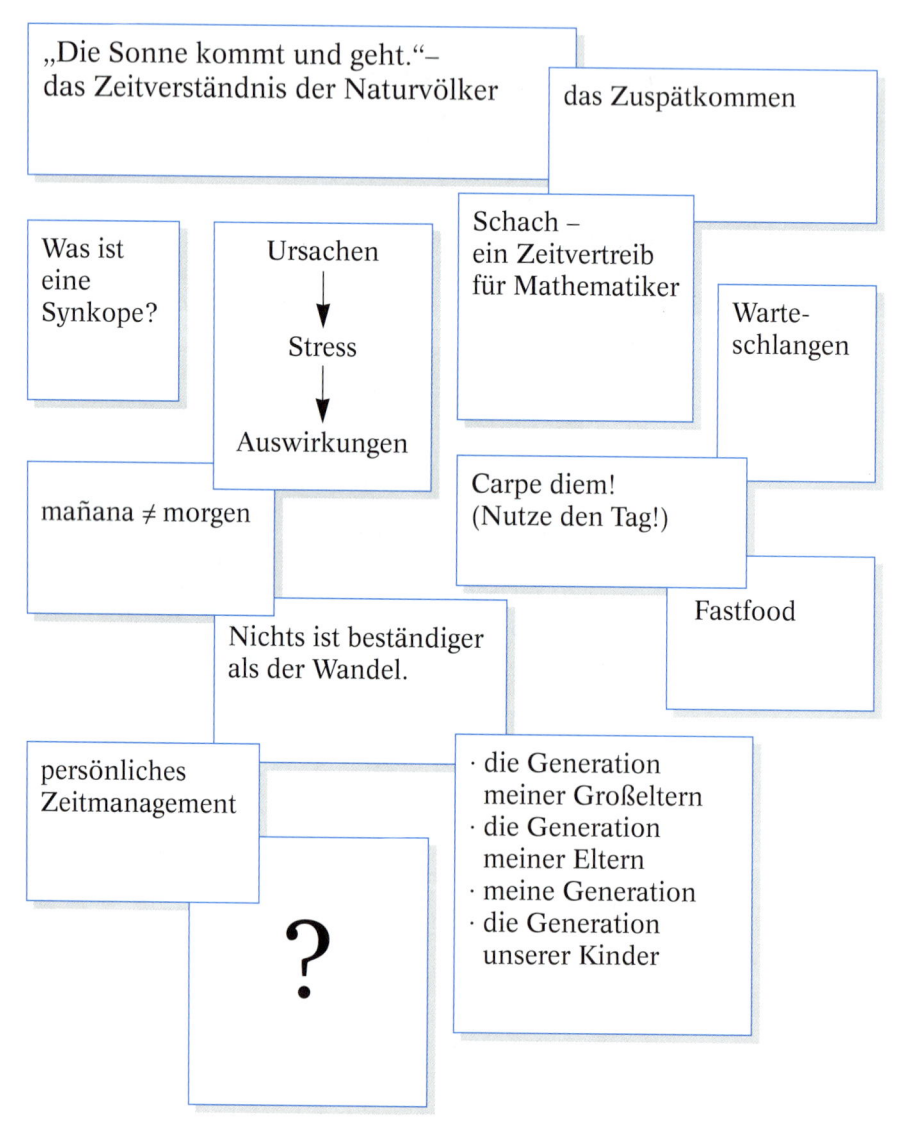

- „Die Sonne kommt und geht." – das Zeitverständnis der Naturvölker
- das Zuspätkommen
- Was ist eine Synkope?
- Ursachen → Stress → Auswirkungen
- Schach – ein Zeitvertreib für Mathematiker
- Warteschlangen
- mañana ≠ morgen
- Carpe diem! (Nutze den Tag!)
- Fastfood
- Nichts ist beständiger als der Wandel.
- persönliches Zeitmanagement
- die Generation meiner Großeltern
- die Generation meiner Eltern
- meine Generation
- die Generation unserer Kinder
- ?

Nehmen Sie einen Zettel von der Wand. Erläutern, erweitern, exemplifizieren oder kommentieren Sie einen oder mehrere dieser Stichpunkte im gemeinsamen Gespräch.

1–3	Wortschatz
4–8	Leseverstehen
9–10	Redemittel
11–15	Leseverstehen
16–17	Wortschatz
18	Bildbeschreibung
19	Sprechen
20–21	Redemittel
22	Schreiben

Redemittel

20 Termine

einen Termin haben („Am Montagmorgen geht es nicht, da habe ich leider schon einen Termin".)
einen Termin mit … machen / vereinbaren / anberaumen
einen Termin (Extratermin) zum Thema „ … " /
zu diesem Thema ansetzen
den 19. August als Termin für … festsetzen
einen Termin in den Kalender eintragen / im Kalender streichen
einen Termin einhalten / überschreiten
einen Termin verlegen auf / verschieben auf
an einen Termin gebunden sein
sich einen Termin notieren /
sich den 19. August als Termin für … notieren
einen Termin überprüfen / sich (wegen) eines Termins vergewissern
sich einen Termin geben lassen (z. B. beim Zahnarzt)
„Passt Ihnen dieser Termin?"

r Terminkalender, -
r Termindruck / unter Termindruck stehen
r Terminplan, ¨e

r Abgabe- / Einsende- / Hochzeits- / Zahlungstermin u. a. m.
termingemäß / termingerecht: Heute liefern wir Ihnen termingemäß / termingerecht die bestellte Ware …
terminlich: Wir haben terminliche Schwierigkeiten. (Wir haben Schwierigkeiten mit dem Termin.)

21 Fragebogen

1. In welchen Berufen hat man viele Termine, in welchen weniger?
2. Für welche Tätigkeiten ist es unabdingbar, dass Termine eingehalten bzw. nicht überschritten werden?
3. Was würden Sie tun, wenn Sie einen Termin nicht einhalten könnten?
4. Welche der folgenden Redemittel
    a) haben Sie schon öfter gehört? (Bei welcher Gelegenheit?)
    b) könnten Sie verwenden, wenn Sie mit einem Partner ein Terminproblem besprechen müssten?

Entschuldigung! Verzeihung! Pardon!
Entschuldigung / Verzeihung, könnten Sie (mir sagen, …)?
Ich bitte um Entschuldigung / Verzeihung für … / wegen …
Bitte entschuldigen Sie (mein Zuspätkommen /, dass ich nicht rechtzeitig hier sein konnte, weil …)

Ich möchte mich für ... / dafür entschuldigen.
Entschuldigung für (mein Zuspätkommen heute! / meine Unachtsamkeit! / ...)
Es tut mir sehr Leid, dass (ich so kurzfristig absagen muss.)
Leider kann ich nicht umhin (Ihnen sagen zu müssen, dass ...)
Ich bin leider gezwungen (diesen Termin abzusagen, weil ...)
Würde es Ihnen recht sein, wenn (wir den Termin auf den 20. des Monats verlegen?)
Würde es Ihnen etwas ausmachen, wenn (ich statt morgen erst übermorgen vorbeikomme?)
Könnten Sie es so einrichten, dass (wir uns erst übermorgen treffen?)
Mein Vorschlag ist: ... Ließe sich das (Ihrerseits) einrichten / machen?

Schreiben

22 *Planen*

Planen Sie einen formellen Brief an jemanden, mit dem Sie beruflich zu tun haben (könnten).

a) Erwähnen Sie zunächst einen schon vereinbarten Termin.
b) Erläutern Sie, warum Sie diesen Termin nicht wahrnehmen können.
c) Weisen Sie darauf hin, wie wichtig es Ihnen ist, dass der Termin dennoch zustande kommt.
d) Machen Sie mehrere alternative Vorschläge für einen neuen Termin.

Formulieren
Zu Gruß- und Schlussformeln vgl. u. a. Leselandschaft 1, Kapitel 4, Nr. 18 und zum Wortfeld *Termine* die Redemittel in Übung 21.

Überarbeiten
Legen Sie Ihren Briefentwurf einem Lernpartner / einer Lernpartnerin vor und bitten Sie ihn / sie, ein besonderes Augenmerk auf Überflüssiges, auf zu lang geratene Textpassagen und Kürzungsmöglichkeiten zu richten (denn: Zeit ist Geld, oder?).

1–3		Leseverstehen
4–5		Redemittel
6		Schreiben
7–9		Wortschatz
10–21		Leseverstehen
22–32		Redemittel
33		Sprechen
34–36		Leseverstehen
37		Bildbeschreibung

Im öffentlichen Raum

Leseverstehen

1 Was für Menschen begegnet man im „öffentlichen Raum"? Im Text *14 Kurzporträts* (siehe Seite 100) lernen Sie einige, meist jüngere und in der Öffentlichkeit weniger bekannte Menschen kennen, deren öffentliches Handeln jedoch Aufmerksamkeit gefunden hat.

a) Legen Sie eine Tabelle nach folgendem Muster an und ergänzen Sie in der linken Spalte die Namen der porträtierten Personen.

Name der porträtierten Person	politisch tätig (im engeren Sinn)	unternehmerisch tätig	künstlerisch aktiv	gründete eine Organisation	humanitäres Engagement	schwirig zuzuordnen
Christiane Gatz						
Johann Olav Koss						
Boris Nemtzone						
…						

b) Lesen Sie die Texte und kreuzen Sie in Ihrer Tabelle Zutreffendes an.

14 Kurzporträts

1 *Christiane Gatz, 36 Jahre, Deutschland*
Alfred-Krupp-Preis für junge Universitätsprofessoren – als Molekularbiologin überzeugt von den Möglichkeiten der Gentechnologie: hat Seminare und Kurse für Journalisten und Lehrer gehalten – öffentliche Diskussion ihrer Wissenschaft – innovative Technologie + soziale Verantwortung → Kampf gegen Hunger und Umweltzerstörung

2 *Johann Olav Koss, 26, Norwegen*
Als Eisläufer: Goldmedaille bei Winterolympiade 1994 – stiftete einen Teil seines Sponsorengeldes für *Olympic Aid*-Hilfsprojekte in Eritrea und Sarajevo – bat seine Landsleute, für jede norwegische Goldmedaille anderthalb Dollar an die olympische Hilfsorganisation zu spenden: 10 Millionen Dollar

3 *Boris Nemtzow, 35, Russland*
Physiker-Ausbildung – mit 32 zum Gouverneur von Nishnij Nowgorod gewählt – forcierte die Privatisierung von (Kolchos-)Land in bäuerlichen Privatbesitz – eröffnete Flughafen und Industriemesse – Zwei-Zimmer-Wohnung mit Frau und Tochter

4 *Szymon Gutkowski, 24, Polen*
Studierte Mathematik und elektronische Datenverarbeitung – klebte Plakate in einem erfolglosen Wahlkampf – managte einen folgenden Wahlkampf erfolgreich: kommunikative und politische Fähigkeiten – strategischer Direktor einer Werbeagentur – wirbt für Privatisierung der Staatswirtschaft – will „nie ein Politiker" werden

5 *Wendy Kopp, 29, USA*
Gründete die Organisation *Teach for America* – die „talentiertesten Menschen" sollten Pädagogen werden – rekrutiert aus den besten Hochschulabsolventen (3000 Bewerber für 500 Stellen) Lehrer für Schulen mit geringer finanzieller Ausstattung – wird finanziert durch Firmen als Sponsoren

6 *Bill Gates, 39, USA*
Mitgründer der Computerfirma *Microsoft* – reichster Mann Amerikas – neue Märkte für neue Medien (CD-ROM, Online-Dienste, interaktives Fernsehen u.a.) – kaufte die Rechte zur digitalen Reproduktion der besten Kunstwerke der Welt ein

7 *Mary Ellen Turpel, 31, Kanada*
Tritt für die Rechte der Indianer ein – Jurastudium („weil ich die Welt verändern wollte") – Buchveröffentlichung: fordert die Rückgabe von Land an die Ureinwohner, die Einhaltung der von den Weißen gebrochenen Verträge und Selbstverwaltung für die Ureinwohner Kanadas

8 *Jackie Foglia, 32, Honduras*
Absolvierte als erste Lateinamerikanerin eine US-Militärakademie – Hauptmann der honduranischen Armee – Militärattaché an Botschaft in Washington – entscheidend für eine Führungsfigur: „Hartnäckigkeit"

9 *Miguel Silva, 32, Kolumbien*
Generalsekretär der *Organisation Amerikanischer Staaten (OAS)* – vormals Rock'n Roll-Liebhaber und Barbesitzer – politischer Journalist – Präsidentenberater – Dichter – will nach seiner OAS-Zeit wieder schreiben

10 *Winnie Byanyima, 35, Uganda*
Erste weibliche Flugingenieurin bei *Uganda Airlines* – arbeitete bei der UNESCO und der *Internationalen Atomenergiebehörde* – fordert Gesetze, die Energie sparen helfen – will gegen Korruption und für Frauenrechte kämpfen – denkt, dass selbst „der Himmel keine Grenze" darstellt

11 *Stephen Karekezi, 35, Kenia*
Gründer des *African Energy Research Network* – leitet Teams in 15 Ländern: Politiker sprechen mit Energieexperten – zu große Umweltzerstörung vermeiden: Kleinkraftwerke anstelle von Großprojekten

12 *Midori Goto, 23, Japan*
Geigenvirtuosin – konzertierte im Alter von 14 mit Leonard Bernstein: wechselte dreimal die Violine, weil eine Saite riss, und blieb im Takt – gründete eine Stiftung für Musikerziehung – 20% ihrer Zeit: klassische Musik jungen Menschen nahe bringen

13 *K. J. Alphons, 40, Indien*
Beamter – erreichte die vollständige Alphabetisierung aller Bewohner in seiner Heimatprovinz – kämpft gegen Korruption in einer der größten Beamtenschaften der Welt – trägt eine Schusswaffe, wird von Leibwächtern begleitet – gründete eine Organisation von Freiwilligen: gegen Umweltzerstörung und Korruption

14 *Lianne Dalziel, 34, Neuseeland*
studierte Jura, arbeitete währenddessen als Reinigungskraft im Krankenhaus – verhandelte geschickt während eines Arbeitskampfes – wurde mit 27 zur Gewerkschaftsvorsitzenden – fordert soziales Engagement in den Bereichen Gesundheitsfürsorge, Wohnungsbau und Bildung

zusammengestellt nach James Walsh, *The Time Global 100* in Time Nr. 49 vom 5. 12. 1994

1–3	Leseverstehen
4–5	Redemittel
6	Schreiben
7–9	Wortschatz
10–21	Leseverstehen
22–32	Redemittel
33	Sprechen
34–36	Leseverstehen
37	Bildbeschreibung

c) Über welche dieser Personen würden Sie gern mehr erfahren und warum? Welche Fragen würden Sie an diese Person stellen (z. B. bei einem Interview, einem Gespräch oder einer Diskussion)?

d) Wo sehen Sie Gemeinsamkeiten zwischen den Porträtierten? (Wörterhilfen: Initiative beweisen, Durchsetzungsvermögen zeigen, Kreativität, Widerstände überwinden, Visionen haben, einem Ideal verpflichtet sein, ungewöhnliche Vorhaben realisieren, begeisterungsfähig sein, zum Wohl der Allgemeinheit arbeiten, für das Gemeinwohl tätig werden u. a.)

e) Könnten Sie einige Qualitäten nennen, über die ein im weitesten Sinne „politisch" handelnder Mensch verfügen sollte?

6 Im öffentlichen Raum

2 In der folgenden Tabelle finden Sie einige Verben aus den Kurzporträts. Ergänzen Sie jeweils die Nominalisierungen (also das Substantiv / Nomen) mit Artikel und Pluralform und ggf. die nachfolgende Präposition und den Kasus, der von der Präposition gefordert wird.

Verb	Substantiv	ggf. Präposition + Kasus
a) überzeugen	e Überzeugung, -en	
b) bitten		
c) spenden		
d) wählen		
e) eröffnen		
f) studieren		
g) managen	s	
h) werben		
i) gründen		
j) rekrutieren		
k) finanzieren		
l) kaufen		
m) eintreten	s Eintreten	*für* + A
n) fordern		
o) sparen	s Einsparen	*von* + D
p) kämpfen		
q) leiten		
r) vermeiden		
s) reißen		
t) bleiben	s Verbleiben	
u) begleiten		
v) verhandeln		

3 Suchen Sie sich eines der 14 Porträts aus und formulieren Sie aus den gegebenen Stichpunkten einen zusammenhängenden Text in vollständigen Sätzen. Verwenden Sie dabei Nominalisierungen.

Redemittel

4 Engagement

das politische / soziale / gemeinnützige Engagement
sich engagieren / sich einsetzen / eintreten für etwas
das Engagement / der Einsatz / das Eintreten für etwas
hauptberuflich ↔ ehrenamtlich für etwas tätig sein

engagiert sein
Idealismus zeigen
einen Standpunkt vertreten

5 a) Formulieren (Schreiben) Sie unter Verwendung der gegebenen Redemittel Sätze, die etwas über die Aktivitäten der porträtierten Personen aussagen.

b) Können Sie die Tätigkeiten der folgenden Organisationen (sog. NGOs, d. h. non-governmental organizations / Organisationen, die nicht einer Regierung unterstellt sind) mit Hilfe der Redemittel beschreiben?

das Rote Kreuz – Ärzte ohne Grenzen – terre des hommes – amnesty international – Greenpeace – ...

c) Das Gegenteil von „Engagement" wäre „Degagement". Was könnte man darunter verstehen?

Schreiben

6 Das soziale Pflichtjahr

Planen
a) *Fragebogen*

1. „Fragt nicht, was euer Land für euch tun kann, fragt, was ihr für euer Land tun könnt" (John F. Kennedy, 1960). Stimmen Sie ganz, teilweise, mit Einschränkungen diesem Satz zu? Können Sie Ihre Auffassung anhand von Beispielen konkretisieren?

1–3	Leseverstehen
4–5	Redemittel
6	Schreiben
7–9	Wortschatz
10–21	Leseverstehen
22–32	Redemittel
33	Sprechen
34–36	Leseverstehen
37	Bildbeschreibung

2. Wehrpflicht für junge Männer ab 18 Jahren: Welche Regelungen gibt es in diesem Punkt zur Zeit in Ihrem Heimatland? Welche Regelungen aus anderen Ländern kennen Sie?
3. Ein soziales Pflichtjahr für alle jungen Menschen ab 18 Jahren: Haben Sie persönlich Erfahrungen mit einer solchen Regelung oder besitzen Sie Kenntnisse darüber?

b) *Der Diskussionsrahmen*
Nehmen wir an, dass dort, wo Sie leben, das Projekt „Soziales Pflichtjahr" öffentlich diskutiert würde. Folgende Punkte würden in der Diskussion eine Rolle spielen:

- Dienstpflicht für alle jungen Menschen ab 18 Jahren
- Dauer: 1–2 Jahre
- Tätigkeiten und Einsatzorte z. B.: Krankenhaus, Pflegeberuf, Forstamt, Ökobauernhof, Umweltamt, Bildungsstätten, Betreuung von Behinderten, Straßenreinigung, Polizeiassistent/in, „Essen auf Rädern", Entwicklungshilfe ...
- Als Vorteile bzw. Nachteile und Problempunkte würden genannt: den möglichen Traumberuf kennen lernen; Zeit zum Nachdenken über die Berufswahl; körperliche Arbeit; die Höhe der Vergütung; Pflicht erzeugt nicht unbedingt Identifikation mit der Aufgabe; andere Bereiche der gesellschaftlichen Wirklichkeit kennen lernen; billige Arbeitskräfte verhindern notwendige Neueinstellungen; Verantwortung übernehmen; für den Steuerzahler entstehen zusätzliche Kosten, die anderswo eingespart werden müssen; Geben – Nehmen; kein Nachwuchs für die Armee; keine Diskriminierung von jungen Männern (wie bei der Wehrpflicht); ...

c) *Die Aufgabe*
Verfassen Sie eine Stellungnahme von _____ Wörtern (bitte einsetzen) unter der Überschrift „Warum ich für bzw. gegen das soziale Pflichtjahr bin", in die Sie die o. g. und weitere Gesichtspunkte einbeziehen. Bearbeiten Sie alle (!) nachfolgenden Punkte:

1) Führen Sie Argumente für das Pflichtjahr an, konkretisieren Sie diese ggf. durch Beispiele.
2) Setzen Sie sich mit den Gegenargumenten auseinander.
3) Entscheiden Sie sich am Ende dafür oder dagegen und begründen Sie Ihre Entscheidung. Planen Sie die Schritte 1) und 2) gemeinsam in der Gruppe.

6 Im öffentlichen Raum

1–3	Leseverstehen
4–5	Redemittel
6	Schreiben
7–9	Wortschatz
10–21	Leseverstehen
22–32	Redemittel
33	Sprechen
34–36	Leseverstehen
37	Bildbeschreibung

Formulieren
Versuchen Sie u. a. die folgenden Formulierungen in Ihrer Stellungnahme unterzubringen:

die Verpflichtung – das freiwillige Engagement
verpflichtet werden zu (einem sozialen Dienst)
die Zwangsmaßnahme, -n
ein soziales Pflichtjahr einführen / einrichten
der Gemeinschaft einen Dienst erweisen
einen sozialen Dienst leisten
die Bereitschaft zum Dienst am Gemeinwohl
…

Überarbeiten
Suchen Sie sich einen Lernpartner / eine Lernpartnerin, mit dem / der Sie Ihre Stellungnahme gemeinsam inhaltlich und ggf. sprachlich überarbeiten können.

Wortschatz

7 Politik ist, zu einem nicht geringen Teil, Reden: Reden halten, Debatten führen, sich an Diskussionen beteiligen, Statements abgeben u. a. m.

Wenn Sie beispielsweise in einer Tageszeitung die politischen Meldungen und Kommentare lesen, finden Sie in der Bedeutung von *sprechen / reden* eine Reihe von Verben wie … (→ Seite 106!).

8 a) Auf Ihrem ersten Gang über diese „Wörterwiese" sollen Sie sich zunächst nur für jene Verben interessieren, deren Bedeutung Sie in die folgenden Rubriken einordnen können. Nicht alle Verben lassen sich einordnen.

neutral	für etwas sein, etwas positiv einschätzen	gegen etwas sein, etwas negativ einschätzen

mitteilen   bestätigen
                sich aussprechen für
                                          würdigen   meinen, dass
        vorschlagen
                    unterstützen   verlangen   zustimmen (+ D)
akzeptieren
                            hinweisen auf   sich überzeugt zeigen, dass
            kritisieren
                                ergänzen   fordern
sich beeindruckt zeigen von
                                        mit (+ D) darin übereinkommen, dass
            etwas ansprechen
                                    bedauern
begrüßen   aufrufen zu (+ D)   erläutern

        sich mit (+ D) verständigen darauf, dass
erklären   jemandem etwas vorwerfen
            stimmen für
                        bekräftigen   eintreten für
    sprechen von
                            die Meinung teilen, dass
                verlautbaren lassen
begründen   sich einsetzen für
        X als Grund für Y nennen / angeben
                                        protestieren gegen
in Frage stellen   äußern
                                    jemandem etwas unterstellen
        durchblicken lassen   dementieren
                                            zurückweisen
plädieren für   bezweifeln
                                                stimmen gegen
                            ablehnen
    es kommt zu Differenzen über etwas   Kritik üben an (+ D)
                                empfehlen
behaupten   beabsichtigen
        X als Y bezeichnen   versichern
zu erkennen geben

...

b) Geben Sie die folgenden Äußerungen mit Hilfe der Verben von der Wörterwiese wieder (zweiter Gang über die Wörterwiese). Spielen Sie dabei ggf. die verschiedenen Möglichkeiten durch. Beispiel:

- A sagte: „Ich werde dem Antrag zustimmen."
- *A teilte mit, dass er dem Antrag zustimmen wird. / A wird den Antrag unterstützen. / A. sprach sich für den Antrag aus.* (usw.)

1. B sagte: „Ich bin auch der Meinung, dass dies ein wichtiges Problem darstellt."
2. C sagte: „Ich weiß nicht, ob wir wirklich mit der Opposition verhandeln sollten."
3. D sagte: „Aus meiner Sicht kommen neue Verhandlungen nicht in Frage."
4. E sagte: „Unsere Verhandlungspartner und wir sind der Meinung, dass dies eine gute Lösung ist."
5. F sagte: „Im nächsten Jahr gibt es keine Steuererhöhungen."
6. G sagte: „Dies ist ein hervorragender Beitrag zur Lösung des Problems."
7. H sagte: „Ich habe nicht vor, über dieses Thema öffentlich zu spekulieren."
8. I sagte: „Die Regierung will uns doch nur provozieren."
9. J sagte: „Die Bürger sollten mehr Verständnis für diese Probleme zeigen."
10. K sagte: „Der Minister wird sich in den nächsten Tagen dazu öffentlich äußern."
…

c) Suchen Sie auf den ersten Seiten einer deutschsprachigen Zeitung nach weiteren solchen Verben und ergänzen Sie ggf. Ihre „Wörterwiese".

9 Gehen Sie der Bedeutung einiger Begriffe aus der Welt der Politik auf den Grund. Was heißt genau:

e Politikverdrossenheit, e Gewissensentscheidung, r Hoffnungsträger, r Terrorismus, e Institution, s Entwicklungsland, s Schwellenland, e Ab- / Aufrüstung, basisdemokratisch, s Grundrecht …

Leseverstehen

10 Aktuelle Stunde

Schildern Sie ein

innenpolitisches
außenpolitisches
abrüstungspolitisches
währungspolitisches
wirtschaftspolitisches
bildungspolitisches
sozialpolitisches
verkehrspolitisches
agrarpolitisches
forschungspolitisches
kulturpolitisches
parteipolitisches
bundespolitisches
landespolitisches
kommunalpolitisches
…

} Problem, mit dem sich Politiker in … gegenwärtig befassen.

11 Wählen und gewählt werden

Die Substantive links beschreiben in Verbindung mit den rechts stehenden Verben einen Wahlvorgang. Verfassen Sie einen kleinen Text (max. 50 Wörter).

Parteien
  Kandidaten
    Wahlkampf
      Wahl
        Abgeordnete
        Parlament
          Regierung / Opposition

aufstellen
führen
wählen
sich zusammensetzen aus
stellen

12 Setzen Sie passende Wörter aus Übung 11 ein.

a) Die politischen Parteien stellen für jeden Wahlkreis ihre _____ auf.

b) Die Parteien führen einen _____.

c) Die _____ entscheiden sich für einen oder mehrere Kandidaten.

d) Der erfolgreiche Kandidat wird zum _____.

e) Die Abgeordneten ziehen ins _____ ein.

f) Aufgabe des Parlaments ist es unter anderem, die _____ zu stellen.

g) _____ gibt es auf Bundesebene (Bundestag), in den 16 Bundesländern (Landtag) und auf kommunaler Ebene.

h) Alle Abgeordneten im Parlament, die zu einer bestimmten _____ gehören, bilden eine Fraktion.

i) Im Parlament stehen sich zwei Gruppen gegenüber: die Abgeordneten, deren Fraktion(en) die _____ stellt (stellen), und die Opposition.

13 Verschaffen Sie sich zunächst einen Überblick über den Aufbau des Textes *Das Geheimnis des Erfolges* ... (Er handelt – stellvertretend für andere politische Biographien – von zwei jungen deutschen Politikern im Jahr 1991.) Gliedern Sie den Text in vier Teile und setzen Sie die Buchstaben der Abschnitte entsprechend ein.

a) Abschnitt _____ Einleitung

b) Abschnitt _____ Anette Detering

c) Abschnitt _____ Frank Steffel

d) Abschnitt _____ Schluss

„Das Geheimnis des Erfolges ist der Fleiß"

Die beiden jüngsten Abgeordneten könnten unterschiedlicher nicht sein

Von Beatrice von Weizsäcker

A Das Einzige, was sie verbindet, ist ihr Alter. Mit gerade noch 24 und knapp 25 Jahren sind sie die beiden Jüngsten im Berliner Abgeordnetenhaus. Ansonsten könnten die Unterschiede kaum größer sein: Sie „Ossi", er „Wessi". Sie beim Bündnis '90, er in der CDU. Sie vom Land, er aus Berlin. Sie geriet eher zufällig in die Politik, er hat bereits eine lupenreine Parteikarriere hinter sich. Die Rede ist von Anette Detering und Frank Steffel.

B ... Die Angaben, die [Anette Detering im Handbuch des Abgeordnetenhauses] über sich gemacht hat, sind eher dürftig: „* 28.6.1966 Stralsund – Polytechnische Oberschule. Erweiterte Oberschule. Abitur 1984. Universität, Dipl.-Mathematikerin 1989. Seit 1989 wiss. Mitarbeiterin. Mai 1990 Mitgl. Stadtverordnetenversammlung Berlin. – MdA seit Januar 1991." Viel verrät das nicht.

C Wie gerät jemand, der auf einem Bauernhof aufgewachsen ist, in die Politik? „Durch Zufall", sagt Anette Detering. Als sie im Sommer 1989 „wegen der beruflichen Möglichkeiten" nach Berlin gezogen ist, hat sie sich noch gefragt, „wann sich je was ändern" würde. Wie schnell die Antwort kommen sollte, ahnte sie nicht. Nach der Wende war sie gleich dabei: Im Oktober schloss sie sich der *Initiative Frieden und Menschenrechte* an, der „ältesten kirchenunabhängigen Oppositionsgruppe", wie sie stolz erzählt. Dabei hätte sie auch in eine kirchliche Gruppe gehen können. Geprägt von einem evangelischen Elternhaus, ist sie der Kirche immer treu geblieben.

D Den Einstieg in die Politik verdankt sie Marianne Birthler. [Diese, eine spätere Ministerin,] hatte sie gefragt, ob sie für die Stadtverordnetenversammlung kandidieren wolle. Ein Angebot, das die damals 24-jährige völlig überraschte: „Ich hatte nicht den Eindruck, dass ich schon so weit bin." Als es ein halbes Jahr später um die Wahl zum ersten Gesamt-Berliner Parlament ging, war sie „fest entschlossen" zu kandidieren.

E Die nächste Überraschung ließ nicht lange auf sich warten. Ihre Fraktion wollte, dass sie, die sich bis dahin nur um Bildungs- und Innenpolitik gekümmert hatte, medienpolitische Sprecherin wird. Spontan nahm sie an, obwohl sie von Medienpolitik „keine Ahnung hatte". „Ich lasse mir schnell Sachen aufschwatzen", erklärt sie ihren Entschluss. Doch dann habe sie sich „einfach voll reingestürzt".

F Bei ihr fehlt von routinierter Abgebrühtheit jede Spur. Ihr Idealismus ist ungebrochen, ihre jugendliche Sorglosigkeit steht ihr im Gesicht geschrieben. Sie ist unkompliziert, offen, fröhlich und natürlich, kein Schmuck, keine Schminke, keine Schnörkel, schwarze Jeans und lila Bluse. Sie findet sich „oft nicht hartnäckig genug" und vielleicht zu sehr auf Harmonie bedacht.

G Dass sie trotzdem kämpfen kann, bewies sie bei ihrer ersten Rede am vergangenen Donnerstag. Mit wackeliger Stimme und spürbarer Aufregung, aber unnachgiebig in der Sache, begründete sie die Große Anfrage der Fraktion Bündnis '90/Grüne über die Neugliederung des öffentlich-rechtlichen Rundfunks. Zwischenrufe irritierten sie noch, hinderten sie aber nicht mit deftigen Worten zu kontern. Wirklich zufrieden ist sie hinterher nicht, nur „müde" – und ein bisschen stolz, bei der hämischen Bemerkung eines CDU-Kollegen, „das Milchmädchen" könne ruhig weiterreden, nicht aus der Haut gefahren zu sein.

H   Seit sie im Schöneberger Rathaus ist, kommt sie zu nichts anderem mehr. Ihr Arbeitsverhältnis an der Akademie der Wissenschaften ruht. Am liebsten geht sie durch die Natur oder in die Sauna, sitzt ruhig da und liest. Alles? Nein, nur Sachbücher und klassische Romane: „Ein bisschen philosophisch muss es allerdings schon sein." Und wenn der Stress mal zu viel wird, steigt sie schon einmal ein paar Tage aus.

I   Aussteigen kommt bei Frank Steffel nicht in Frage. Er ist der Typ des klassisch-dynamischen Jungunternehmers. Konservativ und doch gedeckt modisch gekleidet, Montblanc-Kugelschreiber, Budapester Schuhe. Mit 24 schließt der gebürtige Reinickendorfer das Wirtschaftsstudium ab – „mit Prädikat", wie er betont. Zwei Monate später steht er als Assistent der Geschäftsführung im elterlichen Großhandel voll im Beruf.

J   Und ganz nebenbei bereitete er seine politische Karriere vor: mit 17 Vorsitzender der Schülerunion, mit 19 Vorsitzender der Jungen Union und Mitglied des Kreisvorstandes der CDU. Alles [im Berliner Stadtteil] Reinickendorf, wo er immer noch lebt. 1989 schafft er den Schritt in die Landespolitik: Als jüngstes Mitglied, das es in Deutschland je in einem Landesvorstand gab, wird er im Alter von 23 Jahren in den Vorstand der Berliner CDU gewählt. Zwei Jahre ist er Bezirksabgeordneter, bevor ihm auch auf dieser Ebene der Sprung aus dem Bezirk gelingt. Im Dezember 1990 wählen ihn die Reinickendorfer mit 57,3 % direkt in das Abgeordnetenhaus. „Eine gemalte Karriere", schwärmt er.

Ganz zu schweigen von seinen Nebenjobs: Er ist Chefredakteur der CDU-Zeitung *Unser Frohnau*, die er vor zwei Jahren selbstverständlich selbst gegründet hat. Alle zwei Monate 24 Seiten mit einer Auflage von 8 000. Und als Vorsitzender des Fördervereins des Frohnauer Sportclubs kümmert er sich um „die jungen Menschen".

K

L   „Das hört sich nach viel an, ist es aber nicht", sagt er mit der Routine eines 40-jährigen. „Nichtstun macht mir keinen Spaß". Alles hinge mit der Wahlkreisarbeit zusammen. Schließlich sei er direkt gewählt worden und trage eine große Verantwortung für seine Wähler. Seine Dissertation muss da schon mal zurückstehen. Doch auch die hat er im Griff: Die „kleinen Arbeiten" erledigt ein junger Student („Dafür bin ich einfach überbezahlt."). Auch das Thema – „Die Bedeutung des Unternehmers für den wirtschaftlichen Aufbau in den neuen Bundesländern" – ist mit Bedacht gewählt: Die Arbeit im Unternehmen bringt ihm die Praxis, die Politik die Theorie.

M   Was ist das Geheimnis seines allumfassenden Erfolges? „Das Geheimnis des Erfolges eines jungen Menschen ist Fleiß", sagt er väterlich. Manchmal allerdings, fügt er nun doch wieder jugendlich hinzu, beschleiche ihn doch die Angst. Da frage er sich, was er eigentlich noch erreichen könne. Kann er sich vorstellen Bundespräsident zu werden? „Nein, das wäre mir zu langweilig", kommt die spontane Antwort. Und Bundeskanzler? Eigentlich nicht – aber, fügt er nach einer kleinen Pause hinzu, es gebe Ämter, die man nicht ablehnen könne.

N   Richtige Profis indes sind beide Abgeordneten noch nicht: Der smarte Jungpolitiker, sonst mit allen Regeln der Parlamentskunst bestens vertraut, versäumte

1–3	Leseverstehen
4–5	Redemittel
6	Schreiben
7–9	Wortschatz
10–21	Leseverstehen
22–32	Redemittel
33	Sprechen
34–36	Leseverstehen
37	Bildbeschreibung

111

am vergangenen Donnerstag prompt die namentliche Abstimmung. Folge: ein „Strafzettel" über 50 DM von der Fraktion. Am selben Tag wurde auch Anette Detering von einer Abstimmung kalt erwischt. Als ein Kollege sie auffordert am „Hammelsprung" teilzunehmen, sieht sie ihn spöttisch und ungläubig an. Aufgeklärt, es handele sich um ein Abstimmungsverfahren, bei dem die Abgeordneten den Saal verlassen und durch eine „Ja-", „Nein-" oder „Enthaltungs-Tür" wieder betreten müssen, steht sie lachend auf – und geht durch die Tür „Nein".

Der Tagesspiegel vom 26.5.1991

14 Untersuchen Sie nun die beiden Hauptteile des Textes genauer. Bearbeiten Sie die beiden Teile in zwei Gruppen. Tragen Sie die unten stehenden Informationen jeweils bei einer der beiden Personen ein.

Studium der Mathematik – schon in der Schulzeit politisch engagiert – karrierebewusst – ohne Routine – idealistisch – arbeitet wissenschaftlich – auf Harmonie bedacht – kann nicht nichts tun – kirchlich engagiert – modisch gekleidet – zuständig für Medienpolitik – Vorstandsmitglied der Partei – flieht vor Stress – unnachgiebig in der Sache – empfindet Freude an der Arbeit – Wirtschaftsstudium

	Anette Detering	Frank Steffel
Ausbildung		
Einstieg in die Politik		
Politische Ämter		
Private Interessen		
Persönliche Eigenschaften		

15 Was bedeuten in den folgenden Sätzen aus dem Text die kursiv gedruckten Wörter? Begründen Sie Ihre Entscheidung aus dem Kontext.

a) Absatz C: „*Dabei* hätte sie auch in eine kirchliche Gruppe gehen können."
– Nachdem sie auch ...
– Obwohl sie auch ...
– Weil sie auch ...

1–3	Leseverstehen
4–5	Redemittel
6	Schreiben
7–9	Wortschatz
10–21	Leseverstehen
22–32	Redemittel
33	Sprechen
34–36	Leseverstehen
37	Bildbeschreibung

b) Absatz E: „Doch dann habe sie sich ‚einfach *voll reingestürzt*'".
   – Doch dann habe sie sich für etwas anderes entschieden.
   – Doch dann habe sie begonnen sich intensiv mit der Sache zu beschäftigen.
   – Doch dann sei sie hereingeholt worden.

c) Absatz F: „*keine Schnörkel*"
   – nichts Kompliziertes
   – nichts Einfaches
   – nichts Interessantes

d) Absatz G: „Mit *wackeliger* Stimme ..."
   – mit sicherer Stimme
   – mit unsicherer Stimme

e) Absatz G: „ ... hinderten sie aber nicht, mit deftigen Worten zu *kontern*".
   – zu sprechen
   – etwas zu entgegnen
   – zu argumentieren

f) Absatz G: „bei der *hämischen* Bemerkung"
   – negativen
   – positiven
   – persönlichen

g) Absatz J: „als jüngstes Mitglied, das es in Deutschland *je* in einem Landesvorstand gab"
   – das es bisher gegeben hat
   – das es zur Zeit gibt
   – das es früher einmal gab

h) Absatz K: „(Redakteur der Zeitung), die er vor zwei Jahren *selbstverständlich* selbst gegründet hat."
   – Er versteht selbst eine Menge von Zeitungen.
   – Es ist klar, dass er das selbst gemacht hat, weil dies seinem Charakter entspricht.
   – Es hat sich von selbst so ergeben.

i) Absatz L: „*Schließlich* sei er direkt gewählt worden ..."
   – Weil er direkt gewählt worden ist ...
   – Obwohl er direkt gewählt worden ist ...
   – Nachdem er direkt gewählt worden war ...

k) Absatz N: „Am selben Tag wurde auch Anette Detering von einer Abstimmung kalt *erwischt*."

_____

16 Wie wird Folgendes im Text ausgedrückt (in Klammern der jeweilige Absatz)?

(B) Die Informationen im Handbuch sind nicht sehr ausführlich.
_____

(C) Sie ging in die Politik, ohne dass sie es eigentlich vorgehabt hätte.
_____

(F) Sie arbeitet nicht professionell.
_____

(F) Sie ist kein verschlossener Mensch.
_____

(J) Neben seiner eigentlichen Arbeit …
_____

(L) Er verdient zu viel Geld um sich auch um kleinere Arbeiten kümmern zu können.
_____

(L) Er hat sich genau überlegt, welches Thema er für seine Dissertation wählt.
_____

(M) Seine Antwort kommt ohne Zögern.
_____

17 Es gibt verschiedene Methoden, eine Reportage einzuleiten, z. B. durch:

- ein konkretes Ereignis (eine „Szene")
- ein Zitat
- eine Anekdote
- eine Aufzählung
- eine allgemeine Feststellung
- eine Gegenüberstellung
- …

Welche Methode hat die Autorin gewählt um diesen Text einzuleiten?

18 Wie gelingt es der Autorin, nach der Darstellung zweier in ihrem Wesen verschiedener Menschen einen zusammenführenden Schluss für ihren Text zu finden?

19 Nehmen wir an, Sie wären der verantwortliche Redakteur des *Tagesspiegels* und würden diesen Text im Manuskript lesen. Wie würden Sie den gewählten Titel kommentieren? Denken Sie an Ihre Leser, die morgens die Zeitung aufschlagen und für diesen Artikel interessiert werden sollen, denken Sie aber auch daran, dass der Titel eines Artikels sich auf dessen Inhalt beziehen sollte. Als Redakteur haben Sie normalerweise nicht sehr viel Zeit solche Entscheidungen zu diskutieren.

20 Was hält die Autorin von den dargestellten Personen? Auf welcher Seite steht sie? Woran ist das im Text erkennbar?

21 Kommentieren Sie die folgenden Sätze (zustimmend, ablehnend, ggf. mit Einschränkungen) aus dem Text:

a) „Und wenn der Stress zu viel wird, steigt sie schon einmal ein paar Tage aus."

b) „Spontan nahm sie (das Amt einer medienpolitischen Sprecherin) an, obwohl sie von Medienpolitik ‚keine Ahnung hatte'".

c) „(Es gibt) Ämter, die man nicht ablehnen (kann)."

Redemittel

22 Entscheidungen

Vor einer Entscheidung

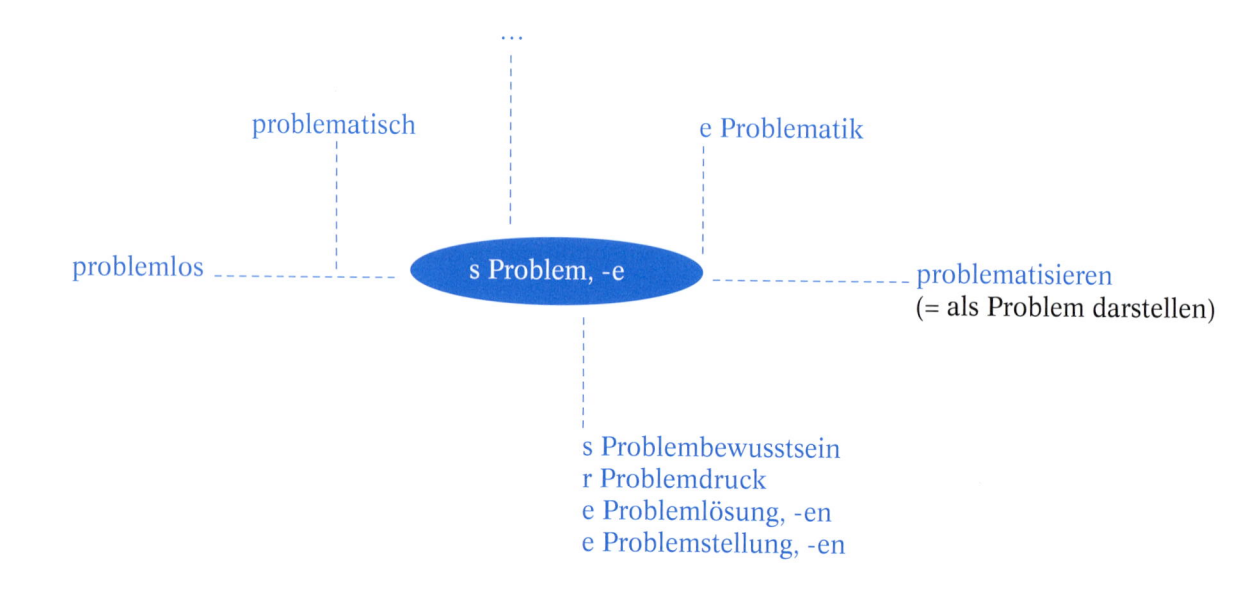

```
                        ...
        problematisch         e Problematik
problemlos ———— s Problem, -e ———— problematisieren
                                    (= als Problem darstellen)

                   s Problembewusstsein
                   r Problemdruck
                   e Problemlösung, -en
                   e Problemstellung, -en
```

(ein Problem) haben (mit + D) (Wir haben ein Problem mit dieser Aufgabe.)
sich stellen (Hier stellt sich ein ganz neues Problem.)
ansprechen (Ich möchte folgendes Problem ansprechen: …)
machen (Der Zeitdruck macht uns Probleme.)
auflisten
ignorieren
angehen
nachdenken über + A
bedenken [also nicht vergessen, in Betracht ziehen]
andenken [erst einmal; später sieht man weiter]
durchdenken [in allen Einzelheiten]
(an-) / (durch-) / (aus-) / diskutieren
lösen
bewältigen
…

23 Setzen Sie, ggf. mehrfach, eines der Verben aus dem Wörternetz (Übung 22) – in der richtigen Form – ein.

a) „Bevor wir beginnen, sollten wir alle Probleme zunächst einmal _____."

b) „Wir haben dieses Problem immer vor uns hergeschoben, jetzt sollten wir es _____."

c) „Wir haben jetzt nur noch zehn Minuten Zeit und können dieses Problem daher nur noch _____."

d) „Wir haben Zeit genug diese Frage _____."

e) „Hier Ihre Unterlagen, die Sie bitte bis zum nächsten Mal durcharbeiten. Wir werden dann das Problem und mögliche Optionen in allen Einzelheiten _____."

f) „Es gibt keinen Entscheidungsbedarf, also können wir das Problem erst einmal _____."

g) „Hier taucht nun plötzlich ein neues Problem auf, das noch von niemandem _____ worden ist."

h) „Wir haben das Problem gerade erst einmal _____, weiter sind wir noch nicht."

1–3	Leseverstehen
4–5	Redemittel
6	Schreiben
7–9	Wortschatz
10–21	Leseverstehen
22–32	Redemittel
33	Sprechen
34–36	Leseverstehen
37	Bildbeschreibung

24 ***Die Entscheidung***
als Individuum, als Gruppe
sich *entscheiden* für + A / sich entscheiden etwas zu tun
eine Entscheidung (für sich selbst / allein / gemeinsam) treffen
vor einer Entscheidung stehen
etwas ist schwer zu entscheiden
schwierige / verantwortungsvolle / ... Entscheidungen
r Entscheidungsträger, - / e Entscheidungsfreiheit /
e Entscheidungsgewalt / r Entscheidungsprozess , -e / ...

sich *entschließen* (etwas zu tun)
Entschluss, ¨e
einen Entschluss fassen

formell, in einem Gremium
beschließen + A
r Beschluss, ¨e
einen Beschluss fassen

eine Entscheidung / einen Beschluss herbeiführen /
rückgängig machen / vertagen ...

25 a) Wieso kann man eine Entscheidung vertagen, nicht aber einen Beschluss, sondern allenfalls die Beschlussfassung?

b) Was lässt sich beeinflussen: eine Entscheidung, ein Beschluss, eine Beschlussfassung?

c) Was kann man *treffen*, was *fassen*?

26 Fragen zum Andiskutieren:

a) Vor welchen Entscheidungen stehen Politiker?
b) Vor welchen Entscheidungen stehen alle Menschen?
c) Was passiert, wenn bei einer Sitzung keine Beschlüsse gefasst werden?
d) Wie laufen Entscheidungsprozesse in (einer Firma, einer Schule ...) ab?
e) Wer hat die höchste Entscheidungsgewalt in einem Staat?
f) Wer ist z. B. ein wichtiger Entscheidungsträger?
g) Sollten Politiker individuelle Entscheidungsfreiheit haben oder sich nach den Beschlüssen ihrer Partei richten müssen?
h) Warum ist es manchmal so schwierig, für sich selbst einen Entschluss zu fassen?
...

6 Im öffentlichen Raum

1–3	Leseverstehen
4–5	Redemittel
6	Schreiben
7–9	Wortschatz
10–21	Leseverstehen
22–32	Redemittel
33	Sprechen
34–36	Leseverstehen
37	Bildbeschreibung

27 Nach der Entscheidung

eine Entscheidung ist gefallen / ist von (einem Gremium, einer Instanz) gefällt worden:

– eine Entscheidung ausführen
– eine Idee / einen Beschluss / ein Konzept … verwirklichen / realisieren
– eine Idee in die Tat / in die Wirklichkeit umsetzen
– ein Projekt durchführen / implementieren

Machen Sie sich auf die Suche nach Beispielen

– für Ideen, die nie verwirklicht worden sind
– für Konzepte, die gescheitert sind
– für Projekte, die erfolgreich waren …

Berichten Sie dabei, soweit möglich, über Ursachen.

28 Tagesordnung

Sitzungen, Konferenzen, Besprechungen sind dazu da, Entscheidungen und Beschlüsse herbeizuführen. Damit dies in strukturierter Form geschieht, gibt es

e Tagesordnung, -en:
eine Tagesordnung aufstellen / revidieren
ein Thema auf die Tagesordnung setzen
ein Thema steht auf der Tagesordnung
ein Thema behandeln
ein Thema von der Tagesordnung absetzen / einen Punkt vertagen

r Tagesordnungspunkt, -e (r TOP, -s):
einen Tagesordnungspunkt aufrufen
einen Tagesordnungspunkt vorziehen / zurückstellen / vertagen

29 Lesen Sie die folgenden (fiktiven) „Regeln für Besprechungen" und setzen Sie die passenden Redemittel ein.

Regeln für Besprechungen
Sitzungen und Besprechungen lassen sich durch eine Tagesordnung strukturieren. Auf ihr werden jene Tagesordnungspunkte genannt, die _____ (1) werden sollen. Vor der Sitzung sollten alle Teilnehmer Gelegenheit haben, die sie interessierenden Themen auf die Tagesordnung _____ (2) zu lassen. Die Tagesordnung sollte im Einladungsbrief zu der Sitzung abgedruckt sein. Der Leiter der Sitzung sollte

zunächst die Tagesordnung vorstellen. Danach sollte die Möglichkeit bestehen, einzelne Tagesordnungspunkte _____ (3), _____ (4), zu _____ (5) oder neu auf die Tagesordnung zu _____ (6). Darüber sollte notfalls abgestimmt werden. Ein Tagesordnungspunkt sollte stets zu Ende diskutiert werden. Wer nicht zum _____ (7) spricht, wird von der Sitzung ausgeschlossen. Am Ende jeder Sitzung sollte die Tagesordnung für das nächste Treffen _____ (8) werden. Ein Thema sollte nur dann auf die Tagesordnung _____ (9) werden, wenn mindestens die Hälfte aller Teilnehmer damit einverstanden ist.

30 Lesen Sie diese „Regeln" noch einmal ganz genau. Sind Sie mit allem einverstanden?

31 Ergänzen Sie die Sätze sinnvoll. Verwerten Sie dabei Ideen aus den „Regeln für Besprechungen" und wenden Sie die erforderlichen Redemittel an.

1. In der Einladung zu einer Sitzung oder Besprechung …
2. Die Themen der Besprechung …
3. Man sollte … abstimmen.
4. Wer die Besprechung leitet, …
…

32 Wann ist eine sogenannte „freie Diskussion" eine sinnvolle Alternative zu formalen, mit Hilfe einer „Tagesordnung" strukturierten Besprechungen?

Sprechen

33 **Fallbeispiel:** *Die Umgehungsstraße von S.*

Lesen Sie einem Partner / einer Partnerin den folgenden Text vor, mit der Bitte eine kleine geographische Skizze dazu anzufertigen:

S., ein ländlich gelegener Ort im Großraum Köln-Bonn, hat ca. 2 000 Einwohner. Eine viel befahrene Straße führt in West-Ost- bzw. Ost-West-Richtung mitten durch den Ort, an der Kirche im Zentrum und an praktisch allen Geschäften und Gaststätten des Ortes vorbei. Im Norden von S., noch hinter der Grundschule am Ortsrand gelegen und etwa einen Kilometer entfernt, liegt eine Neubausiedlung mit 46 Anwohnern. Dahinter folgt ein großes Waldstück, das unter Naturschutz steht, allerdings von einer Eisenbahnlinie durchschnitten wird. Im Süden des Ortes fließt ein kleiner Fluss, der Beerenbach, durch eine ca. 1,5 km breite Wiesenlandschaft; hier gibt es zahlreiche Spazierwege und einen Abenteuerspielplatz, am südlichen Ortsrand auch ein traditionsreiches, inzwischen jedoch auch baufälliges Altersheim. Hinter den Wiesen beginnt wieder eine bewaldete Landschaft, die relativ steil hinauf zum Ahornberg führt.

Seit Jahren schwelt ein Streit unter den Bewohnern von S. Es geht um die Ortsdurchfahrt, denn das Verkehrsaufkommen auf dieser Straße ist im vergangenen Jahrzehnt um mehr als das Sechsfache gestiegen. Verkehrslärm und zu hohe Geschwindigkeit der meisten Autos machen die Straße zu einem Ärgernis, sogar zu einer Gefahr. Die Anwohner der Ortsdurchfahrt, aber auch viele andere Bürger von S. plädieren seit langem für eine Umgehungsstraße. Doch: Wo soll sie verlaufen? Im Norden wehren sich die Bewohner der Neubausiedlung und eine Straße im Süden des Ortes kann sich niemand so recht vorstellen.

Seit einem Monat gibt es einen neuen Bürgermeister. Er hat im Wahlkampf versprochen das Problem der Umgehungsstraße endlich konstruktiv zu lösen. Sein Vorschlag: Alle Beteiligten müssen an einen „runden Tisch". Es soll Gelegenheit geben, alle Probleme ausführlich zu diskutieren. Aber es soll am Ende auch entschieden werden, ob und wo eine Umgehungsstraße entstehen wird. Der Bürgermeister denkt an folgende Teilnehmer des „runden Tisches":

– die Anwohner der Ortsdurchfahrt, an deren Schlafzimmerfenstern nachts die Lastwagen vorüberdonnern
– die Bewohner der Neubausiedlung, die vor zwölf Jahren in ländlicher Ruhe ihr Eigenheim errichtet haben
– die Bewohner des Altenheims
– Elternvertreter der Grundschule, die sich um den Schulweg ihrer Kinder und die zunehmende Luftverschmutzung sorgen
– Vertreter der Naturschutzbehörden, die die Wald-, Wiesen- und Hügellandschaft von S. im Interesse der Allgemeinheit bewahren wollen
– ...

1–3	Leseverstehen
4–5	Redemittel
6	Schreiben
7–9	Wortschatz
10–21	Leseverstehen
22–32	Redemittel
33	Sprechen
34–36	Leseverstehen
37	Bildbeschreibung

a) Versetzen Sie sich in die Situation und Rolle der Teilnehmergruppen des „runden Tisches" und bereiten Sie die Diskussion vor. Sammeln Sie in Ihren Gruppen Gesichtspunkte für Ihre Position, überlegen Sie aber auch, welche Argumente die anderen Beteiligten vorbringen werden und was Sie darauf entgegnen wollen. Überlegen Sie sich Beispiele, die Ihre Argumente untermauern.
Der Moderator (Bürgermeister) sollte eine Tagesordnung aufstellen.

b) Versammeln Sie sich am „runden Tisch". Der Moderator eröffnet die Versammlung, stellt die Tagesordnung vor, erteilt das Wort und beendet die Diskussion (Zeitlimit!). Er muss darauf achten, dass alle zu Wort kommen, dass nicht dazwischengeredet wird usw. Zunächst gibt jede Gruppe ihr Statement ab, d. h., sie nennt und erklärt ihren Standpunkt zur Umgehungsstraße.

c) Pause. Jede Gruppe hat nun Gelegenheit, über die gehörten Statements intern zu diskutieren und eine Antwort an die anderen Gruppen vorzubereiten.

d) Fortsetzung der Diskussion (mit dem Moderator).

e) Wenn Sie auch eine Abstimmung durchführen wollen, so sollten Sie vermeiden, dass eine Gruppe alle Nachteile zu tragen hat. Der Kompromissvorschlag, den Sie zur Abstimmung unterbreiten, sollte die Vor- und Nachteile für die betroffenen Gruppen berücksichtigen.

f) Verfassen Sie einen etwa zehnzeiligen Text über Ihren „runden Tisch", wie er etwa als Meldung in der Lokalzeitung erscheinen könnte. Beginnen Sie mit dem Satz: *Beim gestrigen „runden Tisch" zum „Thema Umgehungsstraße" wurde ...*

Leseverstehen

Jürgen Becker

Konferenz

Seufzend begann der Kollege in der Konferenz: ach, das ist ja alles so verdrießlich. Der Kollege war aufgefordert, von einer Konferenz zu berichten, in der über die Entwicklung der neuen Geräte berichtet worden war. Er berichtete: es ist alles ja so ungewiß. Was ist ungewiß? Die Entwicklung der neuen Geräte. Aber sie werden kommen? Sie werden kommen, aber niemand will sie haben, seufzte der Kollege. Die Kollegen fragten: wenn niemand sie haben will, warum sollen sie dann kommen? Die Geräte werden entwickelt, und wenn sie fertig entwickelt sind, sind sie da und müssen aufgestellt werden. Wir wollten wissen, wo die neuen Geräte überall hin sollten. Überall dorthin, wo Bedarf ist. Bedarf nach was? Bedarf nach rascherem Eingang, unmittelbarer Wahrnehmung, sofortigem Ausdruck, direkter Weitergabe und langfristiger Speicherung neuer Nachrichten. Bedarf haben wir alle, riefen die Kollegen, aber wer hat entschieden, daß wir die neuen Geräte brauchen? Das ist es ja, seufzte der Kollege, alle haben Bedarf, aber jeder sagt auch, daß keiner die neuen Geräte haben will. Warum werden sie dann bestellt? Weil der Bedarf da ist. Dann bekommt jeder ein neues Gerät? Nein. Warum nicht? Weil es nicht genügend neue Geräte gibt. Wir wollten wissen, warum nicht. Es sind nicht genügend bestellt worden. Wir sagten, auch dafür gibt es einen Grund. Es gibt dafür mehrere Gründe, seufzte der Kollege, und einer davon ist, daß nicht genügend Platz vorhanden ist. Wir verstanden das nicht: wo ein Kollege Bedarf hat, hat er auch Platz. Eben nicht, denn wo ein neues Gerät steht, ist kein Platz mehr für den Kollegen da. Wie groß sind die neuen Geräte denn? Die neuen Geräte sind so groß, daß inzwischen neue Geräte entwickelt werden, die kleiner sind. Wir wollten wissen, ob es dann keine Probleme mehr gibt. Er wisse ja nur, seufzte der Kollege, daß zunächst ein wesentliches Problem zu lösen sei. Welches? Das Problem, ja, eben das Problem der Finanzierung. Ist denn nicht genügend Geld vorhanden? Im Augenblick ist überhaupt kein Geld vorhanden. Aber die Geräte sind doch bestellt? Die Geräte sind für den Augenblick bestellt, in dem Geld vorhanden ist; aber, seufzte der Kollege, die Konferenz, von der er berichte, sei noch im Ungewissen, woher das Geld zu beschaffen sei, da müßte zunächst der neue Etat abgewartet werden, weshalb sich auch die

Konferenz vertagt habe auf einen Termin, von dem er nicht wisse, ob er ihn wahrnehmen könne oder überhaupt solle, das müßten ihm die anwesenden Kollegen einmal klarmachen, ob überhaupt der Wunsch noch bestehe, daß er berichte, nein, zunächst einmal teilnehme, weiterhin, als Delegierter an der Konferenz, die sich mit der Entwicklung der neuen Geräte beschäftige, wobei ja auch noch, in einem Sonderausschuß nämlich, zu beraten sei über die Verwendung der alten Geräte, mit denen ein jeder, das wisse er von den meisten Kollegen, so zufrieden sei, daß niemand sich die neuen Geräte wünsche, indessen, die Zukunft, also, habe die Konferenz nun den Wunsch, ihn weiterhin zu delegieren oder nicht? Die Konferenz delegierte den Kollegen in die Konferenz und ging zum nächsten Punkt der Tagesordnung über.

aus: Jürgen Becker, Erzählen bis Ostende

1–3	Leseverstehen
4–5	Redemittel
6	Schreiben
7–9	Wortschatz
10–21	Leseverstehen
22–32	Redemittel
33	Sprechen
34–36	Leseverstehen
37	Bildbeschreibung

Jürgen Becker

Geschäftsbesuch

Sicher, wenn Sie in unserem Haus arbeiten, können Sie unser Haus auch betreten, nur, Sie müßten sich bitte legitimieren. Aber Sie kennen mich doch, seufzte Johann. Natürlich kennen wir Sie, jeden Morgen und jeden Abend passieren Sie die Schleuse, nur, wir müßten Ihre Identifikationskarte sehen. Die habe ich eben vergessen, seufzte Johann, die steckt noch an der Jacke von gestern. Dann wird es schwierig, Sie hereinzulassen. Aber ich möchte doch, wie jeden Morgen, in mein Büro. Kein Zweifel, Sie möchten in Ihr Büro, wie jeden Morgen, aber Sie wissen auch, daß Sie jeden Morgen durch Vorzeigen Ihrer Identifikations-Karte den Nachweis zu erbringen haben, daß. Sie sind völlig im Recht, seufzte Johann, aber soll ich denn meinem Büro heute fernbleiben, bloß weil? Wir können Ihnen einen Tagespassierschein ausstellen. Na wunderbar, seufzte Johann, dann stellen Sie mir einen Tagespassierschein aus. Sie wissen, daß dieser Passierschein den Empfänger lediglich zu einem Besuch berechtigt und sein Besuch durch eine Unterschrift zu beglaubigen ist. Ja, aber in meinem Fall durch eine Unterschrift wessen? Durch die Unterschrift dessen, den Sie besuchen wollen. Ich will aber niemanden besuchen. Dann können wir Ihnen auch keinen Tagespassierschein ausstellen. Ich will und muß aber in mein Büro, seufzte Johann. Kein Zweifel, es ist auch schon angefragt worden, ob Sie bereits in Ihrem Büro sind. Und wer, bitte schön, hat angefragt? Jemand, der Sie zu besuchen wünscht. Und wo befindet sich dieser Jemand? In Ihrem Büro. Und sitzt dort und wartet, daß ich seinen Besuch durch Unterschrift auf dem von Ihnen angefertigten Tagespassierschein bestätige? Genau so verhält es sich. Nach Lage der Dinge, seufzte Johann, werde ich die Unterschrift ja kaum leisten können. Gewiß, für Ihren Besuch entsteht da eine komplizierte Situation. Er wird das Haus erst mit meiner Unterschrift verlassen können? So ist es. Ja, was machen wir dann, fragte Johann. Wir können Ihnen einen Tagespassierschein ausstellen. Und wer unterschreibt? Na, Sie selber persönlich. Ich meine, seufzte Johann, so weit wären wir fast schon gewesen. Richtig, aber nur fast, wir wollen doch nichts überstürzen.

aus: Jürgen Becker, Erzählen bis Ostende

Jürgen Becker, geb. 1932, Rundfunkredakteur in Köln und Schriftsteller, veröffentlichte Gedichte, Hörspiele und Prosa.

34 Arbeiten Sie in zwei Gruppen: Jede Gruppe liest einen der beiden Texte von Jürgen Becker (den anderen nicht), klärt Verständnisprobleme und folgende Fragen:

a) Wo spielt die Szene?

b) Wie lässt sich der wesentliche Inhalt des jeweiligen Textes in Stichwörtern zusammenfassen?

Stichworthilfen

- für den Text *Konferenz*: Berichterstatter – neue Geräte – Bedarf – Bestellung – Finanzierung – Entscheidungen – Termin der nächsten Konferenz ...
- für den Text *Geschäftsbesuch*: Erzähler – Pförtner – Identifikationskarte – Büro – Besucher – Passierschein – ...

35 Lassen Sie Ihre Bücher geschlossen. Erzählen Sie auf der Basis Ihrer Stichwörter einem Lernpartner oder einer Lernpartnerin „Ihre" Geschichte und hören Sie danach die Ihres Lernpartners / Ihrer Lernpartnerin an.

36 Besprechen Sie im Plenum gemeinsam folgende Punkte:

a) Ist inhaltlich etwas unverstanden geblieben?

b) Wie fanden Sie Ihren bzw. den anderen Text?

c) Welches Verhalten von welcher Person fanden Sie richtig bzw. falsch und warum? Wie hätten Sie gehandelt? Wie hätte man auch anders handeln können?

d) Wo finden sich Gemeinsamkeiten zwischen beiden Geschichten, wo gibt es Unterschiede?

e) Handelt es sich bei diesen Texten um Geschichten über „Bürokraten"? Inwiefern (nicht)?

f) Der deutsche Soziologe Max Weber (1864-1920) hat in einer klassischen Theorie u. a. folgende Merkmale der „Bürokratie" genannt: *feste Vorschriften – Kontinuität – Unpersönlichkeit – klare Zuständigkeiten – Hierarchie (übergeordnete, untergeordnete Mitarbeiter) – keine selbstständige Entscheidung über Finanzmittel – Schriftlichkeit (Akten, Anträge, Anordnungen …)* … Welche dieser Merkmale sind in den Becker-Texten erkennbar?

g) „Bürokratie" ist für viele Menschen ein Wort mit einer negativen Bedeutung („Engstirnigkeit", „Kleinkariertheit" usw.). Hat „Bürokratie" evtl. auch positive Seiten?

1–3	Leseverstehen
4–5	Redemittel
6	Schreiben
7–9	Wortschatz
10–21	Leseverstehen
22–32	Redemittel
33	Sprechen
34–36	Leseverstehen
37	Bildbeschreibung

Bildbeschreibung

37 Legen Sie zuerst eine Betrachtungspause ein und machen Sie sich Notizen zu einem der beiden Bilder.

Das Bild
a) Beschreiben Sie, was auf dem Bild zu sehen ist. Notieren Sie, was auf dem Bild nicht zu sehen ist, was Sie aber gern erfahren würden.

Das Thema
b) Geben Sie Ihrem Bild eine Überschrift, mit der Sie ein Thema ansprechen.

Das Bild und ich
c) Welche persönlichen Erfahrungen, Ansichten oder Vergleiche könnten Sie zu diesem Bild einbringen?

Zusammenhänge
d) Gibt es einen Zusammenhang zwischen beiden Bildern? Wenn ja, worin besteht er? Könnten Sie andere, ähnliche Bilder beschreiben, die Sie einmal gesehen haben?

6 Im öffentlichen Raum

(Zu den Bildtiteln siehe Bildquellen Seite 227)

1	Wortschatz
2–8	Redemittel
9–11	Leseverstehen
12–13	Redemittel
14	Sprechen
15	Bildbeschreibung
16	Schreiben

Der Schokolade widerstehen

Wortschatz

1 a) Ergänzen Sie die folgenden Sätze sinnvoll. Verwenden Sie dabei, wo möglich, Wörter und Wendungen aus der Übersicht.

1. Wer gesund bleiben will, …
2. Wenn man tagsüber viel sitzt, …
3. Milch …
4. Die meisten Dinge auf den Supermarktregalen …
5. … Lebensmittel aus biologisch kontrolliertem Anbau.
6. Man braucht kein Feinschmecker zu sein, um …
7. … ist eine typische Zivilisationskrankheit …

Ernährung	*Sport*	*Gesundheit*
– sich gesund / gesundheitsbewusst ernähren – etwas enthält Nährstoffe / Schadstoffe – fettarme / fettreiche Lebensmittel – Produkte aus dem Bioladen – Lebensmittel ohne chemische Zusätze …	– Sport treiben / sportlich aktiv sein / ein aktiver Sportler sein – fit sein / bleiben – e Sportart, -en – r Breitensport – s Training – e Sportmedizin – r Bewegungsmangel – r Sportplatz, ¨e …	– gesund sein / bleiben – etwas für die Gesundheit tun – etwas aus gesundheitlichen Gründen tun – etwas dient der Gesundheit – etwas schadet der Gesundheit / ist schädlich für die Gesundheit / ist gesundheitsschädlich / beeinträchtigt die Gesundheit / macht krank – krank werden von etwas – gesundheitlichen Belastungen ausgesetzt sein – etwas ist eine gesundheitliche Gefahr / ist eine Gefahr für die Gesundheit / stellt eine Gefahr für die Gesundheit dar – man leidet an einer Krankheit / hat eine Krankheit – e Herz- (Kreislauf-, Magen-) Erkrankung, -en – e Zivilisationskrankheit, -en – e Krankenkasse, -n …

b) Sehen Sie sich den Themenwortschatz in der Übersicht noch einmal genau an, klären Sie ggf. einzelne Wendungen und ergänzen Sie sie nach Möglichkeit.

c) Sätze zum Thema: Schreiben Sie mit den vorgegebenen Wörtern und Wortgruppen jeweils einen Satz, in dem alle genannten Bestandteile (in beliebiger Reihenfolge) vorkommen.

1. Sport treiben – Training – Sportplatz
2. Sportmedizin – Bewegungsmangel – Gesundheit
3. Krankenkasse – für die Gesundheit – Herzerkrankungen
4. Nährstoffe – Fertigprodukte – Schadstoffe – Biokost
5. Lebensmittel – Sportart – Gesundheit
  …

Redemittel

2 Das Meinungspingpong II

Hinweis: Weitere Redemittel finden Sie in *Leselandschaft 1*, Kapitel 4, Nr. 4–9, *Meinungspingpong I*.

Ordnen Sie die Begriffe 1–6 aus der Grafik den Punkten a) – f) des Redemittelkatalogs als Überschrift zu.

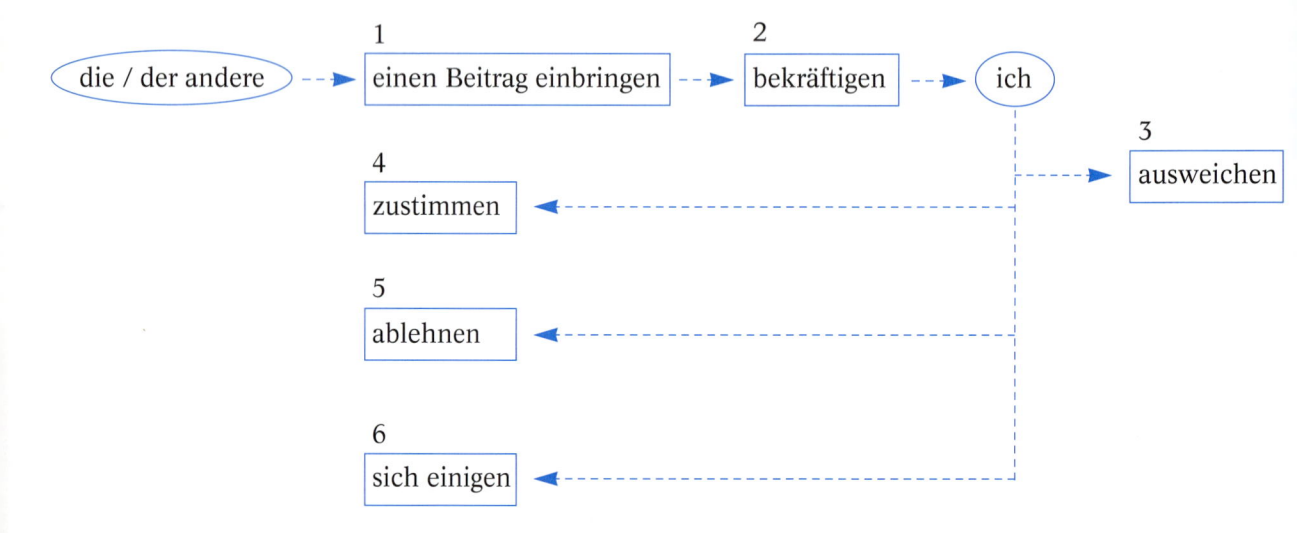

die / der andere → 1 einen Beitrag einbringen → 2 bekräftigen → ich

3 ausweichen

4 zustimmen

5 ablehnen

6 sich einigen

3 Redemittelkatalog

a) _____

Lassen Sie mich dazu etwas sagen … / Dazu würde ich gern etwas sagen: … / Es geht (mir) darum, dass … / Mir ist aufgefallen, dass … / Für uns ist wichtig, dass … / Es kommt noch etwas hinzu, nämlich … / (Sport) – so meine ich / meine ich – ist wichtig. / …

b) _____

Ich weiß nicht recht … / Ja, vielleicht, aber … / Naja … / Kann sein … / Darauf sollten wir später noch einmal zurückkommen. / Ich weiß nicht, ob das wirklich hierher gehört. / Ist das nicht bloß eine Behauptung? / Ich meine, das spielt in diesem Zusammenhang keine Rolle. / …

c) _____

Das ist exakt meine Meinung. / Da kann ich nur zustimmen. / Das ist (doch völlig) unbestritten/unstrittig. / Das würde niemand bestreiten. / Ich bin froh, dass wir uns in diesem Punkt einig sind. / …

d) _____

So sehe ich das jedenfalls. / Das ist jedenfalls meine Meinung dazu. / Das ist jedenfalls mein Standpunkt (in dieser Frage). / So sieht das aus meiner Sicht aus. / …

e) _____

Könnten wir uns darauf einigen, dass …? / Sind wir uns da einig? / Sind wir in diesem Punkt einer Meinung? / Unsere Standpunkte liegen gar nicht weit auseinander. / Vielleicht könnten wir uns auf Folgendes einigen: … / Einigen wir uns also darauf, dass … / Damit wäre ich – jedenfalls im Großen und Ganzen – einverstanden. / …

f) _____

Ich hätte da eine Frage. / Ich habe den Eindruck, dass … / Das ist so nicht ganz richtig. / Das stimmt so nicht. / Das kann man so nicht sagen. / Dagegen möchte ich etwas einwenden: … / Dagegen möchte ich einen Einwand erheben: … / Sie müssen zugeben, dass … / Ich glaube nicht, dass es darum geht. / Ich darf daran erinnern, dass … / Sie werden doch nicht bestreiten, dass … / Dahinter steckt doch ein ganz anderes Problem. / Vielleicht machen wir es uns zu einfach, wenn wir sagen, dass ... / Das ist eine sehr pauschale (Äußerung, Kritik, ...). Man muss differenzieren, denke ich. / Das müsste man differenzierter sehen. / Das (Argument) überzeugt mich nicht, weil ... / Das kann ich mir nicht vorstellen. / ...

4 Lesen Sie bitte den ganzen Redemittelkatalog durch. Streichen Sie alle Wendungen, die Sie ohnehin schon kennen und / oder verwenden. Analysieren Sie die übrigen: Welche sind einfach zu lernen, (aus Ihrer Sicht) nützlich usw. Notieren Sie diese Wendungen separat. Beschränken Sie sich dabei pro Abschnitt zunächst auf 1–2 Wendungen.

5 Notieren Sie zu folgenden Thesen Ihre Meinung in 1–2 Sätzen und verwenden Sie dabei die Redemittel aus dem „Meinungspingpong (I/II)".

   1. „Der Dosenöffner ist das wichtigste Küchengerät."
   2. „Ganz ohne Schokolade geht es einfach nicht."
   3. „Ich könnte, wenn's sein muss, auch einmal zwei Tage lang gar nichts essen. (Nur trinken.)"
   4. „Essen dauert."
   5. „Ernährung müsste ein eigenes Schulfach sein."

6 Diskutieren Sie weitere Thesen in Ihrer Gruppe.

   6. „Es ist ein Irrtum zu glauben, dass Kartoffeln dick machen."
   7. „Ich kaufe nur noch Lebensmittel aus ökologisch kontrolliertem Anbau. Man trägt schließlich Verantwortung für sich und für die Umwelt."
   8. „Im Urlaub kann ich auch mal zwei Wochen von Müsli leben."
   9. „Wenn man das Rauchen aufgibt, nimmt man unweigerlich zu."
   10. „Sonntagnachmittag ohne Kaffee und Kuchen ist für mich kein Sonntagnachmittag."
   11. „Ohne drei starke Espresso brauche ich morgens gar nicht erst ins Büro zu gehen."
   12. „Bei nur 30 Minuten Mittagspause lässt sich der Gang in den Fast-Food-Tempel überhaupt nicht vermeiden!"
   13. „Wenn es nach mir ginge: Am liebsten Kamillentee morgens, Kamillentee mittags, Kamillentee abends."
   14. „Fit bleiben ist keine Geldfrage."
   15. „Es lässt sich gar nicht verhindern, dass die Kinder gelegentlich ihren Hamburger mit Pommes frites verspeisen."
   16. „Wer sich gesund ernährt, braucht keinen Sport mehr zu treiben."
   17. „Alle Sportler, die ich kenne, haben ständig irgendwelche Verletzungen."
   (usw.)

11 Untersuchen Sie nun die Fragen und Antworten im Einzelnen.

A Warum scheitern viele Versuche dauerhaft auf Genussmittel zu verzichten?

1. Weil man sich zwar zum Verzicht zwingen, aber auch oft rückfällig werden kann. ☐
2. Weil es nicht möglich ist, sich zu einem totalen Verzicht zu zwingen. ☐

B Zur Weihnachtszeit haben wir ein Stimmungstief erreicht, weil

1. Weihnachten in einer dunklen Jahreszeit liegt und deswegen der Serotoninspiegel niedrig ist. ☐
2. die dunkle Weihnachtszeit die Stimmung drückt und das Serotonin dies nicht mehr beeinflussen kann. ☐

C Die positiven Auswirkungen von sportlicher Aktivität

1. gehen möglicherweise auf die Luft im Freien zurück. ☐
2. gehen möglicherweise auf das Licht im Freien zurück. ☐

D Genussmittel werden vor allem deshalb genommen,

1. weil man seine Stimmung beeinflussen will. ☐
2. weil man von der Gesellschaft beeinflusst wird. ☐
3. weil man sie nicht verbieten kann. ☐

E „Chocoholics"

1. brauchen Schokolade besonders, wenn sie Probleme haben. ☐
2. reagieren besonders auf bestimmte Inhaltsstoffe. ☐

F Was unterscheidet die beiden „Schokoladenesstypen"?

1. „Lutscher" beißen zunächst in die Schokolade, während „Beißer" sie zart schmelzen lassen. ☐
2. „Lutscher" bevorzugen den sportlich-aggressiven Biss, während „Beißer" für zarte Schokolade zu haben sind. ☐
3. „Lutscher" hören gern sanfte Schlagermusik und sind gefühlvoll, während „Beißer" aggressiv Auto fahren und das Sportliche lieben. ☐

G Für den „Beißer"-Typ

1. verwandelt sich ein unangenehmes Gefühl in ein angenehmes. ☐
2. verwandelt sich ein angenehmes Gefühl in ein unangenehmes. ☐

H Beim Essen z. B. von Kartoffelchips kann man nicht aufhören,

1. weil bestimmte Inhaltsstoffe den Speichelfluss regulieren. ☐
2. weil bestimmte Inhaltsstoffe den Speichelfluss stoppen. ☐

Redemittel

12 Das Schaubild in Übung 13 enthält Informationen über die Veränderungen in den Ernährungsgewohnheiten der Deutschen. Zur Beschreibung dieser Veränderungen (mündlich oder schriftlich) können Sie auf bereits bekannte Redemittel zurückgreifen:

a) „Vergleich" (s. Leselandschaft 1, Kapitel 1, Nr. 16)
b) „Entwicklungen" (s. Leselandschaft 1, Kapitel 2, Nr. 8)
c) „Unterschiede und Gegensätze" (s. Leselandschaft 1, Kapitel 3, Nr. 6)

Notieren Sie sich einige Redemittel, die für dieses Schaubild wichtig sind bzw. die Sie wiederholen oder neu erlernen möchten.

13 a) Beschreiben Sie in Ihrer Lerngruppe gemeinsam das Schaubild (oder Teile daraus).

b) Schreiben Sie einen kurzen Text über Veränderungen von Ernährungsgewohnheiten (in Deutschland oder anderswo).

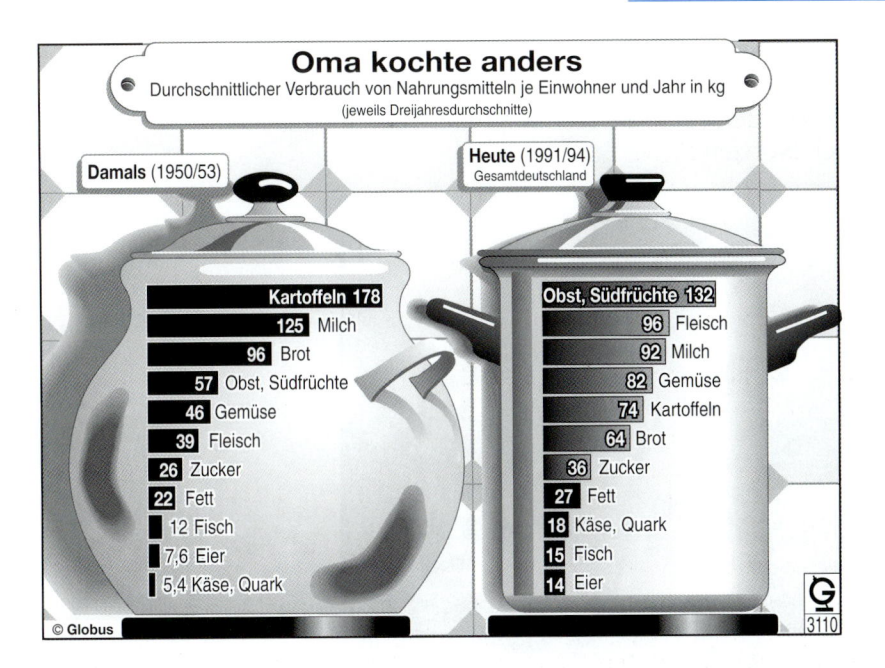

1	Wortschatz
2–8	Redemittel
9–11	Leseverstehen
12–13	Redemittel
14	Sprechen
15	Bildbeschreibung
16	Schreiben

Oma kochte anders
Durchschnittlicher Verbrauch von Nahrungsmitteln je Einwohner und Jahr in kg
(jeweils Dreijahresdurchschnitte)

Damals (1950/53)
- Kartoffeln 178
- 125 Milch
- 96 Brot
- 57 Obst, Südfrüchte
- 46 Gemüse
- 39 Fleisch
- 26 Zucker
- 22 Fett
- 12 Fisch
- 7,6 Eier
- 5,4 Käse, Quark

Heute (1991/94) Gesamtdeutschland
- Obst, Südfrüchte 132
- 96 Fleisch
- 92 Milch
- 82 Gemüse
- 74 Kartoffeln
- 64 Brot
- 36 Zucker
- 27 Fett
- 18 Käse, Quark
- 15 Fisch
- 14 Eier

© Globus 3110

Sprechen

14 Verfassen Sie einen kurzen Beitrag zu einem Thema aus den Bereichen „Ernährung / Gesundheit / Sport". Benutzen Sie dazu u. a. die nachstehende Liste möglicher Themen:

- Bier bzw. Wein bzw. Tee bzw. ...
- Nudeln bzw. Gummibärchen bzw. ...
- die (deutsche, österreichische, Schweizer ...) Küche
- Wie man eine(n) ... kocht
- Variation auf ein Thema: Butterbrot, Sandwich, Croissant u. a. m.
- vegetarisch essen
- Rauchverbot in der Öffentlichkeit
- Jogging bzw. Triathlon bzw. Aikido bzw. ...
- Tanzen
- Körpergefühl, Körperbewusstsein
- ...

a) Legen Sie zunächst eine Mindmap zu Ihrem Thema an (vgl. dazu Kapitel 2 dieses Buches).

b) Präsentieren Sie Ihre Mindmap entweder

- mündlich in Form eines kurzen, nicht länger als 3 Minuten währenden Vortrags und / oder
- schriftlich mit ca. 200 Wörtern.

7 Der Schokolade widerstehen

Bildbeschreibung

15 Legen Sie zuerst eine Betrachtungspause ein und machen Sie sich Notizen.

Das Bild

a) Beschreiben Sie, was auf dem Bild zu sehen ist.
Wörterhilfen:

Bild 1:   e Konditorei, -en   e Vitrine, -n   r Kuchen, -
   e Torte, -n   e Süßigkeit, -en
   …

Bild 2:   e Imbissbude, -n   r Imbissstand, ¨e
   (umgangssprachlich: „die Frittenbude" oder
   „die Pommesbude") …

1	Wortschatz
2–8	Redemittel
9–11	Leseverstehen
12–13	Redemittel
14	Sprechen
15	Bildbeschreibung
16	Schreiben

Das Thema

b) Geben Sie Ihrem Bild eine Überschrift, mit der Sie ein Thema ansprechen.

Das Bild und ich

c) Welche persönlichen Erfahrungen, Ansichten oder Vergleiche könnten Sie zu diesem Bild einbringen?

Zusammenhänge

d) Gibt es Zusammenhänge zwischen den beiden Bildern? Wenn ja, worin bestehen sie?

Schreiben

16 Planen

Wahrscheinlich kennen Sie die sogenannten „Mitfahrzentralen", vor allem, wenn Sie selbst kein Autofahrer sind. Wer von A nach B reisen möchte, ruft dort an und erkundigt sich nach einer Mitfahrgelegenheit. Die Zentrale vermittelt ihm gegen eine Gebühr eine Person, die ohnehin nach B fahren wird; man teilt sich die Benzinkosten.

a) Könnten Sie sich unter einer „Mitesszentrale" etwas vorstellen? (Dies ist kein Scherz. In Hamburg wurde 1994 eine „Vermittlungsagentur" für Menschen gegründet, „die sich beim gemeinsamen Essen kennen lernen möchten".) Was genau ist das? Wie könnte so etwas funktionieren?
Versuchen Sie herauszufinden, welche Probleme eine solche Einrichtung mit sich bringen könnte bzw. was alles im Vorhinein geklärt werden müsste.

b) Stellen Sie die Vorteile und Nachteile eines solchen Service einander gegenüber.

c) Nehmen wir an: Sie möchten eine Freundin / einen Freund zum Abendessen einladen. Da Sie schon öfter solche Abendessen zu zweit veranstaltet haben, wäre ein bisschen Abwechslung vielleicht gar keine schlechte Idee ... – vorausgesetzt, Ihre Freundin / Ihr Freund hat nichts dagegen. Sie werden also einen Einladungsbrief schreiben und dabei die Frage erörtern, ob Sie nicht eine Mitessagentur einschalten sollten.

Sammeln Sie zunächst in Ihrer Lerngruppe gemeinsam Inhaltspunkte für Ihren Brief. Einigen Sie sich auf eine Wortzahl (z.B. ca. 250 Wörter).

Formulieren
Beachten Sie die Textsortenmerkmale eines persönlichen Briefes (s.a. Leselandschaft 1, Kapitel 1, Nr. 5).

Dank: Ich danke dir herzlich für (deinen letzten Brief / dein letztes Lebenszeichen). / Tausend Dank für ... / Besten Dank! / Danke (Ich danke) vielmals! / ...
Vorschlagen: Ich hätte da eine Idee. / Was hälst du von folgendem Vorschlag? / ...
Termin nennen: Am besten passt mir der nächste Mittwoch. / Alternativ ginge es auch am 23. / ...
Einverständnis klären: Wärst du einverstanden damit? / Meinst du nicht auch, dass ... / Was ist deine Meinung dazu? / Wie siehst du die Sache? / Ich müsste natürlich unbedingt wissen, wie du darüber denkst. / Was hältst du davon? / Ohne dein Einverständnis geht es natürlich nicht. / ...
Frist setzen: Ich müsste bis zum (Datum) wissen, ob ... / Könntest du mich bis zum (Datum) wissen lassen, ob ...? / Es wäre wichtig, dass ich bis zum (Datum) definitiv Bescheid weiß, ob ... / ...

Überarbeiten
Besprechen Sie Ihren Entwurf mit einem Lernpartner oder einer Lernpartnerin.

Gordische Knoten

1	Leseverstehen
2–4	Wortschatz
5–8	Leseverstehen
9	Bildbeschreibung
10–14	Redemittel
15	Sprechen
16–18	Redemittel
19	Schreiben

Leseverstehen

1   Zu den Texten, die ein „totales Lesen" erfordern, gehören u. a. Instruktionen, Aufforderungen, Handlungsanweisungen. (Wie sollte es auch anders sein, denn wenn Sie z. B. eine Instruktion nicht vollständig verstanden haben, werden Sie vermutlich einen Fehler machen.) Beispiele: die zwei folgenden Spielbeschreibungen.

a) Teilen Sie Ihre Lerngruppe in die Gruppen A und B; jede Gruppe erhält eine der beiden Spielbeschreibungen.

b) Jede Gruppe liest zunächst „ihren" Text durch. Es ist wichtig, dass jedes Gruppenmitglied den Text so gut versteht und sich einprägt(!), dass es in der Lage ist, das Spiel zu erklären. Dazu soll der gedruckte Text nicht mehr verwendet werden.

c) Suchen Sie sich einen Gesprächspartner / eine Gesprächspartnerin aus der anderen Gruppe. Setzen Sie sich zusammen und erklären Sie sich gegenseitig „Ihr" Spiel. (Schließen Sie spätestens jetzt dieses Buch!)

d) Überlegen Sie sich, welches der beiden Spiele Sie gern einmal – wo / bei welcher Gelegenheit? (bei einer Geburtstagsparty, in der Klasse? …) – machen würden. Falls Sie Ihr Spiel jetzt gleich ausprobieren wollen, denken Sie auch darüber nach, mit welchen Argumenten Sie die anderen aus der Lerngruppe dazu bringen könnten mitzuspielen.

e) Spielen Sie eines der beiden Spiele ggf. einmal durch. (Viel Spaß!)

f) Diskutieren Sie im Plenum: Warum gefallen Ihnen solche Spiele (nicht)? Was für verschiedene Arten von Spielen lassen sich unterscheiden? Ist es Ihrer Meinung nach wichtig zu spielen? Ist es wichtig, was bzw. wie man spielt? …

Goofie

„Goofie ist ein sanftes, freundliches Wesen, das wächst. Wenn es darum geht, dass Leute miteinander in Kontakt kommen und sich dabei wohl fühlen – Goofie macht's möglich ... Stellt euch in einer lockeren Gruppe auf, schließt die Augen und beginnt umherzuwandern. Wenn ihr auf jemanden trefft, dann schüttelt ihm die Hand und fragt: „Goofie?" Kommt von dieser Person ein fragendes „Goofie?" zurück, dann war sie's nicht. Mit geschlossenen Augen sucht ihr weiter. Während alles händeschüttelnd umherirrt und nach „Goofie? Goofie? Goofie?" fragt, flüstert der Schiedsrichter einer mitspielenden Person zu, dass sie Goofie ist. Da Goofie sehen kann, öffnet sie die Augen. Aber über ihre lächelnden Lippen kommt kein Laut. Wenn einer von euch mit ihr zusammentrifft, ihr die Hand reicht und jene sanfte Frage stellt, kommt keine Antwort. Fragt noch einmal, um ganz sicher zu sein: „Goofie?" – Wieder keine Antwort: Heureka! Ihr habt Goofie endlich gefunden. Jetzt dürft auch ihr die Augen öffnen, denn ihr seid nun Teil von Goofie, deren Hand ihr festhaltet. Die freie Hand bleibt zum Händeschütteln, wenn jemand mit euch zusammenstößt. Aber gebt keine Antwort, wenn man euch fragt. So wächst Goofie mehr und mehr. Goofie kann sich immer nur an ihren Enden verlängern. Wenn ihr also zwei Hände gleichzeitig zu fassen kriegt, so habt ihr Goofie irgendwo in der Mitte erwischt. Tastet euch entlang, bis eine freie Hand euch aufnimmt. Bald haltet ihr euch alle glücklich und zufrieden an der Hand. Nur ein paar arme Seelen versuchen noch sich den Weg ans Ende der langen Kette zu ertasten. Wenn auch der Letzte mit Goofie vereint ist und die Augen öffnet, bricht sie ihr Schweigen mit einem Jubelruf."

Andrew Flugelman/Shoshana Tembeck: New Games. Die neuen Spiele

Gordischer Knoten*

*Unter einem „gordischen" Knoten versteht man einen – mehr oder weniger – unauflösbaren Knoten. Den *gordischen Knoten durchschlagen* heißt im übertragenen Sinn: ein (fast) unlösbares Problem lösen.

„Was euch bei diesem Spiel zusammenbringt, ist der Versuch den gordischen Knoten zu lösen. Erst einmal müsst ihr einen guten Knoten fabrizieren. Dafür braucht ihr ungefähr zwölf Spieler. Stellt euch Schulter an Schulter im Kreis auf und streckt die Hände in die Mitte. Nun greift jeder nach zwei Händen. Wenn ihr euch aus dem Knoten jemals wieder befreien wollt, müsst ihr darauf achten, dass niemand beide Hände eines anderen oder die Hand seines Nachbarn hält. Es kann einige Zeit dauern, bis der Knoten richtig sitzt. (Wem schon dieser Teil zu verwirrend ist, der steigt besser noch vor der Entwirrung aus.) Jetzt erst kommt der schwierige Teil. Ihr werdet schnell merken, dass man die Sache von zwei Seiten anpacken kann: Die Aktivsten unter euch stürzen sich gleich energisch ins Problem – drunter und drüber und zwischen ihren Mitspielern hindurch – in der Hoffnung, dass sie plötzlich auf die Lösung stoßen. Stattdessen stoßen sie aber vielleicht auf den Analytiker, der, festgewurzelt und ohne den Griff zu lockern, die Lage zuerst sorgfältig prüft, bevor er jedem Mitspieler genaue Anweisungen gibt, wie und in welcher Reihenfolge er sich bewegen soll. Da ihr alle in demselben Schlamassel steckt, müsst ihr euch auf ein gemeinsames Vorgehen einigen. Ist der Knoten endlich entwirrt – hurra! – so findet ihr euch in einem großen Kreis wieder, manchmal auch in zwei ineinander verschlungenen. Hin und wieder kann es eine Stelle geben, an der die Entwirrung des Knotens scheitert. Einer der Analytiker wird sie sicher entdecken. In diesem Fall, wenn jedes andere Mittel versagt, darf ein Aktivist „Knotenhilfe" leisten (eine kurze Trennung der Hände), damit ihr wieder freikommt und ein neues Spiel beginnen könnt."

Andrew Flugelman / Shoshana Tembeck: New Games. Die neuen Spiele

1	Leseverstehen
2–4	Wortschatz
5–8	Leseverstehen
9	Bildbeschreibung
10–14	Redemittel
15	Sprechen
16–18	Redemittel
19	Schreiben

Wortschatz

2 Wörtern auf der Spur

Die unter 1–4 angeführten Substantive haben mehr als nur eine Bedeutung. Versuchen Sie die Bedeutungen A–E (ggf. mehrfach) einzuordnen.

A die intensive gedankliche Beschäftigung mit etwas (z. B. mit irgendeiner Theorie)

B wenn verschiedene Vorstellungen von zwei oder mehr Personen oder Gruppen aufeinander treffen

C eine militärische Aktion

D zwei Personen wenden physische Gewalt oder Waffen gegeneinander an

E ein Gespräch, in dem verschiedene Standpunkte klar werden, das aber nicht konstruktiv verläuft

1. e Auseinandersetzung, -en
   _____
   (sich auseinander setzen mit etw. / jdm.)

2. r Konflikt, -e
   _____
   (im Konflikt stehen mit etwas / jdm.)

3. r Kampf, ⸚e
   _____
   (kämpfen mit jdm. / gegen etwas / jdn.)

4. r Streit
   _____
   (sich streiten mit jdm.)

3 Kombinieren Sie die Substantive aus Übung 2 (1–4) – soweit möglich – mit den folgenden Adjektiven und schreiben Sie jeweils ein Beispiel dazu auf.

heftig
schwer
bewaffnet
offen
schwelend

versteckt
blutig
argumentativ
friedlich
…

4 Ordnen Sie die unten stehenden Verben und verbalen Wendungen den Bedeutungsgruppen „Entstehung" bzw. „Beendigung" eines Konfliktes zu; die sich nicht zuordnen lassen, können Sie in die Mitte schreiben.

beenden, auslösen, regeln, eine Lösung anstreben, hervorbringen, zu (+D) führen, suchen, hervorrufen, ausbrechen, eskalieren, eine Übereinkunft erzielen, verzögern, lösen, schlichten, austragen, Frieden stiften (zwischen den Konfliktparteien), sich heraushalten aus (+D), eingreifen in (+A), verlaufen, vermitteln in (+D) …

Entstehung	Konflikt	Beendigung

Leseverstehen

5 Der folgende Text handelt von „Mediation", das ist ein Fachausdruck der Psychologie und bedeutet „Vermittlung in Konfliktsituationen". Bevor Sie sich genauer mit dem Text beschäftigen, klären Sie zuerst die Bedeutung der folgenden Begriffe, die für das Textverständnis wichtig sind.

e Konfliktregelung, -en
r Streitfall, ⸚e
r Kontrahent, -en
e Konfliktbewältigung, -en

e Übereinkunft, ⸚e
e Vereinbarung, -en
r Ausweg, -e
r Kompromiss, -e …

6 Der Text *Mediation: Wenn zwei sich streiten...* hat eine sehr klare, schnell erkennbare Struktur. Sie besteht aus diesen Teilthemen:

1 Positive Erfahrungen mit Mediation
2 Mediation hat eine lange Geschichte
3 Die Entstehung der Mediation
4 Mediation bei Umweltkonflikten
5 Kooperative Problemlösungen in der Wirtschaft
6 Die Ziele der Mediation
7 Anwendungsbereiche der Mediation
8 Skepsis bei Fachleuten
9 Der „Kummerlöser" als Schulexperiment
   (r Kummer = die Sorgen, die Probleme)

Versuchen Sie zunächst (ohne den Text dabei zu lesen!) die obigen Teilthemen in die folgende Gliederung umzusetzen:

1. _____
2. _____
3. _____

4. _____
4.1 _____
4.2 _____
4.3 _____

5. _____
6. _____

1	Leseverstehen
2–4	Wortschatz
5–8	Leseverstehen
9	Bildbeschreibung
10–14	Redemittel
15	Sprechen
16–18	Redemittel
19	Schreiben

7   Lesen Sie den Text nun kursorisch, d. h., überprüfen Sie „Ihre" Gliederung mit der des Textes.

Cornelia Eybisch

Mediation: Wenn zwei sich streiten ...

Was bei Konflikten in Familie, Schule und Beruf, in der Wirtschaft und in der Politik herauskommt, ist oft alles andere als eine intelligente, befriedigende Lösung. Die herkömmlichen Methoden der Konfliktregelung versagen häufig. Wenn Paare, Richter, Lehrer und Politiker nicht mehr weiter wissen, soll in immer mehr Streitfällen Mediation den Weg aus der Sackgasse weisen.

A   Konflikte kosten Zeit, Geld und Nerven. Sie sind unangenehm und belasten Beziehungen. Doch Konflikte nutzen auch, sie zeigen, wo Veränderungen notwendig sind ... Aber nicht immer stehen Kosten und Nutzen von Konflikten in einem vernünftigen Verhältnis zueinander. Oftmals bleibt unterm Strich für beide Kontrahenten ein dickes Minus. Ob es sich um Kinder auf dem Schulhof oder Politiker vor laufender Kamera handelt – die Mechanismen, die einen Konflikt destruktiv verlaufen lassen, sind meist die gleichen. Diese destruktiven Mechanismen zu identifizieren, auszuschalten und andere dafür in Gang zu setzen, bei denen eine befriedigende Lösung herauskommen kann, das ist das Ziel der Mediation.

B   Mediation ist keine neue Erfindung. Vermutlich ist sie sogar eine der ältesten Formen der Konfliktbewältigung überhaupt, die die menschliche Zivilisation hervorgebracht hat. Ob sich nun die Mutter in den Streit zwischen den Sprösslingen einschaltet oder ob der Barmann im letzten Moment eine Schlägerei unter zwei Hitzköpfen unterbindet, die meisten Definitionen stimmen dahingehend überein, dass überall dort, wo eine dritte, unbeteiligte Partei den Streitenden hilft eine Übereinkunft zu finden, Mediation stattfindet.

Die meisten Erfahrungen mit der Mediation wurden bisher in den USA gesammelt. Etwa Mitte der 60er Jahre setzte dort so etwas wie eine „stille Revolution" der Konfliktbearbeitung ein. Die vielen Streitfälle, die von den Gerichten nicht mehr bewältigt werden können, sollten nun von den Beteiligten selbst beigelegt werden. 1964 wurde der *Community Relations Service* gegründet um in Rassenkonflikten Frieden zu stiften, Nachbarschaftszentren entstanden, die Scheidungsmediation wurde entwickelt. Immer öfter wurden Umweltkonflikte am runden Tisch entschieden – übrigens auch in Kanada und Japan ... In Deutschland wurde die neue Konfliktregelungstechnik etwa Mitte der 80er Jahre bekannt, zunächst im Bereich der Trennungs- und Scheidungsberatung ... Mittlerweile gibt es in Deutschland mehrere Vereine und Institutionen, die Psychologen, Sozialarbeiter und Rechtsanwälte zum Mediator fortbilden ...   C

Bei der Umweltmediation geht es um Altlasten, Müllbeseitigung, Verkehrsplanung, Luftverschmutzung und Naturschutz. Wie es dazu kommt, dass Ministerien oder Kommunen den Auftrag dazu geben, erklärt Frank Claus vom Dortmunder Institut für Kommunikation und Umwelt: „Manchmal haben ihnen Bürger bereits derartigen Druck gemacht, dass sie diesen Weg als einzigen   D

Ausweg aus der Krise sehen". Denn der Druck, den Bürger machen können, kommt die Städte und Kommunen oft teuer zu stehen. In vielen Fällen setzt er nämlich erst dann ein, wenn es fast schon zu spät ist: Wenn ein Planungsverfahren abgeschlossen und die Baukräne auf dem Wege sind, hat ein Vorhaben schon eine Menge Geld gekostet, das dann möglicherweise in den Sand gesetzt ist. Manche Behörden sind deshalb dazu übergegangen, von vornherein alle potentiellen Konfliktpartner aufzusuchen und sie in Form einer Bürgerbeteiligung in die Planung mit einzubeziehen ...

E Konzerne versuchen vereinzelt, durch Wirtschaftsmediation kooperative Problemlösungen zu finden. So hat die (Chemie-)Firma Hoechst mit Anwohnern und dem Ökoinstitut einen Kompromiss über die Produktion des Herbizids Basta ausgehandelt. Zwischen der Berliner (Chemiefirma) Schering AG und Tierversuchsgegnern vermittelte die Evangelische Akademie Loccum.

F Auch an Schulen wird das Mediationskonzept inzwischen erprobt. An der Wiesbadener Integrierten Gesamtschule Kastellstraße ist unter der Leitung des Lehrers Peter Held die Instanz „Kummerlöser" eingerichtet worden, die sich aus Schülervertretern und Lehrern zusammensetzt. Wann immer es Konflikte unter Schülern und Lehrern gibt, können die Kummerlöser in die Klasse gerufen werden. Diese hören sich dann das Problem von beiden Seiten an und versuchen zu vermitteln. Schwierigkeiten, die sonst unter den Teppich gekehrt worden wären, werden hier ernst genommen. Wenn die Schüler finden, dass der Lehrer die Noten nicht ausführlich genug besprochen hat, kann der nicht mehr einfach darüber hinweggehen, sondern muss sich der Kritik stellen ...

Was aber kommt bei all den Mediationsversuchen heraus? Können die gefundenen Lösungen dem Vergleich mit herkömmlichen Regelungen, insbesondere mit Gerichtsurteilen, standhalten? Der amerikanische Psychologe Michael Wessels ... ist der Ansicht, dass Mediationen in vielen Fällen zwar ein geeignetes Mittel zur konstruktiven Konfliktlösung darstellen, aber dass Mediationen einen Konflikt auch verschlimmern können, wenn sie misslingen. Wenn sich eine Konfliktpartei nur aus taktischen Erwägungen auf das Verfahren einlässt, können der Gegenseite außerdem massive Nachteile entstehen: Jeder muss damit rechnen, dass ihm aus Informationen, die er „auf Vorschuss" gegeben hat, hinterher ein Strick gedreht wird. Die Zeit, die mit Scheinverhandlungen vergeudet wurde, kann dem Gegner den entscheidenden Vorsprung verschaffen ...

H Für die Sozialpsychologen Kenneth Kressells und Dean G. Pruitt ... sprechen allerdings viele Befunde für die alternative Vorgehensweise: Personen, die selbst eine Mediation mitgemacht haben, äußern sich zu 75 Prozent zufrieden über das Ergebnis. Die Lösungen werden im Vergleich zu gerichtlichen Entscheidungen als befriedigender erlebt. Nachbarn, Scheidungspaare und Geschäftsleute halten sich eher an Vereinbarungen, die sie in einer Mediation selbst ausgehandelt haben, als an eine richterliche Anweisung. Auch die Ergebnisse selbst sehen anders aus. Die Vermittlung produziert mehr Kompromisslösungen und weniger Alles-oder-Nichts-Entscheidungen ...

aus: Psychologie heute

G
	1	Leseverstehen
	2–4	Wortschatz
	5–8	Leseverstehen
	9	Bildbeschreibung
	10–14	Redemittel
	15	Sprechen
	16–18	Redemittel
	19	Schreiben

8 a) „Schlüsselwörter" sind Begriffe, die – Ihrer Meinung nach – für das Verständnis eines Textabschnitts entscheidend sind. Sie sollten jeweils die *neue* Information wiedergeben, die ein Abschnitt enthält.

Lesen Sie den Text nun noch einmal Abschnitt für Abschnitt. Für die Abschnitte A–D finden Sie unten einige Begriffe: Welche davon sind „Schlüsselwörter" (bitte umkreisen)? Wenn wichtige Schlüsselwörter fehlen, ergänzen Sie sie bitte.

A Konflikte   Nerven   Veränderungen   Kontrahenten   Politiker   destruktiv   Lösung   Mediation   …

B neu   älteste Form   menschlich   Schlägerei   Definition   dritte Partei   Übereinkunft   …

C USA   Streitfälle   Gerichte   Beteiligte   Scheidung   Umwelt   Kanada   Japan   Deutschland   …

D Umweltmediation   Luftverschmutzung   Bürger   fast zu spät   Geld   Weg   Behörden   Planung   …

Notieren Sie nun für die Abschnitte E–H Ihre eigenen Schlüsselwörter.

E _____

F _____

G _____

H _____

Halten Sie pro Abschnitt 3–5 Schlüsselwörter an der Tafel oder auf einem separaten Blatt fest.

b) Verarbeiten Sie Ihre Schlüsselwörter zu jeweils 1–2 Sätzen, die den Inhalt eines Textabschnittes wiedergeben.

c) Was halten Sie von „Mediation"? Welche Situationen, in denen Mediation möglich oder sinnvoll wäre, könnten Sie nennen? Wie schätzen Sie jeweils die Erfolgschancen eines Mediators ein?

8 Gordische Knoten

1	Leseverstehen
2–4	Wortschatz
5–8	Leseverstehen
9	Bildbeschreibung
10–14	Redemittel
15	Sprechen
16–18	Redemittel
19	Schreiben

Bildbeschreibung

9 Legen Sie zuerst eine Betrachtungspause ein und machen Sie sich dann Notizen zu einem der beiden Bilder. Hinweise:

Bild 1: (Dieses Photo ist auf der Titelseite einer großen deutschen Tageszeitung erschienen. Bei dem Gegenstand, den die junge Frau in der Hand hält, handelt es sich um eine Handgranate.)

Bild 2: e Demonstration, -en   r(e) Demonstrant, -en (-in, -innen)
den Weg blockieren   e Sitzblockade, -n
sich jemandem in den Weg stellen   …

Das Bild
a) Beschreiben Sie, was auf dem Bild zu sehen ist.

Das Thema
b) Geben Sie Ihrem Bild eine Überschrift, mit der Sie ein Thema ansprechen.

Das Bild und ich
c) Welche persönlichen Ansichten oder Vergleiche könnten Sie zu diesem Bild einbringen?

Zusammenhänge
d) Gibt es Zusammenhänge zwischen den beiden Bildern? Wenn ja, worin bestehen sie?

Redemittel

10 Gesprächssteuerung

Ordnen Sie den Abschnitten 1–8 des Redemittelkatalogs in Übung 11 eine dieser Überschriften zu.

ein Gespräch eröffnen
zum Ende kommen
etwas richtig stellen
eine Störung abwehren
nachfragen
sich beziehen auf einen anderen
jemanden unterbrechen
etwas ankündigen

11 1 _____ :

Es geht (uns) (hier) um ... / Unser Thema ist ... / Wir wollen hier folgende Punkte besprechen: ... / Wir wollen uns mit der Frage beschäftigen, ... / ...

2 _____ :

Ich möchte noch einmal nachfragen: Was verstehen Sie genau unter ... ? / Ich wüsste gern, ... / Sie haben eben gesagt, dass ... Was ... ? / Sie meinen also, dass ... Habe ich das so richtig verstanden? / ...

8 Gordische Knoten

1	Leseverstehen
2–4	Wortschatz
5–8	Leseverstehen
9	Bildbeschreibung
10–14	Redemittel
15	Sprechen
16–18	Redemittel
19	Schreiben

3 _____:

Ich komme auf das zurück, was vorhin schon einmal erwähnt wurde, nämlich … / Jetzt komme ich zu Herrn X: … / Was würden Sie denn sagen, wenn … / Noch einmal zu Ihrer These zurück: … / Doch zurück zu der Frage, ob … / …

4 _____:

Das Entscheidende ist: … / Und ich sage jetzt gleich etwas ganz Entscheidendes: … / Ich sage jetzt noch etwas ganz Wichtiges: … / … – und darauf kommt es mir an: … / Ich komme jetzt zur zweiten Frage: … / …

5 _____:

Vielleicht habe ich mich nicht klar genug ausgedrückt. / Da haben Sie mich wahrscheinlich missverstanden. / Das habe ich nicht gemeint. / Das habe ich so nicht gesagt. / …

6 _____:

Nur ganz kurz dazu: … / Moment, bitte: … / Gestatten Sie mir (noch) eine kurze Frage: … / Darf ich ganz kurz dazu etwas anmerken: … / …

7 _____:

Moment (noch), bitte! / Einen Augenblick, bitte! / Lassen Sie mich bitte ausreden. / Lassen Sie mich bitte meinen Punkt zu Ende bringen. / Jetzt hören Sie doch bitte zu. / Lassen Sie mich das noch erklären. / Jetzt müssen Sie mir einfach mal zuhören. / Wenn ich diesen Satz noch sagen darf: … / …

8 _____:

Ich würde jetzt gern einmal zusammenfassen. / Ich fasse das jetzt einmal zusammen: … / Wenn ich das einmal zusammenfassen dürfte: … / Ziehen wir das Fazit aus dem Gesagten: … / Eine Einigung, wie ich sehe, ist (nicht) in Sicht. / Wir sollten (jetzt, langsam) zum Ende kommen. / Wir müssen nun langsam zum Ende unserer Diskussion kommen. / Sind wir uns da einig? / Unsere Zeit ist leider um … / Ich fürchte, uns bleibt jetzt nur noch eine Viertelstunde Zeit, um… / …

12 Lesen Sie den Redemittelkatalog nun einmal ganz durch und markieren Sie dabei jene Wendungen, die Sie lernen möchten (z. B. weil sie für Sie neu sind, weil Sie sie schon gehört haben, weil Sie sie aus irgendeinem Grund nützlich finden usw.). Beschränken Sie sich pro Abschnitt zunächst auf 1–2 Wendungen.

13 Setzen Sie in die folgenden Gesprächssequenzen Redemittel zur Gesprächssteuerung ein.

a) A: Also, diesen Punkt hätten wir damit ja wohl geklärt. Können wir nun …

B: _____
(*unterbricht*) (*fragt nach*)

A: Ja, bitte!

B: Also: _____

A: Ja, so war das gemeint …

b) A: Ich möchte noch ein weiteres Beispiel anführen.

B: Darf ich ganz kurz dazu …

A: _____!
(*wehrt ab*)

B: _____

…

c) A: (*bezieht sich auf seinen Vorredner*) (*fragt nach, ob B das Problem Nr. 2 wichtiger findet als das Problem Nr. 1*)

B: (*stellt richtig, dass er sich eigentlich für das Problem Nr. 3 interessiert*) (*will ein Beispiel geben*)

A: (*unterbricht*)

B: (*wehrt ab*) …

14 Wiederholung: Ergänzen Sie die angefangenen Wörter und Buchstaben. Sie können ggf. in Übung 11 im Redemittelkatalog nachsehen, wie es heißen muss.

1	Leseverstehen
2–4	Wortschatz
5–8	Leseverstehen
9	Bildbeschreibung
10–14	Redemittel
15	Sprechen
16–18	Redemittel
19	Schreiben

1. Vielleicht habe ich mich nicht k_____ g_____

   a_____ .

2. H_____ ich das s_____ r_____

   v_____ ?

3. D_____ ich g_____ k_____

   da_____ et_____ an_____ ?

4. L_____ Sie mich bitte m_____ Pu_____

   zu E_____ br_____ .

5. Wenn ich das einmal z_____ d_____ …

6. S_____ wir uns d_____ ei_____ ?

7. Unsere Zeit ist l_____ um …

8. … und dar_____ ko_____ es m_____

   a_____ : …

   …

Sprechen

15 *Eine Rätsel- und Kooperationsaufgabe:* Ein Flugzeug wird auf dem Flug von Hawaii nach Singapur entführt. Ihre Aufgabe besteht darin, herauszufinden, welche von den verdächtigen Personen, die von der Polizei aufgegriffen wurden, die Entführerin war.

– Jede(r) von Ihnen erhält eine Informationskarte (Kopiervorlage für die Lehrperson auf Seite 154). Geben Sie Ihre Karte nicht aus der Hand (kein Einblick für Fremde)!

– Setzen Sie sich ein Zeitlimit und tauschen Sie nun Ihre Informationen aus ...

– Diskutieren Sie dabei eine effektive Strategie zur Lösung Ihres Problems.

Flugzeugentführung aus: Herbert Gudjons, Spielbuch Interaktionserziehung

Das Flugzeug wurde am Abend des 14. August entführt.	Dem Flugkapitän wurde befohlen, über die Insel Fani zu fliegen, wo die Entführerin mitten in der Nacht mit dem Fallschirm absprang.	Zwei Tage nach der Entführung machte die Polizei von Fani fünf Amerikanerinnen ausfindig, auf die die Beschreibung von der Entführerin in einigen Aspekten passte.
Anni Murkel interessiert sich sehr für die religiösen Feste der Inselbewohner Fanis.	Lisa Lange ist eine Archäologin, die glaubt, dass menschliches Leben erstmals auf der Fani-Insel entstanden ist, und sucht nach Beweisen.	Bettina Beng wird in den Vereinigten Staaten gesucht, weil sie 50 Pfund Marihuana verkauft hat.
Anne Dirks hat sich in einen Fani-Insulaner verliebt, als dieser als Student in den Vereinigten Staaten war.	Mechtild Maler ist Bettina Bengs Sekretärin.	Die Archäologin hat schwarzes Haar und braune Augen.
Mechtild Maler ist das erste Mal am 16. August auf der Insel angekommen.	Die Polizei berichtete, dass vor einem Monat eine junge Frau mit einem großen, seltsam aussehenden Hund in einem Segelboot auf der Insel ankam. Dieses Boot hat sie von San Francisco dorthin gesteuert.	Als die Polizei Lisa Lange fand, löste sie einen Fallschirm vom Baum.
Das Mädchen, das sich in den Fani-Insulaner verliebt hat, besitzt einen Mischlingsrüden zwischen Schäferhund und Collie mit dem Namen Robert.	Die Entführerin hat hellbraunes Haar und blaue Augen.	Die Entführerin war aus einem Krankenhaus in den Vereinigten Staaten geflohen.
Die Schwester von Bettina Beng ist vom Auswärtigen Amt nach Fani geschickt worden und wohnt seit einem Jahr dort.	Die Schwester der Entwicklungshelferin und ihre Sekretärin sind von den Philippinen per Boot auf die Insel gekommen.	

Redemittel

16 Missverständnisse

Das Missverständnis als Normalfall: Nehmen wir an, Sie sprechen mit einer anderen Person und befinden sich dabei jeweils in einer der angegebenen Situationen. Welche der folgenden Redemittel können Sie in welcher Situation verwenden?

1	Leseverstehen
2–4	Wortschatz
5–8	Leseverstehen
9	Bildbeschreibung
10–14	Redemittel
15	Sprechen
16–18	Redemittel
19	Schreiben

Situation 1: Ich will nicht, dass mich der andere missversteht.	*Situation 2:* Ich habe das Gefühl, dass der andere mich missversteht.	*Situation 3:* Ganz klar: Der andere hat mich missverstanden.

1 Ich fürchte, es handelt sich hier um ein Missverständnis.
2 Bitte missverstehen Sie mich nicht, aber ...
3 Wir möchten uns für dieses Missverständnis entschuldigen.
4 Um jedes Missverständnis im Voraus zu vermeiden, ...
5 Ich glaube, ich muss ein Missverständnis ausräumen.
6 Wir bedauern dieses Missverständnis.
7 Ich würde gerne ein Missverständnis ausräumen.
8 Ich bin nicht sicher, ob ich Sie vielleicht missverstanden habe.
9 Es könnte sein, dass Sie mich missverstanden haben.
10 Ich möchte nicht, dass hier eventuell ein Missverständnis entsteht, und deswegen ...
11 Es könnte sein, dass hier ein Missverständnis geklärt werden muss. ...

17 a) Notieren Sie, mit welchen Verben das Wort *Missverständnis* in der Redemittelliste in Übung 16 gebraucht wurde.

_____

_____

b) Setzen Sie diese Verben passend in die Lücken ein:

Wer sich noch nie für ein Missverständnis _____ (1) musste, versteht es eben, Missverständnisse zu _____ (2). Andererseits: Was kann ich dafür, wenn bei meinem Gesprächspartner ein Missverständnis _____ (3)? Ich kann es _____ (4), damit wieder Klarheit besteht, aber um ein Missverständnis zu _____ (5), muss ich mir schon einer Schuld bewusst sein – oder wie sehen Sie das?

18 Die beiden folgenden vermutlich wahren Anekdoten veranschaulichen pointiert, wie es zu Missverständnissen kommen kann und verdeutlichen zugleich die Schwierigkeiten interkultureller Kommunikation.

A In einem Klub einer südamerikanischen Stadt muss ein Terrassengeländer erhöht werden, weil immer wieder Besucher des Klubs mit einem Cocktailglas in der Hand über das Geländer stürzen. Der Grund: Es ist landesüblich, im persönlichen Gespräch nahe an den Gesprächspartner heranzudrängen, ihn an Armen und Schultern zu berühren und ständig nachzurücken. Bei den Besuchern handelt es sich jedoch um Nordamerikaner oder Nordeuropäer, die an solche Verhaltensweisen nicht gewöhnt sind. Sie weichen so lange zurück, bis sie rückwärts über das niedrige Geländer stürzen.

B Ein Staatspräsident hält irgendwo im Ausland eine Rede. Es gibt wenig Applaus, niemand ist so recht begeistert und der Präsident ist irritiert. Es folgt eine Rede in der Landessprache, die fast nach jedem Abschnitt heftigen Applaus erhält. Der Präsident sieht sich – obwohl er nichts versteht – genötigt stets als Erster zu klatschen, bis sich sein Botschafter herüberbeugt und sagt: „An Ihrer Stelle würde ich das nicht tun. Es ist der Dolmetscher. Er hält Ihre Rede."

(nach: K. Knapp, Schwarz ist weiß, ja heißt nein)

Klären Sie, worin die Missverständnisse bestehen. Was kann man ganz allgemein tun um Missverständnisse zu vermeiden? Sind Missverständnisse etwas grundsätzlich Negatives oder haben sie auch positive Seiten?
…

1	Leseverstehen
2–4	Wortschatz
5–8	Leseverstehen
9	Bildbeschreibung
10–14	Redemittel
15	Sprechen
16–18	Redemittel
19	Schreiben

Schreiben

19 Biergärten sind vielerorts, u. a. in Süddeutschland, beliebte Orte für ein geselliges Zusammentreffen in der Freizeit. Soll man etwa, bei schönem Wetter, sein Bier in einer verräucherten Kneipe trinken? Problematisch wird dieses Vergnügen jedoch für diejenigen, die in unmittelbarer Nähe ihr Zuhause haben: Autolärm bis spät in die Nacht, laute Stimmen, Gesang, das lebhafte Treiben besonders am Wochenende, der fehlende Nachtschlaf („Papa, ich kann nicht einschlafen …") – wer mag das tolerieren?

Planen
Nehmen wir an, Sie bereiten sich auf eine Bürgerversammlung vor, wo das „Biergarten-Problem" mit Anwohnern und Wirt diskutiert werden soll. Erarbeiten Sie einen Diskussionsbeitrag für diese Versammlung, der auch einen Vorschlag zur Lösung des Problems enthält.

Sammeln Sie zunächst Gesichtspunkte, die für und gegen den Biergartenbetrieb sprechen.

Formulieren
Arbeiten Sie Ihren Diskussionsbeitrag schriftlich aus (unabhängig davon, dass er natürlich mündlich – in gesprochener Sprache – gehalten wird). Verwenden Sie dabei die nachstehenden Formulierungshilfen:

r Gesichtspunkt, -e: einen Gesichtspunkt nennen / anführen / sehen / nicht vergessen …
r Aspekt, -e: ein Problem hat viele Aspekte
etwas (einen Gesichtspunkt, ein Argument) in Betracht ziehen
einen Vorschlag machen / einbringen …

Überarbeiten
Überarbeiten Sie Ihren Entwurf mit einem Lernpartner oder einer Lernpartnerin.

1–4	Wortschatz
5–8	Redemittel
9–10	Sprechen
11–16	Leseverstehen
17	Redemittel
18–19	Schreiben

Durch die Programme

Wortschatz

1 Was meinen Sie, wenn Sie von den „Medien" sprechen? Erstellen Sie aus den folgenden und ggf. weiteren Begriffen eine Mindmap „Medien" (wie man dabei vorgeht, wird u. a. in Kapitel 2 dieses Buches erklärt).

s Fernsehen   die Printmedien   s Kabelfernsehen
s Flugblatt, ¨er   r CD-Player, -   e Wochenzeitung, -en
r Walkman, -   s Satellitenfernsehen   r Plattenspieler, -
e Satellitenschüssel, -n   e Illustrierte, -n   s Jahrbuch, ¨er
r Kassettenrekorder, -   e Zeitung, -en   e Zeitschrift, -en
s Pay-TV*   s Buch, ¨er   der Hörfunk
s Nachrichtenmagazin, -e   s Boulevardblatt, ¨er
e Unterhaltungselektronik   r Rundfunk   r Videorekorder, -
e CD, -s   e Schallplatte, -n   e Broschüre, -n
e Tageszeitung, -en   s Video, -s   …

* TV-Programm das kodiert ausgestrahlt wird; für den Decoder bezahlt man eine (monatliche) Gebühr

2 Nehmen wir an: Sie befinden sich in einem Land, dessen Sprache Sie gerade lernen. Dort, wo Sie wohnen, haben Sie die Möglichkeit Fernsehprogramme zu jeder Tages- und Nachtzeit zu sehen. Was für Sendungen sind nach Ihrer Meinung geeignet, möglichst viel über die Sprache des Landes, aber auch über die Lebenswirklichkeit und die Kultur kennen zu lernen?

Wählen Sie aus den angegebenen Sendungen drei aus. Notieren Sie, aus welchem Grund sich gerade diese Sendungen für den genannten Zweck besonders eignen und tauschen Sie Ihre Meinungen dazu in der Lerngruppe aus.

e Nachrichtensendung, -en   e Talk-Show, -s
r Spielfilm, -e   s Fernsehspiel, -e
e Show, -s   r Dokumentarfilm, -e
r Werbespot, -s   s Konzert, -e
e Serie, -n   e Unterhaltungssendung, -en
e Magazinsendung, -en   e Sportschau, -en
e Diskussionssendung, -en   …
s Kinderprogramm, -e

9 Durch die Programme

3 Notieren Sie zu der Spalte *Wer / Was* passende Tätigkeiten aus dem Kasten; es gibt unterschiedliche Möglichkeiten der Zuordnung – diskutieren Sie diese gegebenenfalls gemeinsam.

Wer (Was)		Tätigkeiten
r Journalist, -en	1	
r Interviewer, -	2	
r Moderator, -en	3	
r Studiogast, ⁝e	4	
r Kameramann, ⁝er	5	
r Schauspieler, -	6	
r Reporter, -	7	
r Nachrichtensprecher, -	8	
r Ansager, -	9	
r Auslandskorrespondent, -en	10	
r Darsteller, -	11	
r Talkmaster, -	12	
r Quizmaster, -	13	
r Redakteur, -e	14	
r Regisseur, -e	15	
r Star, -s	16	
r Produzent, -en	17	
r Drehbuchautor, -en	18	
↓		
r Fernsehsender, -	19	
e Fernsehanstalt, -en	20	
↓		
r Fernseher, -		
r Fernsehapparat, -e		
s Fernsehgerät, -e		
↑		
r Zuschauer, -	21	
s Fernsehen	22	

Fragen stellen, recherchieren, drehen, in einer Sendung auftreten, ein Interview führen / geben, etwas ansagen, aus einer Stadt / einem Land berichten, in einem Film eine Rolle spielen, Gäste begrüßen, eine Sendung moderieren, eine Diskussion führen / moderieren, fernsehen, eine Sendung sehen, das Publikum unterhalten, verantwortlich sein für eine Sendung, eine Sendung ausstrahlen, einen Film drehen, Nachrichten verlesen, ein Fußballspiel live übertragen, eine Sendung einschalten, umschalten auf einen anderen Sender, sich durch die Programme zappen*, das Drehbuch schreiben …

9 Durch die Programme

4 Wenden Sie die Wörter aus Übung 3 nochmals an. Setzen Sie die Nomen oder Verben (in der richtigen Zeit- und Personalform) in den Text ein.

1–4	Wortschatz
5–8	Redemittel
9–10	Sprechen
11–16	Leseverstehen
17	Redemittel
18–19	Schreiben

Freitagabend: Nichts Vernünftiges im _____ (1). Der Mann mit der Krawatte hat die Nachrichten _____ (2), die Ansagerin hat _____ (3), der Spielfilm hat begonnen. Ein uralter Schinken, _____ (4) vor etlichen Jahren. Berühmte Schauspieler, damals noch jung, _____ (5) die Hauptrollen. Es wäre das vierte Mal, dass ich ihn sehe. Und auf den anderen Kanälen? Ich _____ (6) mich so durch die Programme: hier wird ein Fußballspiel _____ (7), dort werden Gäste _____ (8), anderswo wird eine Diskussion _____ (9), schließlich das Naturmagazin, das heute von Giraffen _____ (10), nicht zu vergessen die 267. Folge der *Lindenstraße*, oder ist es die 266.? Noch ein paar Mal _____ (11) ich auf einen anderen Sender _____ (12), da klingelt das Telefon – die Müllers sind dran. Sie haben eine neue Satellitenschüssel, wissen aber nicht, wie man sie richtig anschließt. Ob wir …?

Redemittel

5 Diskussion I

a) Nachfolgend finden Sie einige fiktive Statements. Schreiben Sie zu jedem mindestens einen kommentierenden Satz. Verwenden Sie dazu Redemittel aus dem „Meinungspingpong II" (in Kapitel 7 dieses Buches).

1. „Werbespots sind zwar auf die Dauer nervtötend, aber mitunter witzig."
2. „Ich hasse Serien."
3. „Ein Talkmaster sollte auch selbst mitdiskutieren."
4. „Es ist besser, wenn Fernsehsender nicht von Privatfirmen, sondern vom Staat betrieben werden."

*zappen – vom englischen *to zap* abgeleitet, in der Bedeutung: mit der Fernbedienung zwischen den Sendern hin- und herspringen, ohne etwas anzuschauen

5. „Das Wichtigste bei einem Film ist die Besetzung mit guten Schauspielern."
6. „Auslandskorrespondent: Das wäre mein Traumjob gewesen."
7. „Gute Leistung muss auch gut bezahlt werden: Filmstars erhalten zu Recht hohe Gagen."
8. „Schöne Menschen in großen Autos vor teuren Villen: Das Fernsehen trägt massiv zur Verfälschung der Wirklichkeit bei."
9. „Im Durchschnitt 70 Fernsehmorde pro Tag sind genau 70 zu viel."
10. „Jeder Haushalt braucht eigentlich drei Fernsehgeräte: im Wohnzimmer, im Schlafzimmer, im Kinderzimmer."
11. „Wenn ein Film hohe Einschaltquoten erhält, muss er noch lange nicht künstlerisch wertvoll sein. Unterhaltungssendungen können auch niveauvoll sein."
12. „Was spricht dagegen, wenn das Fernsehen auch bei Naturkatastrophen, Geiseldramen usw. live dabei ist?"
13. „Kinder können beim Fernsehen Realität und Fiktion nicht mehr voneinander unterscheiden."
14. „Das Radioprogramm ist eindeutig besser als das Fernsehprogramm."
...

b) Diskutieren Sie Ihre Kommentare in der Lerngruppe.

6 Übertragen Sie nun thematisch wichtigen Wortschatz aus der vorhergehenden Übung in Ihr Wörterheft.

7 Diskussion II

Stellen Sie jetzt absolute Ruhe in Ihrem Klassenraum her!!! Man sollte das Geräusch eines vom Tisch heruntersegelnden Papiers hören können...

– Lesen Sie nun das folgende Zitat einer Lehrerin, die im Norden Kanadas bei den Inuit (Eskimos) unterrichtet.

„Dort oben im Norden lernst du hören. Es ist so still, dass du unbedingt etwas Hörbares entdecken willst. Dadurch hörst du immer tiefer in die Stille hinein. Alle machen das, die da oben leben. Deshalb sind sie so anders. Die Kinder lernen doppelt so schnell wie Stadtkinder. Sie hören einfach zu. Sie machen das, als ob sie spielten. Ich glaube, es hängt auch mit dem Zuhören-Können zusammen, dass die Menschen dort oben ein so gutes Gedächtnis haben. Sie speichern nicht bloß, was sie hören. Das Gehörte lebt in ihnen. Es lebt immer weiter."

zitiert bei: Joachim-Ernst Behrendt, Hör mal!
in: Psychologie heute

Wie sehen Sie diese Problematik? Klären Sie, welche Standpunkte hierzu in Ihrer Lerngruppe vertreten werden.

1–4	Wortschatz
5–8	Redemittel
9–10	Sprechen
11–16	Leseverstehen
17	Redemittel
18–19	Schreiben

8   Schreiben Sie einen kurzen Kommentar zu einem Thema aus der Welt der Medien, z. B.: *Das Fernsehen ist ein Stück Freiheit – Das Fernsehen ist ein Diktator – ...*

Sprechen

9   Sehen Sie sich die „Zettelwand" mit den folgenden Themen an. Verarbeiten Sie eines davon zu einem dreiminütigen Kurzvortrag, den Sie frei halten sollten.

Fernsehserien	Teleshopping	Fernsehsucht	Schauspieler werden?	Der Wetterbericht
Den Fernseher abschaffen!	Gewalt im Fernsehen	Meine Lieblingssendung	Was ist ein „guter" Krimi?	?

10 a) Stellen Sie sich eine Zeitung mit ausschließlich positiven Nachrichten (ohne Morde, Umweltkatastrophen, Verkehrsunfälle und dergleichen) vor – würde ein solches Unternehmen Ihrer Meinung nach wirtschaftlich überleben? Auf was für Nachrichten könnten Sie persönlich (nicht) verzichten?

b) **Redaktionskonferenz**

Nehmen wir an, wir befänden uns im Studio eines überregionalen Rundfunksenders: Es ist 16.23 Uhr. Die Redakteure des *Abendmagazins* besprechen den Inhalt der heutigen Sendung. Eile ist geboten, da die Sendung um 17.00 Uhr beginnt. Die letzten Beiträge sind eben hereingekommen. Die Kollegin Molheimer hat aus der Pressekonferenz des Innenministers telefoniert; vielleicht kann sie ihren Zweieinhalb-Minuten-Beitrag noch bringen, vielleicht auch erst für die Spätausgabe des *Abendmagazins* um 22.00 Uhr. Sendedauer: 30 Minuten einschließlich der Musik, also höchstens 20 Minuten für Wortbeiträge – sonst bekommt die Redaktion Ärger mit dem Intendanten. Zählt man die Dauer aller vorliegenden Beiträge zusammen, ergibt dies deutlich mehr als 30 Minuten.

Folgende Themen und Zeiten liegen vor:

- Lang erwarteter Rücktritt des Verkehrsministers heute erfolgt (4")
- Kind abgestürzt beim Versuch eine Katze aus einem Baum zu retten (2"30)
- Hitzewelle im Süden: Das Trinkwasser wird knapp (1"20)
- Arbeitskampf im lokalen Chemiewerk (3"15)
- Stiftung „Lesen" beklagt Verfall der Lesekultur (1"30)
- Im Nachbarland droht eine Ölpest (2"15)
- Außenminister trifft Kollegen aus den Nachbarländern (2"30)
- Aus dem Alltag eines Sozialarbeiters mit Drogenabhängigen (4"30)
- Ein neuer Supercomputer in Dienst gestellt (3"15)
- Jahrespressekonferenz der Vereinigung der Umweltschutzverbände (3"30)
- Stau auf der A 34 beschäftigt die Autobahnpolizei (2"30)
- Oppositionsführer erkrankt (2"30)

Ihre Aufgaben:
1. Einzelarbeit: Stellen Sie eine Liste jener Themen auf, die Sie in der Sendung unterbringen wollen und zeitlich unterbringen können. Bereiten Sie sich darauf vor, Ihre Vorschläge mit guten Argumenten zu verteidigen.
2. Partnerarbeit: Stellen Sie eine gemeinsame Liste auf; beachten Sie das Zeitlimit und versuchen Sie unter allen Umständen, einen größtmöglichen Konsens zu finden.
3. Bilden Sie 4er-Gruppen und gehen Sie vor wie in Schritt 2.
4. Bilden Sie 8er-Gruppen und gehen Sie vor wie in Schritt 2.
5. Arbeit im Plenum.

Leseverstehen

11 Lesen Sie zwei Filmkritiken zu einem Film.

a) **Die Story**

Beim ersten, selektiven Lesen können Sie aus beiden Texten die Handlung des Films rekonstruieren. Übertragen Sie dazu die Tabelle in Ihr Heft und ergänzen Sie sie.

9 Durch die Programme

Wer?	Wann? Was?	Wo?		
Sophie, Konrad	1961: Fluchtversuch …	Ost-Berlin	1–4	Wortschatz
			5–8	Redemittel
			9–10	Sprechen
			11–16	Leseverstehen
			17	Redemittel
			18–19	Schreiben

Sophie und Konrad in Prag.
Szenenfoto aus
„Das Versprechen"

Zeitgeschichtlicher Hintergrund / Erläuterungen zu den Texten:

1961	–	Mauerbau: Im Sommer errichtet die DDR eine Mauer durch Berlin und Sperranlagen durch ganz Deutschland.
1968	–	Prag: Einmarsch von Truppen des Warschauer Paktes zur Beendigung des „Prager Frühlings", in dem eine Reformregierung einen „Sozialismus mit menschlichem Antlitz" verwirklichen wollte.
Kreuzberg	–	Westberliner Stadtviertel, früher direkt an der Mauer gelegen.
1989	–	9. November: Öffnung der Mauer, u. a. am Berliner Grenzkontrollpunkt Glienecker Brücke.
1990	–	3. Oktober: Vereinigung Deutschlands durch den Beitritt der DDR zur Bundesrepublik Deutschland.

Das Versprechen

Ein Film von Margarethe von Trotta (1994)

Zwei Filmkritiken

A In ihrem Film erzählt [Margarethe von Trotta] eine berührende Liebesgeschichte, die 1961 in Ost-Berlin kurz nach dem Mauerbau beginnt. Sofia und Konrad wollen mit Freunden durch die Kanalisation in den Westen fliehen, doch Konrad stolpert über seine Schnürsenkel, wird von einem Armeewagen überrascht und bleibt zurück. In knapp 28 Jahren sehen sich die Liebenden nur viermal. Nachdem der gemeinsame Sohn zur Welt gekommen ist, trennen sich ihre Wege wieder. Jeder findet einen anderen Partner. Bis Konrad zu einem Kongress nach Westberlin reisen darf, vergehen Jahre. Beide leben ihr Leben, dennoch kann der Verlust an Gemeinsamkeit ihr Verlangen nicht zerstören. Im Freudentaumel von Ost und West auf der Glienecker Brücke sehen sie sich wieder, über die Distanz hinweg kreuzen sich ihre Blicke, in denen sich Trauer, Wehmut, Hoffnung spiegeln.

Das Versprechen ist ein Glücksfall für den deutschen Film. Nicht nur wegen exzellenter Schauspielerinnen ..., sondern auch wegen der Emotionalität der Geschichte, des aktuellen Zeitbezugs und der in sich geschlossenen Dramaturgie ... Zwar ist die Liebesgeschichte vor dem Hintergrund der deutschen Teilung erfunden, „denn welche Liebe hält so etwas schon aus?", aber gemeinsam mit Drehbuchautor Peter Schneider recherchierte von Trotta die Details: „Bevor wir geschrieben haben, sprachen wir mit unendlich vielen Menschen über ihre Erfahrungen", mit „Wissenschaftlern, Schriftstellern, Pastoren, Dissidenten, vom Staat hundertprozentig Überzeugten." Auch die Ostdeutschen im gemischten Team bestätigten, dass „das Drehbuch sehr gerecht und sehr gut recherchiert sei." Corinna Harfouch: „Für das Buch war ich wirklich dankbar. Es war das beste, das ich zu diesem Thema las, in dem einigermaßen fair erzählt wurde, warum einer geht und warum ein anderer bleibt."

Margret Köhler,
Deutsche Trennung und
individuelles Schicksal

B Der Anfang ist, auf deutsche Art, mitreißend. Ostberlin, Herbst 1961: ein Tanzschuppen, die Band spielt „Rock around the Clock", Konrad (Arian Zollner) und Sophie (Meret Becker) tanzen eng umschlungen, dann sagt Sophie: „Es geht los". Draußen wird ein Gullydeckel abgehoben, Sophie und drei andere Jugendliche steigen hinab in die Kanalisation, die nach Westen führt, Konrad aber zögert, stolpert, bleibt zurück, der Deckel wird zugeschoben, Armeelastwagen donnern vorbei. „Ich komme nach." ... Doch er kommt nie. Dann sieht man Meret Becker im roten Abendkleid auf einer Bank liegen, ihre Haare fallen ins Gesicht, sie weint wie ein Kind. Und Arian Zollner sitzt aufgerichtet in seinem Bett im Armeeschlafsaal, verzweifelt, und horcht in die Nacht. So ist die Liebe Liebenden ein Halt. Aber etwas ist immer zu viel in diesem Film; diesmal, wie später noch oft, ist es die Musik Jürgen Kniepers, die mit Geigengewimmer zerkratzt, was zart und klar auf den Gesichtern liegt. Die stille Klage und der steile Kitsch, sie bilden im *Versprechen* ein inniges Gespann.

Statt aus der DDR zu flüchten, macht Konrad als Physiker Karriere. Endlich, 1968, darf er seinen Professor zu einem Kongress nach Prag begleiten; so sehen die Liebenden sich wieder ... Panzer rollen durch Prag, der sozialistische Frühling ist vorbei, das Liebespaar wird auseinander gerissen. Ein einziges Mal noch darf Sophie, die ein Kind erwartet, nach Ostberlin einreisen, dann schlägt die Staatssicherheit zu. Konrad erhält Reiseverbot und Sophie schreibt einen Abschiedsbrief. Stille.

Eins, zwei, drei, im Sauseschritt eilt die Zeit; der Film eilt mit. Zwölf Jahre später, 1981, ist der gealterte Konrad (August Zirner) berühmt genug, um zu einer Tagung nach Westberlin fahren zu dürfen; Sophie (Corinna Harfouch) lebt mit einem französischen Journalisten zusammen und Konrads Söhnchen Alexander (Christian Herrschmann) spielt mit den Kreuzberger Mauerkindern Fußball. Nun, da der Film von Verwicklungen, Brüchen, Verzögerungen erzählen kann, ist er auf der Höhe seines Gegenstands. Denn eigentlich handelt *Das Versprechen* ja nicht von der großen Liebe, sondern von historischen Vorgängen, von Haupt- und Staatsaktionen, die sich im Privaten spiegeln ... Als Konrad und Sophie sich dann zuletzt, am 9. November 1989, an der Glienecker Brücke wiedersehen, sind sie längst nur noch Stellvertreter ihrer beiden getrennten Welten, irgendeiner und irgendeine, die im gesamtdeutschen Freudentaumel einander in die Arme fallen. Und ihre Liebe ist nur noch ein Wort.

Warum hat Margarethe von Trotta *Das Versprechen* gedreht? Weil sie eine Pflicht empfand, eine Aufgabe, vielleicht eine Schuld. Das ist die beste Voraussetzung für einen mittelmäßigen Film. Aber einen anderen „Mauerfilm" haben wir nicht und wahrscheinlich brauchen wir auch keinen mehr. Der Produzent Eberhard Junkersdorf hat *Das Versprechen* bereits in zwanzig Länder verkauft. So wird Margarethe von Trottas Werk nun der Welt die Geschichte der Mauer erzählen. Es hätte schlimmer kommen können.

Einmal, ein einziges Mal, hat mich dieser Film berührt. Da steht, ganz zum Schluss, eine Frau auf der Glienecker Brücke, eine Passantin, mit traurigem, wie versteinertem Gesicht. „Und Sie – freuen Sie sich denn nicht?" fragt ein aufgeregter Rundfunkreporter und die Frau antwortet: „Für mich kommt es zu spät. Wenn nach dreißig Jahren der Käfig aufgemacht wird, kann man nicht mehr fliegen." Da ahnt man, für einen Moment, was wirklich geschehen ist in den Jahrzehnten vor jenem Novembertag, als die Mauer fiel. Und dass es keinen Trost dafür gibt und kein Verzeihen, weder im Kino noch sonst irgendwo.

Andreas Kilb, Die Zeit

1–4	Wortschatz
5–8	Redemittel
9–10	Sprechen
11–16	Leseverstehen
17	Redemittel
18–19	Schreiben

b) **Das Ende der Geschichte**

Wäre ein anderes denkbar gewesen?
Welches? Welche Variante hätten Sie als Drehbuchautor gewählt?

12 Die Kritik

Lesen Sie nun Text A noch einmal und
- markieren Sie jene Textpassagen, in denen der Film nicht beschrieben, sondern beurteilt wird
- exzerpieren Sie diese Textpassagen nach folgendem Muster:

Text A Zeile(n)	Textpassage bzw. Formulierung	positives / negatives Urteil
	ein Glücksfall für den deutschen Film …	+

13 Lesen Sie nun noch einmal Text B und gehen Sie dabei vor wie in Übung 12.

Wörterhilfen für einzelne Textpassagen:

das Geigengewimmer	das klagende Geräusch der Violine
zerkratzen	hier: zerstören
der Kitsch	süßliche, sentimentale, geschmacklose, ästhethisch wertlose „Kunst"; Adjektiv: kitschig
steil	eigentlich: stark ansteigend (ein steiler Weg), hier etwa: intensiv
ein inniges Gespann	eine enge Verbindung
auf der Höhe seines Gegenstandes sein	Inhalt und Form passen zusammen

14 lebensnah – anspruchslos – spannend – kitschig – sentimental – reißerisch – humorvoll – witzig – ernst – …

Welches dieser Adjektive charakterisiert (aus Ihrer Sicht) einen „guten" Film? Könnten Sie ein Beispiel für einen „guten" Film nennen? Welche Kriterien müsste ein „guter" Film erfüllen?

15 In den beiden Texten finden sich u. a. folgende in vielen Zusammenhängen benutzbare Wendungen:

- überrascht werden von + D
- ihre Wege trennen sich
- zur Welt kommen
- sein Leben leben
- ihre Blicke kreuzen sich
- ein hundertprozentig Überzeugter
- einigermaßen fair
- es hätte schlimmer kommen können
- da ahnt man, was geschehen ist
- ...

Notieren Sie jeweils ein Anwendungsbeispiel für diese Wendungen.

1–4	Wortschatz
5–8	Redemittel
9–10	Sprechen
11–16	Leseverstehen
17	Redemittel
18–19	Schreiben

16 Wörtern auf der Spur

Kitsch oder kein Kitsch, das ist hier die Frage:

a) ein Gartenzwerg vor dem Haus
b) ein röhrender Hirsch in Öl über dem Sofa
c) eine Kunstpostkarte der *Sonnenblumen* von Vincent van Gogh
d) die Micky Maus
e) der Schlager *Herzilein, du musst nicht traurig sein*
f) ein kleiner weißer Porzellanelefant
   ...

Redemittel

17 Beurteilung

Wie war es? Welchen Eindruck hatten Sie?

Gefallen
Das gefällt mir (gefiel mir / hat mir gefallen). / Ich bin (ganz) begeistert von + D / ...
allgemein: Das war ausgezeichnet / fantastisch / erstklassig / bemerkenswert / wirklich sehr gut / gut gemacht / ...
umgangssprachlich: super / toll / Spitzenklasse / wahnsinnig gut / echt stark / ...
emotionaler Art: Das hat mich sehr berührt. Das fand ich sehr anrührend. Ich war sehr betroffen. Das hat mich sehr betroffen gemacht. ...
Ich gehe gern / lieber / am liebsten ins Kino.
Mein(e) Lieblingsfilm / -essen / -schauspielerin ... ist ...

Missfallen
Das gefällt mir nicht (so gut). / Das missfällt mir. / Ich war verärgert. / Er brachte sein Missfallen (seine Verärgerung) zum Ausdruck. / ...
Das war nicht überzeugend / mittelmäßig / außerordentlich schlecht (gemacht) / miserabel / ganz furchtbar / grässlich / abstoßend / ärgerlich ...
umgangssprachlich: ätzend / völlig daneben / das Letzte / nervig / Ich war genervt davon. / total bescheuert / nicht gerade das Gelbe vom Ei / Kannste vergessen! ...

Eindrücke
einen Eindruck haben / gewinnen von etwas
Ich hatte einen guten / eher schlechten Eindruck von + D
Das ist wirklich sehr beeindruckend!
Ich bin beeindruckt!
Das / Sie / Er / Es hat einen sehr guten Eindruck auf mich gemacht / (bei mir) hinterlassen!
jdn. beeindrucken (mit + D)
Sie hat uns mit ihrer Kompetenz sehr beeindruckt.
Das hat mich sehr / nicht sehr / überhaupt nicht beeindruckt.

a) Klären Sie die Bedeutung aller Redemittel, die Sie nicht (genau) kennen.

b) Überlegen Sie sich ein oder mehrere Beispiele für

- eine „bemerkenswerte" Leistung
- etwas, was Sie als eher „mittelmäßig" ansehen würden
- etwas, was Sie persönlich sehr „beeindruckt"
- etwas, was einen „berühren" könnte
- ...

c) Wie war es (siehe folgende Seite)? Geben Sie ein Urteil ab.

Gegenstand	Urteil	Konjunktion: ...,	Grund
		weil +	Nebensatz
		denn +	Hauptsatz
der letzte Kinofilm, den Sie gesehen haben			
die Quizsendung vorgestern im Fernsehen			
das letzte Konzert, das Sie besucht haben			
der letzte Vortrag, den Sie gehört haben			
die letzte Schallplatte / Kassette / CD, die Sie gekauft haben			
...			

1–4	Wortschatz
5–8	Redemittel
9–10	Sprechen
11–16	Leseverstehen
17	Redemittel
18–19	Schreiben

Schreiben

Wählen Sie: Brief oder Darstellung.

18 Persönlicher Brief

Planen
Schreiben Sie an eine Bekannte / Freundin oder einen Bekannten / Freund:

- Sprechen Sie eine Einladung für das kommende Wochenende ins Kino aus.
- Berichten Sie über den Film *Das Versprechen*; geben Sie kurz den Inhalt wieder.
- Äußern Sie sich darüber, wie die zwei Filmkritiker geurteilt haben.
- Machen Sie einen Vorschlag, was Sie vor oder nach dem Film noch gemeinsam unternehmen könnten.

Formulieren
Hinweise zur Textsorte „persönlicher Brief" finden Sie u.a. in
Leselandschaft 1, Kapitel 1, Nr. 5.

Überarbeiten
Bringen Sie Ihren Brief zur nächsten Stunde mit und „schicken" (geben) Sie ihn dort einem Lernpartner / einer Lernpartnerin, der / die Ihnen eine Antwort (ggf. mit einem Gegenvorschlag) schreibt.

19 Darstellung: *Mein Film*

Planen
Stellen Sie in ca. 250 Wörtern „Ihren" Film dar – nicht unbedingt Ihren Lieblingsfilm, es kann auch ein wichtiger Filmklassiker oder ein viel beachteter Film der letzten Zeit sein. (Vielleicht können Sie sogar über einen Film schreiben, den Sie noch gar nicht gesehen, von dem Sie aber schon gelesen oder gehört haben.) Gehen Sie in Ihrem Text so vor:

1. Wer hat den Film wann mit wem und (ganz kurz) worüber gedreht?
2. Geben Sie die Geschichte, die der Film erzählt, nicht zu ausführlich wieder.
3. Gehen Sie darauf ein, ob man den Film (für wen?) empfehlen kann und ob bzw. warum der Film (k)ein Erfolg war, ist oder wird.

Formulieren
Formulierungshilfen:
– r (Haupt-)Darsteller, -
– e Hauptfigur, -en
– e Nebenfigur, -en
– r Filmstar, -s
– s Drehbuch, ⸚er
– e Koproduktion, -en
– e Erstaufführung, -en
– s Filmfestival, -s
– der Film erzählt eine (Gangster-, Liebes-, Kriminal-) Geschichte
– einen Preis bekommen
– …

Überarbeiten
Lassen Sie Ihren Text von einer anderen Person wiedererzählen oder auf einer simulierten „Pressekonferenz" präsentieren. Ist alles so verstanden worden, wie Sie es gemeint haben?

	1	Wortschatz
	2–3	Leseverstehen
	4–7	Wortschatz
	8	Bildbeschreibung
	9–14	Redemittel
	15	Schreiben
	16	Leseverstehen

Wir lieben den Stau

Wortschatz

1 a) Fortbewegungsmittel

Bitte kreuzen Sie an, was zutrifft.

	schnell	umwelt-freundlich	öffentliches Verkehrs-mittel	Individual-verkehr	kosten-günstig	bequem
Flugzeug						
Eisenbahn						
Straßenbahn						
PKW						
LKW						
Bus						
Fahrrad						
Pferd (Esel, ...)						
Kutsche						
Motorrad, Moped						
...						

b) Vergleichen Sie Ihre Ergebnisse in der Lerngruppe. Welches Verkehrsmittel ist aus Ihrer Sicht das optimale?

173

Leseverstehen

2   a) Wann gibt es dort, wo Sie leben, Verkehrsstaus? Was hat man bisher dagegen unternommen? Inwiefern sind Sie persönlich von solchen Staus betroffen?

b) Lesen Sie sich den folgenden Text zuerst einmal ganz durch. Einer der Sätze enthält die Hauptthese des Autors. Welcher?

Klaus Weise

Wir lieben den Stau

Das ist verdächtig: Alle sind gegen Staus auf unseren Straßen. Die Autofahrer, die LKW-Fahrer, die Spediteurslobby, die Umweltschützer, die Bahnmanager, die Automobilindustrie und – wen wundert's – selbstverständlich unsere Politiker. Alle plädieren für Bus und Bahn ... Kein Wunder, dass der Stau ... in einem Imagetief steckt. Dabei sichert er Wachstum, Wohlstand und Arbeitsplätze. Betrachten wir ihn doch einmal näher.

Schon in der morgendlichen Rushhour profitieren wir vom Stau. Wann, bitte schön, hätten wir denn sonst Zeit, Radiowerbung zu hören? Und was könnte unseren Kreislauf besser in Schwung bringen als ein gelber Opel Rekord, der, in zweiter Reihe parkend, direkt vor uns den Verkehr behindert?

Bei unserer Betrachtung sollten wir nicht vergessen, dass der Stau unseren demokratischen Idealen voll entspricht. Der Vorstandsvorsitzende mit 250 PS unter der edlen Kühlerhaube mit dem Stern muss sich im Stau ebenso gedulden wie seine Sekretärin im Mittelklasse-Jetta. Extraspuren für Busse, wie von notorischen Weltverbesserern immer wieder propagiert, sind deshalb zutiefst undemokratisch. Soll unser Vorstandsvorsitzender jeden Morgen noch länger im Stau stehen, nur damit die Rentner im Bus schneller vorankommen?

Auch der Fiskus braucht den Stau. Im Stillstand werden jährlich 2,4 Milliarden Liter Benzin verbraucht, was den deutschen Finanzämtern über 1 000 000 000 Mark Mineralölsteuer beschert. Wer würde bei einer Abschaffung aller Staus das Loch im Staatssäckel füllen?

Gebührend berücksichtigen sollten wir auch, dass unsere Überstunden zur Finanzierung des Drittwagens das Bruttosozialprodukt enorm in die Höhe getrieben haben. Überhaupt: Soll die ganze Plackerei umsonst gewesen sein, sollen unsere Kinder mit dem Rad ins Schwimmbad fahren, während die Autos in der Garage rosten? Dort können sie ja nicht einmal von den Nachbarn bewundert werden.

Staus sind sogar umweltfreundlich. Schließlich verbringt jeder von uns Autofahrern durchschnittlich 65 Stunden im Jahr stauend auf der Straße. Das sind 65 Stunden Freizeit, in denen wir nicht mit dem Mountainbike durch ein Biotop radeln, uns nicht mit dem Surfbrett durch ein naturgeschütztes Schilfgebiet kämpfen und nicht mit unseren Skiern die Alpen ruinieren.

Der Stau erfüllt auch eine wichtige politische Funktion. Drohte doch der Streit um ein Tempolimit die Deutschen in zwei unversöhnliche Lager zu spalten.

Die stockende Praxis auf den Autobahnen, dem Ferienstau sei Dank, hat die Debatte um Tempo 100 längst beendet. Und vom Tempo 30 in der Stadt können wir Autofahrer sowieso nur träumen. Ein Durchschnittstempo von 14 Stundenkilometern errechneten Statistiker beispielsweise in Spaniens Hauptstadt Madrid – bei fallender Tendenz.

Frankfurter Allgemeine Zeitung

1	Wortschatz
2–3	Leseverstehen
4–7	Wortschatz
8	Bildbeschreibung
9–14	Redemittel
15	Schreiben
16	Leseverstehen

Wörterhilfen:

die Spediteurslobby	die Interessenvertretung der Speditionen
das Imagetief	der Tiefpunkt, den das öffentliche Image (des Staus) erreicht hat
die Rushhour	der Stoßverkehr am Morgen und am Abend
die Kühlerhaube	der vordere Teil des Autos, unter dem sich der Motor befindet
mit dem Stern	mit dem Markenzeichen eines bekannten Automobilherstellers
der Jetta	ein Autotyp eines bekannten Herstellers
der Fiskus	der Staat
das Staatssäckel	der Staatshaushalt
das Bruttosozialprodukt	der Wert aller Waren und Dienstleistungen
die Plackerei	(lässt sich aus dem Textzusammenhang erschließen)
das Mountainbike	spezielles Fahrrad für Fahrten im offenen Gelände
das Biotop	Lebensraum von bestimmten Tieren oder Pflanzen
Schilf	eine Grünpflanze, die an Seeufern wächst
das Tempolimit / Tempo 100	die Diskussion um Tempo 100 als Höchstgeschwindigkeit auf allen Straßen

c) Lesen Sie den Text nun noch einmal und nummerieren Sie dabei alle Argumente, die der Autor anführt, um seine These zu untermauern.

d) Erstellen Sie eine Liste der Argumente, die vom Autor angeführt werden. Vorsicht, Satire!
Wenn der Autor im Text das Gegenteil dessen sagt, was er wirklich meint – was will er damit eigentlich zum Ausdruck bringen?

3 Verfassen Sie selbst eine Mini-Satire, vielleicht zum Thema

- „Wir hassen das Spazierengehen" (wenn Sie selbst gern Spaziergänge machen)
- „Wir lieben das Fliegen" (wenn Sie ungern ein Flugzeug besteigen)
- „Ich mag die Metro" (wenn Sie nicht gern mit der U-Bahn fahren)
(usw.)

Wortschatz

4 a) Kombinieren Sie jeweils einen Ausdruck aus dem oberen Kasten mit einem Verb aus dem unteren Kasten.

Busse und Bahnen	täglich von A nach B
auf der Autobahn	auf einer Strecke kaum
mühsam	ein anderes Auto

rasen	pendeln	vorankommen
zurücklegen	durchkommen	
umsteigen auf	behindern	

b) Verfassen Sie nun aus allen diesen Wörtern einen Kurztext zum Thema „Tägliche Wege".

5 a) Kombinieren Sie.

		1	Wortschatz
		2–3	Leseverstehen
		4–7	Wortschatz
		8	Bildbeschreibung
		9–14	Redemittel
		15	Schreiben
		16	Leseverstehen

investieren in
aus|bauen
erhöhen
sich bilden
verringern
ändern
sich verkürzen
sich auf|lösen
bewältigen
optimieren
sich verlängern
ziehen
verursachen

(r) Straßenbau
(r) Stau, (-s)
(e) Konsequenz, (-en)
(r) Unfall (¨e)
(s) Verkehrsproblem (-e)
(e) Strecke (-n)
(r) Verkehrsfluss
(e) Mineralölsteuer
(r) Benzinverbrauch
(s) Verhalten / die Verhaltensweisen
(s) Straßennetz

b) Verfassen Sie aus diesem Wortmaterial einen Kurztext zum Thema „Verkehrsprobleme".

6 Wörtern auf der Spur

Könnten Sie einige dieser Wörter erklären?

a) das Verkehrschaos
b) abgasfrei
c) die Blechlawine
d) die Verkehrsader
e) die Verkehrsberuhigungsmaßnahme
f) der Schleichweg
g) der Grenzwert
h) die Massenkarambolage
i) die Geschwindigkeitsbegrenzung
j) der Verkehrsinfarkt (vgl. der Herzinfarkt)
k) das Solarauto
l) ein gewagtes Überholmanöver
m) die Ausfallstraße
n) die Mobilität
o) die Verkehrsvermeidung
p) der Bürgersteig
q) die Sackgasse
…

7 a) Lesen Sie die folgende Buchrezension und setzen Sie jeweils eines der Wörter (ggf. auch mehrmals) in den Text ein (mit oder ohne Artikel, im Singular oder im Plural und im richtigen Kasus).

A	(e)	Tendenz (-en)	I	(r)	Gedanke (-n)
B	(s)	Fazit	J	(r)	Bürger (-)
C	(e)	Entfernung (-en)	K	(e)	Studie (-n)
D	(die)	Abgase	L	(e)	Schiene (-n)
E	(e)	Erkenntnis (-se)	M	(s)	Konzept (-e)
F	(r)	Verkehrsunfall (¨e)	N	(r)	Gegenstand (¨e)
G	(r)	Raum	O	(e)	Energie (-n)
H	(s)	Parken	P	(r)	Einsatz

Harald Ries

Ein Zukunftsmodell für den Verkehr

520 Millionen Kraftfahrzeuge, _____ (1) steigend, fahren gegenwärtig auf der Erde herum, stoßen pro Jahr zwei Millionen Tonnen Kohlendioxid und andere Giftgase aus. Allein in Deutschland starben im vergangenen Jahr 11 400 Menschen bei _____ (2). Inzwischen sind _____ (3) immer weniger bereit, all das hinzunehmen: die Toten, den Lärm, die Staus und _____ (4). Dies ist auch Daniel Goeudevert [dem Manager eines Automobilkonzerns] aufgefallen. Er beauftragte den Umweltexperten Frederic Vester _____ (5) über die Zukunft des Autos zu erstellen. Vor mehr als zwei Jahren war sie fertig. Doch die Inhalte ließen [jene Automobilfirma] einen Rückzieher machen. Vesters _____ (6) war: Das Auto ist „für die Vergangenheit und nicht für die Zukunft gebaut". Für zwei Jahre verschwand die Untersuchung in der Schublade, doch nun sind die Analysen und _____ (7) des Biologieprofessors auf dem Markt. Der Spezialist für „vernetztes Denken", der Erforscher von „Systemzusammenhängen" ist zu überraschenden _____ (8) gelangt.

Der Jetzt-Zustand: 1,3 Menschen sitzen durchschnittlich in einem vier Meter langen, 1500 Kilogramm schweren Fahrzeug, das 18 Stunden herumsteht, um dann eine Stunde bewegt zu werden. Der transportierte _____ (9), 100 Kilo Mensch, wird dabei auf das Hundertfache aufgeblasen – ein ökonomischer und ökologischer Unsinn.

Trotzdem will Vester das Auto nicht abschaffen. Aber verändern: „Die Zeit ist reif für leichte Stadtmobile": Die werden nur noch auf kurzen _____ (10) eingesetzt, mit Elektromotor angetrieben und sind höchstens 50 km/h schnell. Sie verbrauchen wenig _____ (11), denn sie sind kurz und hoch, Motor und Kofferraum liegen unter der Fahrerkabine.

Die Karosserie aus extra leichten Kunststoffen beschränkt das Gesamtgewicht auf 200 Kilo. Auf längeren _____ (12) wird das formschöne, mit viel Elektronik ausgestattete, leise und bequeme Gefährt in speziell entwickelte Bahnwaggons gestellt.

Eine Utopie? Vester verkennt nicht, dass das klassische Autokonzept vom Prestigedenken bestimmt ist. Man will ein „Auto, das schnell ist, viel PS hat und nach etwas aussieht". Folge: Dieses Fahrzeug „braucht viel _____ (13), verschmutzt die Umwelt" und ist unpraktisch beim Beladen, _____ (14), Ein- und Aussteigen. Aber Vester ist optimistisch. Langfristig werde bei zunehmender Technikkritik das Kriterium „Umweltfreundlichkeit" die Statusfunktion der PS-Stärke ersetzen.

Mindestens genauso wichtig für _____ (15) ist allerdings, ob der Schnittpunkt Straße / _____ (16), also die Zusammenarbeit zwischen Bahn und Auto, funktioniert. Ohne konkrete Vorgaben aus der Politik, ohne _____ (17) von viel Geld, ohne eine große Kostenumschichtung wird dies nicht zu erreichen sein. Aber was Politiker tun, und die sind noch mehr gefordert als die Autoindustrie, hängt letztlich vom Willen der _____ (18) ab. Hofft Vester.

Frederic Vester, Ausfahrt Zukunft.
Strategie für den Verkehr von morgen, Heyne Verlag, 496 Seiten, 54 DM
aus: Westfalenpost (gekürzt)

1	Wortschatz
2–3	Leseverstehen
4–7	Wortschatz
8	Bildbeschreibung
9–14	Redemittel
15	Schreiben
16	Leseverstehen

b) Wie schätzen Sie die Vorschläge von Frederic Vester ein: Lassen sie sich verwirklichen, sind sie schon (teilweise) verwirklicht oder bleiben sie Utopie?

c) Gibt es in dieser Rezension Hinweise darauf, wie der Rezensent dieses Zukunftskonzept beurteilt? Geben Sie dafür ein Beispiel an.

Bildbeschreibung

8   Legen Sie zuerst eine Betrachtungspause ein und machen Sie sich dann Notizen.

1	Wortschatz
2–3	Leseverstehen
4–7	Wortschatz
8	Bildbeschreibung
9–14	Redemittel
15	Schreiben
16	Leseverstehen

Die Bilder
a) Beschreiben Sie, was auf den Bildern zu sehen ist.

Das Thema
b) Geben Sie den Bildern eine Überschrift.

Diskussion
c) Welche Bedingungen müssen erfüllt sein, damit man von einer
   - autofreundlichen bzw.
   - fußgängerfreundlichen bzw.
   - kinderfreundlichen

   Stadt sprechen kann?

Redemittel

9 Vereinbaren

Ergänzen Sie zu den Substantiven die dazu gehörenden Verben im Infinitiv und das Partizip II.

1	e Vereinbarung, -en	vereinbaren + A	vereinbart
2	e Abmachung, -en	_____ + A	_____
3	e Übereinkunft, ⸚e	_____	_____
4	e Absprache, -n	_____ + A (mit jemandem)	_____
5	e Entscheidung, -en	_____ + A / über + A	_____
6	e Verabredung, -en	sich _____ mit jemandem	_____
7	r Beschluss, ⸚e	_____ + A	_____
8	e Einigung, -en	sich _____ mit jemandem auf / über etwas	_____

10 Welche der Substantive aus Übung 9 werden verwendet?

   a) im privaten Bereich: _____

   b) im geschäftlichen Bereich: _____

   c) im politischen Bereich: _____

11 Die obigen Substantive werden u. a. mit den Verben in Übung 12 verwendet. Beispiel: eine Vereinbarung treffen. Beachten Sie, dass *treffen* in dieser Verbindung nicht in seiner eigentlichen Bedeutung („Morgen treffe ich Frau X.") verwendet wird. Die ursprüngliche Bedeutung von *treffen* geht hier verloren; *treffen* hat nur noch die grammatische „Funktion" eines Verbs. Man spricht daher bei einigen der nachfolgenden Verben von „Funktionsverben" bzw. bei der Kombination von Substantiv + Verb, zu der manchmal eine Präposition oder ein Artikel hinzukommt, von „Funktionsverbgefügen".

12 Setzen Sie das Partizip II der folgenden Verben ein. Ordnen Sie dann die Verben den Substantiven 1–12 zu.

erzielen (erzielt), treffen (_____), fällen (_____),

fassen (_____), finden (_____),

schließen (_____), unterzeichnen (_____),

beschließen (_____), verabschieden (_____)

1 e Vereinbarung, -en   _____

2 e Abmachung, -en   _____

3 e Übereinkunft, ⸚e   _____

4 e Absprache, -n   _____

5 e Entscheidung, -en   _____

6 e Verabredung, -en   _____

7 r Beschluss, ⸚e   _____

8 e Einigung, -en   _____

9	e (Zwischen-)Lösung, -en		1	Wortschatz
10	s Abkommen, -		2–3	Leseverstehen
11	r Vertrag, ⸚e		4–7	Wortschatz
12	s Gesetz, -e		8	Bildbeschreibung
			9–14	Redemittel
			15	Schreiben
			16	Leseverstehen

…

13 Was geschieht, wenn …

Wenn alles problemlos verläuft, …	*Im Konfliktfall …*
… werden alle Vereinbarungen beachtet.	… werden Vereinbarungen missachtet.

Notieren Sie einige Sätze, in denen Sie folgende Verbstrukturen verwenden:

beachten, missachten, sich halten an + A, brechen, einhalten, vereinbarungsgemäß handeln, unterlaufen, verstoßen gegen + A, gegen eine Vereinbarung handeln

14 Halten Sie jene Wörter und Wendungen, die Sie aktiv beherrschen möchten, in Ihrem persönlichen Wörterheft fest.

Schreiben

15 Nehmen wir an: Sie wollen umziehen in ein Neubaugebiet, in dem die Stadtverwaltung Häuser und Wohnungen errichtet hat. Die Sache hat allerdings einen Haken. Die Stadtverwaltung will nämlich nur mit solchen Mietern Verträge abschließen, die sich bereit erklären, künftig freiwillig auf das Auto zu verzichten: „Autofrei wohnen" heißt das Konzept. Es bedeutet im Einzelnen:

Die Haltung eines privaten PKW ist nicht gestattet. Eine Ausnahmeregelung gilt lediglich für ältere Bewohner, Behinderte, Besucher, Möbelwagen, Müllautos, Krankenwagen, Polizeifahrzeuge und Taxis sowie für jene Bewohner, die sich freiwillig zu Fahrgemeinschaften von mindestens vier Personen („Car-Sharing") zusammenschließen. Es werden besondere Buslinien eingerichtet, komfortable Radwege sind geplant. Von diesem Konzept verspricht man sich einen erheblichen Gewinn an Lebensqualität: Kinder können wieder auf der Straße spielen, Verkehrslärm und Unfallgefahr reduzieren sich, es gibt weniger Luftverschmutzung.
Sie werden von der Stadtverwaltung aufgefordert zu diesem Konzept Stellung zu nehmen und ggf. Änderungsvorschläge einzubringen.

Planen
Diskutieren Sie die folgenden Punkte zunächst in Ihrer Lerngruppe durch. Äußern Sie sich prinzipiell zum Konzept „Autofrei wohnen".

- Gehen Sie auf die o.g. Regelungen ein: Inwieweit könnten Sie sich damit einverstanden erklären?
- Welche Einzelheiten sind aus Ihrer Sicht klärungsbedürftig? Machen Sie ggf. konstruktive Vorschläge.
- Sind Vereinbarungen möglich, die allen Bewohnern gerecht werden?
- Erklären Sie am Ende, ob und ggf. unter welchen Bedingungen Sie weiterhin daran interessiert sind, in dem Neubaugebiet eine Wohnung zu mieten.

Formulieren
Ihre Antwort an die Stadtverwaltung sollte die äußere Form eines formellen Briefes haben (vgl. dazu Leselandschaft 1, Kapitel 4). Die Redemittel zu „Vereinbarungen" finden Sie in diesem Kapitel.

Überarbeiten
Überarbeiten Sie den Brief eines Lernpartners bzw. einer Lernpartnerin und geben Sie ihm bzw. ihr eine Rückmeldung darüber, inwieweit Sie seine/ihre Argumentation überzeugend finden.

1	Wortschatz
2–3	Leseverstehen
4–7	Wortschatz
8	Bildbeschreibung
9–14	Redemittel
15	Schreiben
16	Leseverstehen

Leseverstehen

16 a) Klären Sie zunächst, ob alle Wörter des Textes verstanden werden.

Wörterhilfen:

ein-, auskuppeln — Um ein Auto in Bewegung zu setzen, müssen Sie
a) das Kupplungspedal treten,
b) einen Gang einlegen (= einkuppeln),
c) Gas geben,
d) die Kupplung langsam loslassen.
Wenn Sie auskuppeln (= den Gang herausnehmen), läuft der Motor im Leerlauf.

Reiner Kunze

Orientierung in Marseille

Morgens wenn die nacht aus –
und der tag noch nicht eingekuppelt ist –

wenn zwischen gasgeben und gasgeben
die kurven aufatmen

und wenn die frauen lange brote
wie fahnenstangen durch die straßen tragen an denen
der warme duft weht

findest du plötzlich im süden
die mitte.

b) Literarische Texte arbeiten oft mit Verknüpfungen von sprachlichen Bildern (oder Bedeutungskomplexen). Die angegebenen Wörter sind dem Text von Rainer Kunze entnommen. Verbinden Sie alle Wörter, die – im Text! – zusammengehören, durch Linien.

Auskuppeln	Gasgeben	Einkuppeln
	Kurven	
Nacht	Morgen	Tag
	Aufatmen	
	Frauen	
	Brote	
	Duft	Fahnenstangen

c) Ziehen Sie nun einen Kreis um alle Wörter, die
   - zum Wortfeld *Tageszeiten*
   - zum Wortfeld *Technik / Auto* bzw.
   - zum Wortfeld *Mensch(en)* gehören

d) Auch das erste und das letzte Wort des Textes („Orientierung", „Mitte") sind miteinander verknüpft. Schauen Sie sich Ihr Wortnetz an – was könnte gemeint sein mit „Mitte"?

Auf dem Markt

1–2	Wortschatz
3–5	Leseverstehen
6–8	Redemittel
9–14	Leseverstehen
15	Bildbeschreibung
16–20	Wortschatz
21	Sprechen
22–23	Schreiben

Wortschatz

1 Fragebogen

1. Wenn Sie sich morgens entscheiden einkaufen zu gehen: Freuen Sie sich darauf?
2. Wo kaufen Sie am liebsten ein: in einem Supermarkt, in einem Einzelhandelsgeschäft, an einem Kiosk, auf dem Markt, im Kaufhaus, in einem Trödelladen, an einem Stand ...? Warum gerade dort?
3. Wie viele Gegenstände besitzt im Durchschnitt ein Bewohner der Stadt, in der Sie wohnen? Schätzen Sie eine Zahl und vergleichen Sie sie mit anderen Schätzungen in Ihrer Lerngruppe. (Siehe hierzu auch den Hinweis im Lösungsteil!)
4. Manche Menschen meinen, dass wir zu viele Dinge besitzen. Sie schlagen deshalb ein sog. „Produktfasten" vor, d.h. ein Leben ohne bestimmte Produkte für einen begrenzten Zeitraum. Verzichtet werden könnte z.B. auf elektrische Energie, Raumtemperatur u.a. Was halten Sie von diesem Vorschlag?
5. Ein anderer Vorschlag sieht ein „Produkt-Sharing" vor, das bedeutet beispielsweise, das Auto gemeinsam mit anderen Personen zu benutzen. Was für (Haushalts-)Gegenstände kämen für das „Produkt-Sharing" außerdem noch in Frage? Wo lägen dabei die Vorteile, Nachteile oder Schwierigkeiten?

2 Setzen Sie die nachstehenden Wörter zu den drei Begriffen „Unternehmen" / „Markt" / „Mensch" in Beziehung. Tragen Sie die Wörter an der Ihrer Meinung nach richtigen Stelle in das Wortnetz ein, also: nah bei einem Begriff, zwischen Begriffen oder außerhalb des Bedeutungsbereichs eines Begriffs.

s Angebot, -e   r Kunde, -n   e Marke, -n   r Service   e Ware, -n
e Werbung   e Dienstleistung, -en   r Konsument, -en   r Haushalt, -e
r Hersteller, -   r Preis, -e   e Nachfrage   s Angebot, -e
r Kundenkreis   s Einkommen, -   s Design   r Handel   r Einkauf
s Shopping   r Markenartikel, -   e Kaufentscheidung, -en
s Produkt, -e   r Trend, -s   r Konsum   r Verbraucher, -   e Kaufkraft
e Branche, -n   e Werbung   e Marktforschung   …

Markt   Unternehmen

Mensch

Leseverstehen

10 Megatrends

3 Welche Musik / Frisur / Kleidung …, welches Getränk / Café / Restaurant … gerade „in" bzw. „out" ist, ändert sich oft sehr schnell. Im Gegensatz dazu lassen sich auch langfristige Trends beobachten, für die sich insbesondere Marktforscher interessieren. Ihre Erkenntnisse werden von der „Marketing"-Abteilung eines Unternehmens praktisch umgesetzt. Die Marketing-Strategen vermarkten ein Produkt, d. h., sie sorgen dafür, dass es verkauft wird. (Recherchieren Sie ggf. in einem Nachschlagewerk, wie man sich „Marketing" konkret vorstellen muss.)

4 Lesen Sie sich die Überschrift über die 10 Megatrends durch und geben Sie dabei den Trenderscheinungen (zweite Spalte) eine der folgenden Überschriften:

(1) *Änderung der Haushaltsgröße* – (2) *Verantwortung gegenüber der Umwelt* – (3) *Wachsendes Gesundheitsbewusstsein* – (4) *Zeitknappheit* – (5) *Design gewinnt an Bedeutung* – (6) *Immer mehr ältere aktive Konsumenten* – (7) *Die 2-Klassen-Gesellschaft* – (8) *Der kritische und der fordernde Konsument* – (9) *Zunehmende Individualität* – (10) *Ablenkung vom Alltag*

10 Megatrends, die den Konsum regieren

Der Trend und sein Stellenwert für den Handel (max. 10 Punkte)	Erscheinungsformen	Konsequenzen für das Handelsmarketing
8,25	a) _____ Das Durchschnittsalter der Bevölkerung steigt, aber immer mehr ältere Menschen fühlen sich psychisch jung. Hohes Kaufkraftpotential der Älteren durch Renten, Vermögen, Lebensversicherungen, Erbschaften.	A
8,00	b) _____ Die Mehrheit der Kunden bevorzugt umweltfreundliche Produkte. Sie meiden Firmen, welche die Umwelt verschmutzen. Mehr Menschen entwickeln ein Gefühl der individuellen Verantwortlichkeit für die Gesellschaft und deren Lebensräume.	B
7,25	c) _____ Zeit wird im Berufsleben wie auch in der Freizeit zur Mangelware. Die Menschen möchten so vielen Aktivitäten wie möglich nachgehen. Sie kaufen immer mehr Produkte für die Freizeitgestaltung, suchen immer bequemere Dienstleistungen.	C
7,25	d) _____ Die Konsumenten wollen sich durch allerlei Ereignisse ablenken lassen – sie suchen Ausgleich für den Stress am Arbeitsplatz. Ein Ansatz ist der Erlebniskonsum. Die Freude am Einkaufen und Bummeln nimmt zu.	D
6,75	e) _____ Die Schere zwischen hohen und niedrigen Einkommen geht weiter auseinander. Gering Qualifizierte haben schlechte Aussichten auf einen Arbeitsplatz. Diese erheblich anwachsende Bevölkerungsschicht ist als Zielgruppe nicht zu vernachlässigen.	E
6,75	f) _____ Immer mehr Verbraucher achten auf ihre Gesundheit, sie streben ein längeres und angenehmeres Leben an. Sie wissen, dass sie sich um ihre Gesundheit und ihr Wohlbefinden selbst kümmern müssen. Der Fitnesstrend wird sich weiter verstärken.	F
6,50	g) _____ Der Verbraucher wird wählerischer, eignet sich vermehrt Produktkenntnisse an, prüft viel stärker die Qualität, lässt sich so leicht nichts vormachen. Wachsende Urteilsfähigkeit und Selbstvertrauen führen zum Verlust an Markentreue.	G

6,25	h) _____ Der Wunsch sich von anderen abzuheben, wird das Verhalten der Verbraucher stärker beeinflussen. Die Konsumenten wollen sich verstärkt exklusive Wünsche erfüllen. Dennoch behalten sie ein klares Preisbewusstsein.	H
6,25	i) _____ Die Durchschnittsgröße der Haushalte nimmt weiter ab. 1- und 2-Personen-Haushalte legen zu. Gründe: mehr allein lebende Alte; mehr junge Leute, die einen eigenen Hausstand haben; mehr Partnerschaften von kinderlosen Paaren.	I
6,25	j) _____ Design spielt künftig nicht nur in oberen Preislagen eine Rolle, es wird generell die Kaufentscheidung der Konsumenten prägen. Auch das Design von Einkaufsstätten wird wichtiger.	J

5 Ordnen Sie nun jedem Trend eine der möglichen *Konsequenzen für das Handelsmarketing* (aus dem folgenden Text) zu. Notieren Sie die entsprechende Zahl in Spalte 3 (eine Angabe ist zu viel). Bei diesen Konsequenzen handelt es sich um Empfehlungen einer Unternehmensberatungsfirma.

Konsequenzen für das Handelsmarketing

1 Reparaturservice wird wichtiger. Widerstände gegen vermeintliche Neuheiten (künstliche Veralterung) wachsen. Zertifikate über Umweltfreundlichkeit von Produkten werden unverzichtbar.

2 Viele Ältere betreiben Shopping als Freizeitgestaltung. Sie haben hohe Qualitätsansprüche, Produkte mit Gütesiegel werden bevorzugt. Zustellservice wird honoriert.

3 Dekorateure und Verkaufsspezialisten müssen um die Ware eine passende Szenerie aufbauen, die Produkte quasi zu „Stars" auf der Bühne machen. Das Einkaufserlebnis wird zum Kurzurlaub vom Alltag, Ausflug in eine Traumwelt.

4 Die Kunden lassen es sich etwas kosten, wenn sie Einkäufe delegieren können. Shopping-Center oder Stadtviertel, in denen alles zu haben ist, stehen hoch in der Gunst. Warteschlangen schrecken Kunden ab. Der Versandhandel profitiert.

5 Das Warenangebot gezielt positionieren. Die richtige Gewichtung der verschiedenen Preiskategorien (hoch / mittel / niedrig) entscheidet über Erfolg oder Misserfolg.

6 Dieser Trend ist eine Chance für engagiert kundenzentrierte Unternehmen. Der kritische Konsument legt weniger Wert auf den mit bestimmten Marken

verbundenen Prestige- oder Symbolwert; er ist empfänglicher für informative Werbung.

7 Die Verbraucher suchen nonkonformistische Produktkombinationen, mit denen sie auffallen und in ihrer sozialen Gruppe akzeptiert werden. Beispiel: Der Kunde will alle Details selbst bestimmen, beim Kauf einer Küche etwa Form und Farbe.

8 Die Produkte sollten nicht als exklusive Ware für einen ausgewählten Kundenkreis angeboten werden, sondern als Massenware für jedermann. Schmuckloses Design findet Gefallen bei den Konsumenten.

9 Das Sortiment sollte verstärkt designorientiert sein. Wichtig: Design-Mischmasch vermeiden. Designerserien haben gute Marktchancen. Die Verkäufer müssen perfekt über die Designer, deren Produkte angeboten werden, Bescheid wissen.

10 Alle Produkte, die eine Nähe zum eigenen Körper haben, sind betroffen – also Kleidung, Nahrungs- und Genussmittel, Stoffe, Bettwäsche. Die Waren müssen eine glaubwürdige und detaillierte Herkunftsbezeichnung aufweisen.

11 Verstärkt auf kleine Packungsgrößen achten bzw. auf die leichte Teilbarkeit von großen Einheiten. Das klassische Kaffeeservice für sechs Personen ist out. Berufstätige haben wenig Zeit. Alles, was den Einkauf beschleunigt, wird honoriert.

gefunden in: Impulse 8 / 1994

1–2	Wortschatz
3–5	Leseverstehen
6–8	Redemittel
9–14	Leseverstehen
15	Bildbeschreibung
16–20	Wortschatz
21	Sprechen
22–23	Schreiben

Redemittel

6 Trends

e Prognose, -n / e Vermutung, -en / e Mutmaßung, -en anstellen
e Entwicklung, -en
e Mode, -n
r Trend, -s
ein klarer / kurzlebiger ↔ mittelfristiger, langfristiger /
zukünftiger / kommender / dauerhafter ↔ flüchtiger Trend

Ein Trend (Nominativ) kann sich abzeichnen, sich zeigen (darin, dass …), sich spiegeln (im Kaufverhalten), erkennbar werden …

Einen Trend / eine Entwicklung (Akkusativ) kann man vorhersagen / prognostizieren / prophezeien, verkünden, aufspüren („erschnüffeln") / erkennen / registrieren, beeinflussen …

Einem Trend (Dativ) kann man sich anschließen (oder auch nicht)

Etwas liegt / bleibt im Trend: Es ist trendgerecht.
Der Trend geht (zum Zweitauto). / Die Entwicklung geht (zum Zweitauto). / Etwas entwickelt sich (in eine andere Richtung).

11 Auf dem Markt

7 Setzen Sie Wörter aus dem obigen Redemittelkatalog (grammatisch korrekt) in die Lücken ein.

Trendforschung ist eine junge „Wissenschaft". Sie hat sich verschiedene Aufgaben gesetzt: neue Trends _____ (1), zu beschreiben, worin sich diese Trends _____ (2) und aus diesen Erkenntnissen Schlüsse zu ziehen für eine Beschreibung der Gegenwart. Diese wäre unvollständig, wenn die Trendforschung nicht auch _____ (3) Trends darstellen würde. Trendforscher müssen ein gutes Gespür dafür haben, welche Trends sich gegenwärtig _____ (4). Alles, was gegenwärtig im Trend _____ (5), wird von Trendforschern dokumentiert: durch Analyse von Zeitschriften, Umfragen und „Feldforschung" in Diskotheken, Konzertsälen und anderswo. Trendforscher stellen ihre Ergebnisse Marktforschern zur Verfügung, beraten Marketingstrategen und Werbeagenturen. Diese können sich einem Trend _____ (6), ihn _____ (7) oder sogar selbst einen neuen Trend („Die neue Jeans-Generation mit dem …!") _____ (8). Trends zu _____ (9) ist freilich riskant: Die Entwicklung kann auch in eine ganz andere, unvorhergesehene Richtung _____ (10). Dann würde ein Trendforscher plötzlich nicht mehr im Trend _____ (11).

8 Trends: gesellschaftliche Entwicklungen, die sich im Verhalten der Menschen spiegeln (im Kaufverhalten, in der Freizeitkultur, in der Kleidung …). Als Beispiele dafür stehen z. B. das zunehmende Umweltbewusstsein, die Globalisierung der Welt, die Computerisierung des Alltags, der Feminismus, die „neue Bescheidenheit", …

a) Sind diese Beispiele auch aktuelle Trends dort, wo Sie leben?

b) Was für Trends sind Ihrer Ansicht nach gegenwärtig erkennbar? Nennen Sie Beispiele.

c) Was würden Sie unter einem „Trendscout" (engl. *scout:* Pfadfinder) verstehen?

d) Was ist ein „Trendsetter" (engl. to *set:* setzen)?

e) Welcher Aussage würden Sie eher zustimmen:
 – Trends sind „die Grammatik des Neuen" (Matthias Horx).
 – Wer im Trend liegt, gehört zur „Familie", wer sich nicht trendgerecht verhält, ist ein „Fremder" (Viola Roggenkamp).

11 Auf dem Markt

Leseverstehen

1–2	Wortschatz
3–5	Leseverstehen
6–8	Redemittel
9–14	Leseverstehen
15	Bildbeschreibung
16–20	Wortschatz
21	Sprechen
22–23	Schreiben

9 Gut getauft ist halb gewonnen

Unternehmen, die selbst keine Produkte herstellen, sondern die bestimmte Leistungen für andere erbringen, werden als „Dienstleistungsunternehmen" („das Dienstleistungsgewerbe", „die Dienstleister") bezeichnet. Eine Dienstleistung kann man entweder *anbieten* oder *in Anspruch nehmen / nutzen*.

Der Text *Gut getauft ist halb gewonnen* handelt von einer sehr spezialisierten Dienstleistung, nämlich der Kreierung von Produktnamen (z. B. des Modells „Tigra" der Automarke „Opel").
Welche Assoziationen löst der Name „Tigra" bei Ihnen aus? Wie stellen Sie sich ein solches Auto vor? Welche Eigenschaften könnte es haben? Was für Käufer könnten sich dafür interessieren?
Erweitern Sie Ihre Diskussion in der Lerngruppe durch andere geeignete Beispiele.

10 Im Text wird die Tätigkeit von Susanne Latour, einer sog. „Namensdesignerin", vorgestellt. Bevor Sie den Text lesen, können Sie sich bitte einige Fragen überlegen, die Sie einer solchen Person in Bezug auf ihre berufliche Tätigkeit stellen würden. Verwenden Sie dazu die folgenden Stichwörter und Fragekonstruktionen:

Ihre Kunden – Ihre Vorgehensweise – Ihre Erfolge / Misserfolge – …
Wie lange – wie oft – seit wann – über welchen Zeitraum – in welchen Abständen – inwiefern – unter welchen Bedingungen / Voraussetzungen – aus welchem Grund – Glauben Sie, dass …? – Was würden Sie …? – …

11 Lesen Sie nun den Text und ordnen Sie die vorgegebenen Überschriften jeweils einem Abschnitt oder einer Gruppe von Abschnitten zu.

Steigende Anzahl von Warenzeichen – Zufälligkeiten – Weltweite Vermarktung – Interessierte Branchen – Zur Person der Namensdesignerin – Die Arbeitsweise – Trends – Beispiele für Namensdesigns – Die Kosten

A _____

B _____

C _____

D _____

Neue Dienstleister: Namensdesignerin Susanne Latour

Gut getauft ist halb gewonnen

A Es gab Zeiten, da entstanden Marken- oder Unternehmensnamen aus den mehr oder minder kreativen Einfällen, die ein Firmenchef des Morgens unter der Dusche hatte. Zum Beispiel verwandte er einfach seine Initialen „G." und „H." und kreierte „Geha" [einen Füller]. Oder er verband seinen Namen mit seinem Standort: „Grasoli" aus „Grah, Solingen".

B Spätestens jedoch seit der großen Erfolge von Phantasienamen wie Ata, Imi, Omo, Dato oder Pril [Putz, Wasch- bzw. Reinigungsmittel] ist klar, dass ein guter Name nicht immer einen logischen, sondern vor allem einen assoziativen Sinn haben muss. Und spätestens seit der Erfindung des „global branding" [der Einführung von weltweit gültigen Markennamen] haben Marketingleute gemerkt, dass ein Markenname ein Passepartout zu allen Märkten sein muss. So erinnern sich noch heute die Manager beim Turnschuhhersteller Nike der roten Ohren, die sie bekamen, als sie feststellten, dass ihr Markenname in drei arabischen Ländern ein ausgesprochen derbes Schimpfwort ist.

C Die internationalen Märkte werden immer enger und von einer rasant zunehmenden Zahl konkurrierender Produkte umkämpft. Allein in Deutschland wurden bis Ende 1992 bereits 337 692 Warenzeichen registriert, pro Jahr kommen rund 50 000 hinzu. Weltweit gibt es rund zehn Millionen geschützte Warenzeichen.

D Ihren Kunden „einen Namen zu machen" ist im wörtlichen Sinne genau die Dienstleistung, die die Namensentwicklerin Susanne Latour anbietet. In ihrer Düsseldorfer *Nomen International Deutschland GmbH* tauft sie Produkte, die mit Hilfe des neuen Namens den Markt für sich entscheiden sollen. „Der Markenname", betont die Sprachdesignerin, „ist der treueste Begleiter eines Produkts."

E Bisher sind es vor allem große Unternehmen – besonders aus der Computer-, Lebensmittel-, Pharma- und Autoindustrie –, die die Dienste der gelernten Betriebswirtin nutzen. Inzwischen requirieren Susanne Latour und ihre vier deutschen Konkurrenten ein Prozent der Namensschöpfungen, Tendenz steigend.

F Für den Kaffeeanbieter Jacobs schuf *Nomen* den schillernden Produktnamen „Mein Mild' Or", der das weitaus klangärmere „mild & fine" ersetzte. Die mit der Taufe initiierte Werbekampagne ließ den Bekanntheitsgrad der Sorte rasant klettern. Mit ihrem Team kreierte Susanne Latour aber auch „Moovy" für einen Obstjoghurt von Gervais Danone, „Start'n'go" für ein Frühstücksmüsli der Oswald AG, „Tigra" für ein Sportcoupé von Opel oder „Notabene" für einen internationalen Büro-Service.

G Tatsächlich ist es richtig, ihre Dienstleistung als Kreation zu bezeichnen: „Ein neuer Name kommt nicht als Gedankenblitz". Hinter einem neuen Namen stecken sechs bis zwölf Wochen Arbeit.

H Eine Zielgruppenanalyse zu Beginn des Prozesses legt eine grobe Richtung fest. Während der anschließenden Entwicklungsphase kommen im Schnitt 7 500 Kreationen zusammen. Sie entstammen den Assoziationen speziell zusammengesetzter Kreativgruppen oder den Zufallsgeneratoren ausgeklügelter Computerprogramme.

I Das ganze Prinzip erinnert an amerikanische Goldgräber: Viel Schlamm wird durchgesiebt um das Goldkörnchen zu finden. Das *Nomen*-Team wählt schließlich 500 Namen aus, die nun auf ihre internationale Einsetzbarkeit hin geprüft und juristisch gecheckt werden. Spezialisten klopfen mögliche Namen daraufhin ab, ob ihr Klang zum Produktimage passt.

Erst wenn dieser Prozess abgeschlossen ist, präsentiert Susanne Latour dem Kunden etwa zehn bis 15 Namensvorschläge. Dabei begründet sie jeden Einzelnen, beleuchtet seine Stärken und Schwächen und empfiehlt natürlich auch ihren Favoriten. Wenn der Kunde sich fünf Spitzenreiter herausgesucht hat, geht Nomen in die abschließende Phase der Akzeptanztests.

K Für eine vollständige Namenskreation zahlt ein Kunde 80 000 bis 150 000 DM. Dafür sichert ihm die 31-jährige Täuferin eine Betreuung bis zur Markteinführung einschließlich juristischer Beratung zu. Gekauft werden können aber auch Einzelleistungen wie eine einfache Beratung für die Namensfindung, eine rein juristische Prüfung oder ein Name, der lediglich für Deutschland gelten soll.

L Die Bedeutung der Namen wird in Zukunft noch zunehmen, schätzen Experten der Branche. „Und in den 90er Jahren wird sich ein beginnender Trend verfestigen, der auf mehr Originalität und Emotionalität setzt", tippt Latour. Nach der High-Tech-Euphorie der 80er Jahre stünden Lebenslust, Gefühle und Menschlichkeit wieder im Vordergrund. Ein Autoname, kombiniert aus Buchstaben und Ziffern, überzeugt beispielsweise keinen mehr. Heute fahren die Menschen lieber mit dem „Tigra" von Opel, essen Milkas „Lila Dream" [eine Schokolade] und schreiben auf der leisesten Rank-Xerox-Schreibmaschine „Piano".

Handelsblatt-KARRIERE Nr. 32/1994

1–2	Wortschatz
3–5	Leseverstehen
6–8	Redemittel
9–14	Leseverstehen
15	Bildbeschreibung
16–20	Wortschatz
21	Sprechen
22–23	Schreiben

11 Auf dem Markt

12 An verschiedenen Textstellen finden Sie seltener verwendete Wörter, die Sie jedoch mit Hilfe des Kontextes klären können, z. B. die Bedeutung von *taufen* (in der Überschrift). Beim Lesen des Textes und auch durch den Hinweis „Namensdesignerin" (ebenfalls in der Überschrift) lässt sich eine Verbindung zwischen *taufen* und *Namensgebung* herstellen. Versuchen Sie – ohne Wörterbuch – die ungefähre Bedeutung der folgenden Wörter aus dem Kontext zu erschließen:

a) Abschnitt A: *e Initiale, -n* _____

b) Abschnitt B: *s Passepartout, -s* (franz.) _____

c) Abschnitt B: *derb* _____

d) Abschnitt E: *requirieren* _____

e) Abschnitt F: *rasant* _____

f) Abschnitt G: *e Kreation, -en* _____

g) Abschnitt H: *ausgeklügelt* _____

h) Abschnitt I: *r Schlamm* _____

i) Abschnitt I: *durchsieben* _____

j) Abschnitt I: *checken* (engl. *to check*) _____

k) Abschnitt I: *abklopfen* _____

l) Abschnitt L: *tippen* _____

13 Was steht im Text?

a) Warum sollten Markennamen für weltweites Marketing gut überlegt sein?
   1. Weil Markennamen kulturspezifisch sein müssen.
   2. Weil Markennamen kulturelle Gegebenheiten berücksichtigen müssen.
   3. Weil Markennamen aus einer bestimmten Kultur kommen.

b) Die zunehmende Zahl von Warenzeichen
   1. wird wegen der enger werdenden Märkte zurückgehen.
   2. geht darauf zurück, dass mehr Produkte weltweit im Wettbewerb stehen.
   3. führt zu abnehmender Konkurrenz auf internationalen Märkten.

c) Susanne Latour
   1. hat bisher vor allem für vier große Unternehmen gearbeitet.
   2. steht im Wettbewerb mit anderen Namensdesignern.
   3. lässt ihre Dienste in zunehmendem Maße nur von bestimmten Branchen nutzen.

d) Die letzten 15 Namensvorschläge
   1. werden zunächst juristisch überprüft.
   2. sind zuvor hinsichtlich ihrer Akzeptanz getestet worden.
   3. sind daraufhin überprüft worden, ob man sie international verwenden kann.

e) Das Namensdesign der Zukunft
   1. muss Originalität und Gefühle berücksichtigen.
   2. muss auch auf Technologie setzen.

14 Bilden Sie selbst ein „Kreativteam". Setzen Sie sich ein Zeitlimit und erfinden Sie ein bis fünf Vorschläge für ein Produkt (Ideen unten). Gehen Sie vor wie Susanne Latour, d. h., präsentieren Sie anschließend Ihre Vorschläge, erörtern Sie dabei kurz deren Stärken und Schwächen und beziehen Sie sich ggf. auf aktuelle Trends. Begründen Sie, welchen Namensvorschlag Ihr Kreativteam favorisiert hat.

Produktideen:
– ein „vegetarischer" Schuh (nicht aus Leder, sondern aus pflanzlichen Materialien hergestellt)
– wasserklares (also farbloses) Bier
– ein Stadtrucksack
– ein Tennisschläger
– ein Kuscheltier
– ein Zelt
– eine Jeans
– ein Landrover
– eine elektrische Zahnbürste
– …

Bildbeschreibung

15 Bringen Sie eine Werbeanzeige aus einem Printmedium mit, die Ihnen aus irgendeinem Grund aufgefallen ist.

Das Bild
a) Beschreiben Sie, was auf dem Bild zu sehen ist.

Die Botschaft des Bildes
b) Welche Wirkung will dieses Bild erzielen? Durch welche Assoziationen soll das erreicht werden? Warum gelingt dies (nicht)? Wofür soll geworben werden?

Wortschatz

16 **Bezahlen**

Bezahlen kann man auf verschiedene Weise: mit Bargeld, mit einem Scheck, mit einer Kreditkarte, mit Hilfe einer Überweisung, sogar mit Naturalien. Welche Vor- und Nachteile ergeben sich bei den einzelnen Zahlungsmöglichkeiten?

17 **Ein Konto führen**

Um einen bargeldlosen Zahlungsverkehr abzuwickeln, braucht man ein Konto bei einer Bank.

a) Wiederkehrende Tätigkeiten dabei sind u. a. die folgenden: Ordnen Sie (ggf. mehrfach) die Wendungen in der linken Spalte den Verben in der rechten Spalte zu.

einen eigenen Scheck	tätigen
einen fremden Scheck	auflösen
von DM in Dollar	abbuchen
die Bank wird einen Betrag	einrichten
ein Konto	umtauschen
eine Überweisung	ausstellen
auf ein Konto	einzahlen
von einem Konto	einlösen
	abheben

b) Bei welchen dieser Tätigkeiten wird man

Geld erhalten	Geld ausgeben	weder ... noch

1–2	Wortschatz
3–5	Leseverstehen
6–8	Redemittel
9–14	Leseverstehen
15	Bildbeschreibung
16–20	Wortschatz
21	Sprechen
22–23	Schreiben

18 Fragen an Konteninhaber

a) Welche Möglichkeiten haben Sie Ihren aktuellen Kontostand zu überprüfen?
b) Welche Informationen gibt Ihnen ein Kontoauszug?
c) Wann erhalten Sie Zinsen?
d) Wann bezahlen Sie Zinsen?
e) Was passiert, wenn Sie Ihr Konto überziehen?
f) Wofür gibt es von einer Bank einen Vordruck?
g) Wofür braucht man einen Zahlungsbeleg?
(*etwas belegen* = etwas beweisen)
h) Falls Sie gerade eine wunderschöne, aber ziemlich teure Lampe gekauft und mit einer Kreditkarte bezahlt haben, auf Ihrem Konto aber nicht mehr ausreichend Geld vorhanden ist – welche Vorgänge geschehen dann auf Ihrem Konto?

11 Auf dem Markt

*Den vollständigen Text finden Sie im Lösungsteil.

19 Nehmen wir an, Sie finden irgendwo, z. B. in einem geliehenen Buch, ein Blatt Papier mit einem nicht vollständig lesbaren Text. Zu entziffern ist nur dieser Teil*:

```
            ..d den vielen Mensc...
        .1. Die beiden Männer gingen die Su...
      ..ner seinem Freund auf die Schulter tippte ...
    .,was ich höre?" Der Freund horchte und sagte: ,
    s Hupen der Autos und das Rattern der Omnibu...
    'er Nähe eine Grille zirpen". „Du mußt dich tä...
      ..e Grillen; und selbst wenn es welche gäbe, wu...
           Lärm nicht hören." Der Indianer ging ein paar
       ..eb vor einer Hauswand stehen. Wilder Wein r...
    . Er schob die Blätter auseinander; da saß tatsäc'
   'Weiße sagte: „Indianer können eben besser höre..
          Indianer erwiderte: „Da täuschst du dich. Ich w...
        .f ein 50-Cent-Stück auf das Pflaster. Es klimp...
            die nicht weit entfernt vorübergingen, wur...
```

J. Gründel

a) Können Sie die Geschichte rekonstruieren?
b) Wie lässt sich diese Geschichte interpretieren?

20 Karikaturisten sind (jedenfalls häufig) Kritiker. Diese Karikatur übt Kritik – aber woran (doch wohl nicht an dem mürrisch dreinblickenden Herrn)?

Chaval

200

Sprechen

21 Thesendiskussion

Lesen Sie die folgenden Äußerungen und ergänzen Sie sie ggf. um weitere. Legen Sie eine Denkpause ein, in der Sie auch noch einmal bei den Redemitteln zur Meinungsäußerung (s. Leselandschaft 1, Kapitel 4 und in Kapitel 7 dieses Buches) nachsehen können. Setzen Sie sich dann mit diesen Äußerungen in der ganzen Lerngruppe auseinander.

1. „Eine Tasse Tee auf dem Tisch, ein hölzerner Stuhl, ein Buch, das gut in der Hand liegt (wahlweise ein Musikinstrument), vor dem Fenster meinetwegen Regenwolken – mehr braucht ein Mensch doch eigentlich gar nicht."
2. „Das Geld für die Werbung sollte man besser für sinnvollere Zwecke einsetzen."
3. „Trends sind nicht einfach da, sondern werden gemacht: von der Wirtschaft, deren einziges Bestreben das Verkaufen ist."
4. „Geld verdirbt den Charakter."
5. „Für jedes neue Buch, das ich kaufe, verschenke ich ein altes, jedenfalls wenn ich jemanden dafür finde. Sonst werfe ich es eben weg."
6. „Flohmärkte? Es ist mir unbegreiflich, was man unter all dem alten Kram sucht und finden will."

…

Schreiben

22 Wiederholung

Wie heißt das Dokument,
- in dem die Firma mitteilt, was sie liefert, was es kostet und bis wann ich es bezahlen muss?
- mit dem bestätigt wird, dass ich bezahlt habe?
- mit dem ich mitteile, dass ich die Ware gern hätte?
- aus dem ich erfahre, was die Firma mir liefert?

Setzen Sie die Wörter *r Lieferschein – e Quittung – e Rechnung – e Bestellung* in der richtigen Reihenfolge ein.

1 _____ → 2 _____ → 3 _____ → 4 _____

1–2	Wortschatz
3–5	Leseverstehen
6–8	Redemittel
9–14	Leseverstehen
15	Bildbeschreibung
16–20	Wortschatz
21	Sprechen
22–23	Schreiben

23 Eine Korrespondenz in drei Teilen

Teil 1: Bestellen

Alle Bücher, von denen hier die Rede ist, gibt es wirklich, nur die Buchhandlung nicht ...

Angenommen, Sie benötigen Fachliteratur aus dem deutschsprachigen Raum; in Ihrem Fall handelt es sich um ein wirtschaftswissenschaftliches Standardwerk, und zwar von Hans Wole (oder so ähnlich, es könnte auch Wöhe oder Woehle sein – sicher ist nur, dass der Nachname mit W beginnt!), *Einführung in die allgemeine Betriebswirtschaftslehre*; Verlag, Erscheinungsort und Jahr sowie ISBN (Internationale Standard-Buchnummer) sind Ihnen leider nicht bekannt. Nehmen wir ferner an, dass wir heute den 14. Juli schreiben und Sie bis zum 15. August verreist sein werden. Leider kontrolliert niemand Ihren Briefkasten, aus dem gelegentlich etwas abhanden kommt; der Nachbar wäre aber da. Ferner benötigen Sie Ihr Buch bis zum 1. September. Da Sie eine international gültige Kreditkarte haben, dürfte die Bezahlung kein Problem sein. Eine Kollegin hat Ihnen von Frau und Herrn Schäfer erzählt, die Inhaber der Buchhandlung Ruprecht Zerhusen GmbH in München sind. Wenden Sie sich mit Ihrem Anliegen an diese Buchhandlung.

Planen

a) Entwerfen Sie zunächst ein Fax-Formular für Ihren Computer, das Sie forthin für alle Ihre Faxe verwenden möchten. Ein solches Formular (für die Titelseite) besteht klassischerweise aus Zeilen und Spalten, in die man jeweils die entsprechenden Daten einträgt. Bedenken Sie beim Entwerfen, welche Angaben Ihr Adressat braucht:

- Ein Buch kann er nicht faxen, es muss mit der Post geschickt werden.
- Wenn man selbst ein Fax aus dem Faxkorb angelt, ist es mitunter nützlich zu wissen, ob es gerade eingetroffen oder schon vor drei Tagen abgegangen ist.
- Wo soll Ihr Adressat anrufen, wenn Ihr Fax nur zur Hälfte durchgegangen ist?
- ...

b) Legen Sie einen Notizzettel an, auf dem alles steht, was in Ihre Bestellung hinein soll (s. o.).

Formulieren

a) Da Sie Ihren Adressaten nicht persönlich kennen, verwenden Sie Standardformulierungen (vgl. die Hinweise zum formellen Brief in Leselandschaft 1, Kapitel 4, Nr. 18–19).

b) Beachten Sie folgende Hinweise zur Stilistik formeller Korrespondenz:

1. Machen Sie es kurz und bündig.
2. Kommen Sie gleich zur Sache.
3. Versetzen Sie sich für einen Augenblick in die Situation Ihres Adressaten: Welche Informationen braucht er, welche nicht? (Er braucht beispielsweise nicht unbedingt zu wissen, wer Ihnen den Titel gegeben hat, warum Sie das Buch dringend benötigen; wichtig ist jedoch zu wissen, wie eilig es Ihnen ist, hilfreich daher die Angabe eines Termins.)
4. Ihr Adressat erhält viele Briefe und Faxe; er wird es Ihnen danken, wenn Sie übersichtlich schreiben, so dass er nicht alles dreimal lesen muss. Auch die Gefahr, dass etwas falsch verstanden wird, ist damit geringer.

1–2	Wortschatz
3–5	Leseverstehen
6–8	Redemittel
9–14	Leseverstehen
15	Bildbeschreibung
16–20	Wortschatz
21	Sprechen
22–23	Schreiben

Überarbeiten
Tauschen Sie Ihren Briefentwurf mit einem Lernpartner / einer Lernpartnerin aus.

Teil 2: Reklamieren

Nehmen wir an, Sie finden am 16. August da, wo Sie es haben wollten, ein Päckchen der Buchhandlung vor. Als Sie es öffnen, kommt Ihnen ein Lieferschein mit Ihrer Anschrift entgegen, auf dem korrekt der bestellte Titel (*Allgemeine Betriebswirtschaftslehre*) vermerkt ist. Statt dieses Buches finden Sie aber die folgenden zwei, in Plastik verschweißten Titel vor: Karl Popper, *Die offene Gesellschaft und ihre Feinde*, 2 Bde., UTB, und Ulrich Beck, *Risikogesellschaft. Auf dem Weg in eine andere Moderne*, edition suhrkamp, ferner einen kostenlosen, sehr willkommenen Auswahlkatalog „Wirtschaftswissenschaften". Was tun? Irgendetwas ist hier falsch gelaufen...

Planen
Schreiben Sie eine Reklamation. Ihre Gefühlslage ist natürlich gemischt: Immerhin erfreulich, dass die Lieferung pünktlich bearbeitet wurde und als Serviceleistung ein Auswahlkatalog beiliegt. Andererseits: Sie sind kein Soziologiestudent und was geschieht nun mit den beiden falschen Büchern? Den Popper haben Sie schon gelesen, er steht auch längst in Ihrem Bücherregal. Den Beck finden Sie immerhin so interessant, dass Sie die Plastikhülle entfernen und sogleich zwanzig Minuten in dem Buch lesen. Ergebnis: sehr anregende Lektüre.
Überlegen Sie sich, was zu tun ist; notieren Sie sich Stichwörter für ein Reklamationsfax (Termin, Bezahlungsmodus u. a. m.). Wenn Sie so weit sind:

Formulieren
Legen Sie eine kreative Pause ein und sammeln Sie dann Formulierungen für jeden Stichpunkt Ihres Faxes.

Überarbeiten
Lesen Sie mehrere Briefentwürfe von Lernpartnern und überarbeiten Sie dann ggf. Ihren Entwurf.

Teil 3: Ende gut, alles gut

Am 30. August erhalten Sie per Eilpäckchen endlich Ihre *Allgemeine Betriebswirtschaftslehre*. (Den Beck haben Sie inzwischen – wie Sie finden, mit persönlichem Erkenntnisgewinn – zu Ende gelesen. Es wäre nicht schlecht, auch einen Auswahlkatalog „Soziologie" zu besitzen.) Dies ist Ihnen Anlass für eine kurze Danksagung, verbunden mit einer erneuten Bitte (Katalog). Setzen Sie ein entsprechendes Fax auf.

Formulieren
Sammeln Sie gemeinsam mögliche Formulierungen für den Dank und Ihre Bitte.

1–4	Leseverstehen
5–9	Redemittel
10	Bildbeschreibung
11–14	Leseverstehen
15	Schreiben
16	Redemittel

Eine Idee von der Welt

Leseverstehen

1 a) Spielen Sie ein Instrument?

– Können Sie es (genau) beschreiben?
– Können Sie erklären, worin die besonderen Schwierigkeiten beim Spielen dieses Instrumentes liegen?
– Stimmt es, dass musikalische Menschen leichter Fremdsprachen lernen?

b) Falls Sie kein Instrument spielen:

– Betrachten Sie Musik als „Kunst" oder als „Krach"?
– Könnten Sie ganz ohne Musik leben?

2 Welche Art von Musik gefällt bzw. missfällt Ihnen? Ergänzen Sie die Vorgaben unter a) und b).

a) klassische, moderne, sanfte, rhythmische, rockige

_____

_____

_____ Musik.

b) Blasmusik, Jazz, Kantaten, Pop, Volksmusik, Chansons, Vokalmusik, Chöre, Improvisationen, Rock, Schlager, Opern

_____

_____

_____

*Den vollständigen Text finden Sie im Lösungsteil.

3 a) Lesen Sie sich den Text durch. Leider ist er nicht mehr ganz vollständig. Woraus könnte Ihrer Meinung nach dieser Ausschnitt* stammen?

b) Der Text bricht mit den Worten ab: „Türen zu einer anderen …". Wie könnte er weitergehen? Versuchen Sie den Text zeilenweise oder ganz zu rekonstruieren.

c) Worum geht es im Text? Welche Aussage liegt ihm zugrunde?

> das Bild der Hoffnung ist jemand, der mit einem Mu
> vorbeikommt. Es trägt nicht zur Unterdrückung be
> sondern zu etwas, das tiefer liegt. Der Junge auf sei
> ausgebleichtem Kunstleder auf dem Rücken, das Mä
> zerschrammten Geigenkasten auf die Straßenbahn
> Konzertbühnen, wo die Orchestermusiker auf Tisch
> ihre Futterale und Kästen öffnen und ihre glänzende
> herausnehmen und die Hohlformen ihrer Instrume
> Klarinetten, Querflöten und Fagotte mit ihrem Mund
> in weichem, ausgeformtem Samt; der Raum füllt sich
> Kakophonie der Instrumente, die sich um das a bew
> Stare und Drosseln um ein Stück Brot, und die Deck
> Kontrabässe stehen offen wie Türen zu einer anderen

4 Legen Sie in Ihrem Wörterheft ein Wortfeld (z. B. in Form eines Wörternetzes) zum Thema „Musik" an. Sie können z. B. folgende Unterteilungen vornehmen: Akustik – Instrumente – Epochen – Musiklehre – …
Ordnen Sie die Substantive, Verben und Adjektive, die Sie lernen möchten, in Sinngruppen grafisch an.

Redemittel

5 **Ideen**

a) Suchen Sie aus der Liste der Substantive die Wörter heraus, die eine eindeutig positive oder eindeutig negative Bedeutung haben. (Die meisten sind neutrale Begriffe.)

b) Welche der Substantive und Verben lassen sich miteinander kombinieren? Mehrfache Zuordnung ist möglich, es gibt aber auch feste Wendungen, z. B. *Erkenntnisse gewinnen*.

Notieren Sie ca. zehn Kombinationen und konkretisieren Sie jede Kombination mit einem Satzbeispiel, z. B. so: *Überlegungen – anstellen:* Bevor man ein schwieriges Thema diskutiert, sollte jeder eigene Überlegungen dazu anstellen …

Substantive
e Überlegung, -en   e Reflexion, -en   r Einfall, ¨e
e Bedeutung, -en   e Erkenntnis, -se   r Sinn
e Vorstellung, -en   e Fantasie, -n   r Gedanke, -n
e Idee, -n   e Skizze, -n   s Projekt, -e   e Illusion, -en
s Luftschloss, ¨er   r Geistesblitz, -e   e Essenz
…

Verben
anstellen   haben   erkennen   kommen auf + A
gewinnen   suchen   artikulieren   entwickeln
ausdrücken / zum Ausdruck bringen   konkretisieren
erläutern   veranschaulichen   präsentieren   bauen
sich machen   es gibt + A   entstehen   in Angriff nehmen
…

1–4	Leseverstehen
5–9	Redemittel
10	Bildbeschreibung
11–14	Leseverstehen
15	Schreiben
16	Redemittel

6 Schreiben Sie die unten stehenden Sätze neu, ohne deren Sinn zu verändern. Verwenden Sie dabei die Substantive und Verben aus der Redemittelliste.

a) Haben Sie irgendwelche Ideen zu diesem Thema?
b) Haben Sie vielleicht eine gute Idee, wie man …?
c) Wir müssen uns etwas einfallen lassen hierzu.
d) Wir brauchen eine gute Idee / gute Ideen.
e) Es mangelt uns an guten Ideen.
f) Könnten Sie diese Idee ein bisschen mehr ausführen?
g) Wir können diese Ideen leider nicht verwirklichen.
h) Seine Ideen wurden verkannt.
i) Wenn Sie diese Idee für realisierbar halten, täuschen Sie sich.

7 Ideen, Weltbilder, Ideologien

Beispiele: die Idee (des Fortschritts / der Gleichberechtigung …) – das Weltbild (des Mittelalters / des Humanismus / mein persönliches Weltbild …) – eine politische / wirtschaftliche … Ideologie: der Kommunismus, der Kapitalismus …

Inwiefern sind diese drei Begriffe unterschiedlich, einander ähnlich oder gleich?

8 Von der Idee zur Realisierung eines Projekts: Christo & Jeanne-Claude, *Wrapped Reichstag (Verhüllter Reichstag)*, Berlin 17. 6. – 7. 7. 1995

Das Berliner Reichstagsgebäude wurde 1884–1894 erbaut. Als nationales Symbol erinnert es an verschiedene Stationen deutscher Geschichte: 1918 wurde aus einem seiner Fenster die „Republik" ausgerufen. 1933 benutzten die Nationalsozialisten den „Reichstagsbrand" als Anlass die wichtigsten Grundrechte außer Kraft zu setzen. Ein weltberühmtes Foto zeigt sowjetische Soldaten mit ihrer Fahne auf dem Dach des Gebäudes zu Ende des Zweiten Weltkrieges 1945. Von 1961 bis 1989 stand das Gebäude direkt an der Berliner Mauer, der Grenze zwischen Ost und West. In den Neunzigerjahren begann der Umbau zum neuen Deutschen Bundestag in der neuen Hauptstadt Berlin.

Christo und Jeanne-Claude:
„Wrapped Reichstag, Berlin 1971 – 95"

12 Eine Idee von der Welt

9 Lesen Sie die Geschichte des Projekts in einer Kurzfassung. Setzen Sie die folgenden Wendungen, sofern passend, in die erste Spalte ein:

die Idee: – haben – begründen – entscheiden über + A – konkretisieren – ausführen – diskutieren – ablehnen – unterstützen – erläutern

	1971	Michael S. Cullen, ein in Berlin lebender Amerikaner, schreibt seinem Freund Christo in New York eine Postkarte mit der Ansicht des Reichstags. Sein Vorschlag: Dieses Gebäude zu „verhüllen".
	1972	Christo fertigt erste Zeichnungen an.
	1973	Cullen richtet in Berlin ein Projektbüro ein.
	1976– 1995	Christo diskutiert auf zahlreichen Zusammenkünften mit Politikern und der Öffentlichkeit seinen Plan das Gebäude für zwei Wochen mit silbern beschichteten Polypropylen-Planen zu verhüllen.
	1987	Presseberichten zufolge ist das Bundestagspräsidium gegen das Projekt.
	1989	Die Berliner Mauer fällt.
	1990	Rita Süssmuth, Bundestagspräsidentin seit 1988, sagt Christo ihre Hilfe für die Verwirklichung dieses Projektes zu.
	1995	Der Deutsche Bundestag stimmt mit 292 gegen 223 Stimmen für das Projekt.
	1995	Vom 17. 6. bis zum 7. 7. ist der Reichstag verhüllt. Das Projekt wird ausschließlich von den Künstlern finanziert (durch Vermarktung der Skizzen, Zeichnungen und Fotos). Hunderttausende Kunst-Touristen besuchen in diesen 14 Tagen Berlin.

1–4 Leseverstehen
5–9 Redemittel
10 Bildbeschreibung
11–14 Leseverstehen
15 Schreiben
16 Redemittel

Bildbeschreibung

10
1. Christos Kunst soll „flüchtig" bleiben und nur in der Erinnerung weiterexistieren. Wie gefällt Ihnen diese Idee?
2. Wie kann, soll, darf man den *Verhüllten Reichstag* interpretieren? (*mit einer Idee etwas darstellen / symbolisieren / auf etwas hinweisen / zum Ausdruck bringen …*)
3. Hätten Sie das Projekt genehmigt (ggf.: Unter welchen Bedingungen)?
4. Entspricht oder widerspricht dieses Projekt Ihrer Vorstellung von Kunst?
5. Hätten Sie Interesse gehabt, deswegen im Sommer 1995 (wie die vielen Kunst-Touristen) nach Berlin zu fahren?
6. Kennen Sie vergleichbare Kunstwerke?

Leseverstehen

11 Der Text *Highway durch Moskau* handelt von einem Gemälde. Sehen Sie sich, bevor Sie den Text lesen, eine Reproduktion dieses Gemäldes an.

Aleksandr Deineka, Mount Vernon Highway, 1935; 60 x 80 cm.
Staatliches Russisches Museum, St. Petersburg

12 Eine Idee von der Welt

1–4	Leseverstehen
5–9	Redemittel
10	Bildbeschreibung
11–14	Leseverstehen
15	Schreiben
16	Redemittel

a) Was ist auf dem Bild zu sehen, was nicht? (im Vordergrund / im Hintergrund / am – rechten, linken, oberen, unteren – Bildrand / in der Mitte / links, rechts von der Mitte / am Horizont ...)

b) Ort und Zeit?

c) Was für eine Stimmung übermittelt dieses Bild? Notieren Sie ein paar Begriffe, die aus Ihrer Sicht die Stimmung des Bildes wiedergeben.

12 Der Autor des Textes ist Wim Wenders (geb. 1945, Düsseldorf), einer der profiliertesten deutschen Filmemacher (u. a.: *Paris, Texas*; *Der Himmel über Berlin*).

a) Notieren Sie beim ersten Lesen einige Fakten

– zum Autor und seiner Begegnung mit dem Bild (wann? wo?)

_____

– zum Maler und seiner Biografie

_____

b) Markieren Sie jene Textpassagen, in denen das Bild beschrieben und interpretiert wird.

c) Lesen Sie noch einmal die Bildinterpretation und kreuzen Sie dabei von den folgenden Begriffen jene an, die Sie als Schlüsselwörter (für die Interpretation des Bildes) bezeichnen würden.

unerwartet	☐	Weite	☐
wiedererkennen	☐	Wehmut	☐
Amerika	☐	Fenster	☐
vergangene Zeit	☐	Gefühl	☐
Straße	☐	Geruch	☐
Hügel	☐	Horizont	☐
überall und nirgends	☐	Eindruck	☐
Luft	☐	Erinnerung	☐
Licht	☐	Nachbilder	☐
Recht	☐	Hotelzimmer	☐

d) Eines der Schlüsselwörter für die Bildbeschreibung ist für den Autor so zentral, dass er es später im Text wiederholt. Welches?
_____

211

Wim Wenders
Highway durch Moskau

Vor einem Jahr kannte ich die Bilder von Alexandr Deineka noch nicht. Ich kannte nicht einmal seinen Namen. Ich war für ein paar Tage in Leningrad. Ich wußte von den verborgenen Schätzen der Eremitage, fragte nach den Kandinskys, und ein freundlicher Museumsdirektor erlaubte mir, unter der Führung einer etwas mürrischen Konservatorin einen Rundgang durch das Depot sowjetischer Kunst zu machen. Wir streiften durch ein Labyrinth von Sälen, in denen Abertausende nie oder nur selten ausgestellter Gemälde gestapelt standen, allesamt aus diesem Jahrhundert. Hin und wieder zog meine Führerin ein Bild aus einem der tiefen Holzregale, um es nach zwanzig Sekunden wieder zurückzuschieben, oder wies auf eines der Gemälde, die Rahmen an Rahmen bis hoch unter die Decke hingen. Kandinskys waren darunter, Jawlenskys, Gabos, Malewitschs, Abstrakte, Impressionisten, Futuristen, bekannte und unbekannte Namen. Mir schwirrte der Kopf. Zu viele zu flüchtige Eindrücke, zu wenig Zeit, zu groß die Versuchung, „alles mitkriegen" zu wollen und daher gar nichts mehr zu sehen.

Im sechsten oder siebten Saal wandte ich mich zum Fenster, um Luft zu holen. Selbst in der dunklen Ecke des Raumes, schräg über dem Fenster, hing noch unter der Decke ein Bild, nur schlecht zu erkennen hinter den Sonnenstrahlen, die den Staub in der Ecke flimmern ließen. Ich trat näher.

Ein kleines luftiges Gemälde hing da, eine Landschaft mit einer breiten Straße, die sich quer hindurch zum Horizont zieht. Ein paar Autos, ein paar Bäume und Sträucher, sonst nichts. Ich stand trotzdem wie vom Donner gerührt. Das Bild war mir so unerwartet erschienen, daß ich durch nichts auf diesen Akt der „Wiedererkennung" vorbereitet war. Dieses war ein Bild aus Amerika. Unzweifelhaft. Aus dem „Amerika" mit den Anführungsstrichelchen nämlich, das zwar in den USA liegt, geographisch, aber gleichzeitig auch in dem mythischen Land meiner Kindheit, in dem „Amerika" eben, nach dem mich immer noch mitunter ein wildes Heimweh zieht. Woran war dieses Land zu erkennen? Wohl kaum an den Autos, die waren aus einer vergangenen Zeit und kaum zu identifizieren. War es die durchgehende weiße Linie, die aus der „Straße" einen „Highway" machte? War es der Farbfleck, das rote Schild (oder ist es ein Briefkasten?) im Mittelgrund? War es der Eisenbahnübergang, der sich oben auf dem Hügel ankündigt? Waren es die Bäume und Sträucher? Nein, die sicherlich am wenigsten, die waren am allgemeingültigsten in dieser Landschaft, in der tatsächlich jedes einzelne Element „überall und nirgends" sein konnte. Das Spezifische war vielmehr das, was allen Dingen in diesem Bild gleichermaßen anhaftete, es war die *Luft* oder auch: *ein Licht*, gleichzeitig eine Temperatur, eine Farbtemperatur, eine Kälte, eine winterliche Klarheit und Schärfe von Konturen, ein Wissen um die Weite, die sich nach jener Anhöhe aufs neue ausbreiten würde, ein Eintauchen in diese nicht enden wollende Eintönigkeit, in der jedes Ding, jeder Baum und jeder Strauch auf verlorenem Posten, aber dafür um so trotziger um sein Recht kämpft, gesehen und als einzigartig erkannt zu werden; kurz, da war eine Wehmut, eine große Wehmut, die ich aus Romanen (zum Beispiel aus den Beschreibungen russischer Landschaften) kenne und die sich mir als eigene Erfahrung nur eingegraben hat unter dem Namen *Der Mittlere Westen*.

Das war es also, was mich plötzlich auf Zehenspitzen stehen ließ, im Depot der Eremitage in Leningrad, um dieses kleine Bild in der Fensterecke besser erkennen zu können: Ich hatte ein *Gefühl* wiedererkannt und damit *Licht* und *Luft* des Mittleren Westens. In diesem kleinen Bild waren auch die kalten Hände vom letzten Auftanken zu spüren und der Geruch von Kaffee und Pfannkuchen in dem unvermeidlichen Coffeeshop in der nächsten namenlosen Kleinstadt. Was war an diesem Licht und der Luft so unverkennbar? Vielleicht waren es die blassen Farben, vielleicht die kurzen Schatten, vielleicht die Milchigkeit, hinter der die Autos nur für einen Moment festgehalten scheinen, um im nächsten Moment unmerklich einen Ruck vorwärts machen zu können. Vielleicht war es auch der Horizont, der ohne Begrenzung in die Straße überzugehen schien. Vielleicht war die Kraft von Licht und Luft auch die der Schwingung der Straße oder die der Dreiergruppe von Bäumen, Sträuchern und davonfahrenden Autos. Ich hatte jedenfalls nicht den Eindruck, daß das Bild an Ort und Stelle gemalt war (vielleicht täusche ich mich da). Zu sehr schienen mir alle Dinge und Erscheinungen aus der Erinnerung hergeholt, nur noch halb lebendig, aber dafür um so anhaltender, wie die Nachbilder einer Autofahrt, an die man sich in derselben Nacht noch vor dem Einschlafen in dem unvermeidlichen Hotelzimmer erinnert. (Auch dieses Zimmer war in dem Bild mitgemalt.) Kein detailreicheres Bild könnte je genauer sein als diese Nachbilder.

Das Photographieren war in dem Depot nicht erlaubt, aber meine Führerin gestattete mir dennoch, mein kleines Bild zu photographieren, „wenn es das einzige bliebe". Der Maler hieß Alexandr Deineka, und der Titel stand auf dem Rahmen geschrieben: *Mount Vermont Highway*. Das Jahr: 1935.

In den darauffolgenden Sälen bekam ich noch, zu kurz, zu schnell, drei weitere ebenso aufregende Bilder von Deineka zu sehen. Eine Mutter mit einem Kind auf dem Arm, eine Straße in Paris, eine Frau, die sich im Spiegel betrachtet. Den Bildern war gemeinsam, daß sie alle recht wenig an „Stil" und „Ausdrucksmitteln" interessiert schienen, aber dafür um so mehr an der Wahrheit eben jener Nachbilder. Am nächsten Morgen fand ich in einer Buchhandlung einen Bildband, der Deinekas Lebenswerk umriß und eine erstaunliche Lebensgeschichte erzählte: von dem 18jährigen Kunststudenten, der 1917 die Revolution miterlebt und Soldat der Roten Armee wird, von dem Plakat- und Agit-Prop-Maler der zwanziger Jahre, von einem, der dann in den dreißiger Jahren ein lyrisches und besonnenes Malen neu entdeckt, von einem großen Reisenden, der weite Teile der Sowjetunion und 1935/36 auch die USA, Frankreich und Italien durchreist, über den Auftragsmaler der fünfziger Jahre, in denen Deineka zumeist pathetische Schinken, Prototypen des Sozialistischen Realismus, anfertigt, bis hin zu den sechziger Jahren, in denen der wirkliche Maler in ihm wieder zu erwachen und zu seinen eigenen Bildern zurückzufinden scheint. Alexandr Deineka starb im Jahre 1969.

Ich kenne Deinekas Werk nur aus diesem Buch und aus einer halbstündigen urplötzlichen Konfrontation in dem staubigen Depot der Eremitage. Trotzdem ist er für mich ein großer, viel zu unbekannter, exemplarischer Maler des 20. Jahrhundert.

gefunden in: ZEIT-Museum der 100 Bilder

1–4	Leseverstehen
5–9	Redemittel
10	Bildbeschreibung
11–14	Leseverstehen
15	Schreiben
16	Redemittel

e) Wählen Sie „Ihren" Schlüsselbegriff für die Bildinterpretation und verknüpfen Sie ihn mit anderen Wörtern und Aussagen dieses Essays.

13 Bleiben Sie in jenen Passagen, in denen das Bild interpretiert wird. Unter den verwendeten Verben finden Sie die folgenden. Ergänzen Sie Bezugswörter und Satzbeispiele.

Verb	*Bezugswort*	*Satzbeispiel (aus dem Text / oder textunabhängig)*
sich ziehen	Straße	Die Straße zieht sich zum Horizont.
erscheinen		
sich ankündigen		
anhaften		
eintauchen		
erkennen		
eingraben		
wiedererkennen		
festhalten		
übergehen		
sich täuschen		

14 a) Durchforsten Sie den ganzen Text nach Wörtern, die ein Wortfeld *Kunst* ergeben. Beispiele: *Museum – Führung – Konservatorin – Rundgang – Depot – …* Gruppieren Sie diese Wörter auf einem Blatt Papier (auf der Tafel, auf einem Plakat), so dass zusammen steht, was zusammen gehört; viele Begriffe lassen sich beispielsweise den Stichwörtern „Museum", „Stilrichtungen", „Gemälde" zuordnen.

b) Erweitern Sie dieses Wortfeld um Begriffe,

– die mit der Arbeitsweise (den Techniken) eines Künstlers zu tun haben:
  s Atelier, -s   r Pinsel, -   e Zeichnung, -en   …

– die aus der Wortfamilie *Kunst* kommen:
   *Kunstakademie / -maler / -postkarte / -geschichte / -szene /
   -theorie / -kritiker / -handwerk ...*

– indem sie weitere Stilrichtungen bzw. Epochen der Kunstgeschichte ergänzen:
   Antike, Mittelalter, Renaissance, ...

1–4	Leseverstehen
5–9	Redemittel
10	Bildbeschreibung
11–14	Leseverstehen
15	Schreiben
16	Redemittel

Schreiben

Mein Bild

15 Wählen Sie sich selbst ein Bild aus, um es zu beschreiben oder zu deuten – aus Ihrer Erinnerung, aus einer Publikation, von einer Postkarte, von Ihrem Lieblingsmaler oder einem anderen. Denken Sie daran, dass Ihr Leser (z. B. ein Lernpartner) das Bild u. U. nicht kennt oder ihm keine Reproduktion zur Verfügung steht. Interpretieren Sie das Bild so, wie Sie es sehen. Setzen Sie sich ein Schreibzeit- und Wörterlimit und gehen Sie in den drei Schritten *Planen – Formulieren – Überarbeiten* vor.

Redemittel

16 Begrüßung und Abschied

Eine Liste zum Weiterführen. Teilen Sie die Redemittel aus dem Katalog ein in

formelle Varianten	informelle Varianten	regionale Varianten

Begrüßung

Guten Tag! / Hallo! / Grüß Dich – Grüß Sie! / Sei gegrüßt – Seien Sie gegrüßt! / Moin! / Servus! / Grüezi! / Ah, Herr Müller ... Wie geht's? / Da ist ja der Roland! / Hi! / Na? (usw.)

Abschied

Auf Wiedersehen! / Tschüss! / Bis die Tage! / Servus! / Wir hören voneinander! / Ich melde mich dann! / Bis dann! / Also ... / In diesem Sinne ...! / Gute Nacht! / Halt die Ohren steif! / Schönen Tag noch! / Also frohes Schaffen! / Alles Gute! / Bis demnächst! / Was ich noch sagen wollte: ...! / Bleib gesund – Bleiben Sie gesund! / Und grüß' mir den Werner recht herzlich – Und grüßen Sie die Renate! / Ich mach' mich jetzt vom Acker! / Jetzt muss ich aber los! / Schönes Wochenende! / Erholen Sie sich ein bisschen! / Jetzt will ich dich / Sie aber nicht länger aufhalten! / Jetzt wird's aber Zeit (für mich)! Machen Sie's gut – Mach's gut! (usw.)

Lösungen und Hinweise zu den Aufgaben

1 Eine Vogelfeder finden

3b Die erste Äußerung ist von einem Kind, die zweite von einem Erwachsenen. In dieser Reihenfolge geht es immer weiter.
10a Eigenschaften sind etwas Stabiles, während Stimmungen momentanen Charakter haben.
12 A 2, B 1, C 4, D 6, E 3, F 5
13 Szenen sind B, C, D
15 Abschnitt A: 1, Abschnitt C: 1, Abschnitt E: 1, Abschnitt F: 1
16 4, 2, 3, 1 ist die Reihenfolge im Original.
23 1 C, 2 G, 3 D, 4 F, 5 H, 6 E, 7 B, 8 A
24 a 1, b 3, c 1, d 2, e 2

2 Sondern für das Leben

1b A: 1, 11, 16; B: 2, 5, 8, 20, 23; C: 4, 8, 14, 15; D: 7, 21; E: 3, 24
3 Partizip II: studiert, gelehrt, unterrichtet, motiviert, gepaukt, gebüffelt, nachgesessen, beherrscht, gemerkt, erreicht, geschlossen, organisiert
5 ... was ein sog. „Mindmapping" ist, wie es funktioniert, wozu man es gebrauchen kann und woher es kommt.

3 Ich@Computer

1 A 1, 5; B 1, 2; C 2, 5; D 1, 5; E 3; F 4
2b Sinnvoll wäre: A 1; B 3; C 9; D 6; E 7; F 8; G 4; H 5; I 11; J 12; K immer!; L 2; M 10
3a Das Verb steht auf der ersten Satzposition, nicht – wie sonst bei Hauptsätzen – auf der zweiten.
4a a) Korthals; b) Kasischke, Hellweg, Vehrs; c) Zimmer, Hellweg; d) Zimmer; e) Korthals; f) Zimmer; g) Korthals; h) Hellweg, Vehrs
4c Hier: 1. in jeder Situation; 2. sehr schnell; 3. ein größeres Problem haben; 4. mit etwas zufrieden sein, was nicht optimal ist; 5. eng; 6. geben 7. ausgegebene; 8. es gefällt ihm nicht
5 1 b, 2 a, 3 f, 4 c, 5 f, 6 d, 7 g
7b (1) einen Netzanschluss hat / an das Netz angeschlossen ist; (2) eingewählt; (3) on line; (4) Zugriff; (5) gewöhnen; (6) Sekunden; (7) Seiten; (8) Zeit; (9) unterscheiden. (Der letzte Satz:) Es ist noch ein

Lösungsschlüssel

wenig schwieriger als bei der Zeitung, wo in der Regel gut ausgebildete Leute die Informationen bereits sortiert und redigiert haben.

8 b dicke Linie: Max; dünne Linie: Robert; gestrichelte Linie: Klara

8 d 1. einschalten + A; 2. bestehen + Präp. (aus + D); 3. einschieben + A; 4. sich widmen + D; 5. bearbeiten + A; 6. aufrufen + A

4 Meine Arbeit

1 1 e, 2 g, 3 a, 4 d, 5 c, 6 b, 7 f

3 b 1 B, 2 C, 3 I, 4 F, 5 G, 6 D, 7 A, 8 H, 9 E

3 c Nahe liegend ist ein Ablaufdiagramm, das z.B. mit der Abstimmung über einen Streik beginnt.

5 1 D, 2 G, 3 A, 4 C, 5 F, 6 B, 7 E

6 a Textabschnitt A: Selbstverwaltung bedeutet, dass *ohne Chef gearbeitet wird und alle gleiches Mitspracherecht haben.*

6 b Textabschnitt B: 1. Gleichberechtigung; 2. gleicher Lohn für alle; 3. ökologischer Anspruch; 4. keine Arbeitsteilung

6 c Textabschnitt B: mitunter die Herstellungsverfahren so kompliziert sind.

6 d Textabschnitt D mit Bezug auf vorhergehende Abschnitte: ... „Realo" nicht prinzipiell gegen Arbeitsteilung ist. „Fundamentalist" ist prinzipiell gegen Arbeitsteilung.

6 e Textabschnitt E: so viel verdienen, wie jeder braucht

6 f Textabschnitt F: 1. sie flexibel auf den Markt reagieren; 2. sich ihre Steuermoral verbessert hat; 3. sie ihre Sozialversicherungsbeiträge leisten wie andere Unternehmen auch.

6 g Textabschnitt G: weil die Mitarbeiter keine wirtschaftliche bzw. technische Ausbildung haben. / (ansonsten erwerbslos) sie wären sonst arbeitslos, hätten keinen Arbeitsplatz.

10 Hinweise: Strukturwandel / Strukturkrise: wenn eine Region oder ein Wirtschaftsbereich sich grundlegend ändert oder Probleme hat; Stellenabbau: Entlassungen; Mittelstand: kleine und mittelgroße Unternehmen, i.d.R. bis 500 Mitarbeiter; Mitbestimmung: gesetzlich geregelte Beteiligung der Arbeitnehmer an den Entscheidungen im Unternehmen, u.a. durch Sitz und Stimme im Aufsichtsrat; Betriebsrat: Vertretung der Arbeitnehmer; Kündigungsschutz: gesetzliche Regelungen, die Kündigungsfristen u.a.m. festlegen; Arbeitsamt: staatliche Einrichtung, die u.a. für Berufsberatung, Stellenvermittlung und die verwaltungsmäßige Betreuung von Arbeitslosen zuständig ist; Zeitvertrag: ein befristeter Arbeitsvertrag; Subvention: die Unterstützung von privaten Haushalten oder der Wirtschaft durch den Staat (direkt oder durch Steuervergünstigungen); das Wirtschaftswunder: das starke Wirtschaftswachstum im Nachkriegsdeutschland; Besitzstandsdenken: richtet sich gegen alles, was den bestehenden Besitzstand (z.B. eine bestimmte Gehaltshöhe) gefährden könnte; Sozialhilfe: die finanzielle Unterstützung des Staates von Personen, die nicht erwerbstätig sein können und von niemandem sonst unterstützt wer-

Lösungsschlüssel

den; ABM: ein vom Staat (teil-)finanzierter Arbeitsplatz; Kurzarbeit: obligatorische Kürzung der Arbeitszeit bei entsprechendem Gehaltsverlust; Wohlfahrtsstaat: wenn die soziale Sicherung (bei Krankheit, Arbeitslosigkeit usw.) durch Gesetze umfassend geregelt ist und dadurch ein „soziales Netz" ensteht; Marktnische: ein i. d. R. kleiner Markt für ein Produkt, das sonst niemand anbietet.

14 Neben den offenkundig möglichen Kombinationen sind wichtig:
 – Der Angerufene meldet sich (nicht).
 – Den Hörer abheben / auflegen.
 – Eine Nachricht auf Band sprechen.
 – Den Anrufbeantworter abhören.
 – Das Besetztzeichen ertönt.
 – Ein Fax / eine Nachricht per Fax senden / abschicken / durchgeben.
 – Ein Telefonat führen.

17 aufhalten + A (aufgehalten) / verbinden + mit + D (verbunden) / sprechen + mit + D (gesprochen) / zurückrufen + A (zurückgerufen) / geben + D + A (gegeben) / warten + auf + A (gewartet) / wiederholen + A (wiederholt) / buchstabieren + A (buchstabiert) / verstehen + A (verstanden) / meinen + A (gemeint) / festhalten + A (festgehalten) / hinterlassen + A + für + A (hinterlassen) / anrufen + wegen + G (angerufen) / sagen + D + A + über + A (gesagt) / suchen + A (gesucht) / entschuldigen + A (entschuldigt) / hören + A (gehört) / ausrichten + A + an + A (ausgerichtet) / grüßen + A (gegrüßt)

21 1 J, 2 K, 3 A, 4 F, 5 N, 6 M, 7 C, 8 O, 9 L, 10 D, 11 I, 12 H, 13 B

5 Meine Zeit

1 (a) 3; (b) 1; (c) 6; (d) 4; (e) 2

5 Es wurde sinngemäß gefragt, (1) in welchem Tempo sich heute Veränderungen vollziehen (2); ob die Zeit schnell oder langsam vergeht; (3) ob man persönlich unter Stress leidet; (4) ob die meisten Bundesbürger unter Stress leiden; (5) ob man an einem Feiertag Langeweile verspürt.

6 Im Text wird „Stress" als „ständig unter Zeitdruck sein" beschrieben. Eine solche Definition passt zu a) und b), während c) und d) eher „nervenaufreibend" (aus welchen Gründen auch immer) meinen.

8 „Zeitplansystem": ein Kalender, mit dem man nicht nur seine Termine, sondern auch Aufgaben und Aktivitäten überwacht; etwas im „Zeitraffer" zeigen: z. B. in einem Film das Tageswachstum einer Pflanze in 30 Sekunden; „Zeitkiller": alles, was einem Zeit stiehlt; „Zeitlupe": Gegenteil von Zeitraffer.

13 A 2, B 1, C 6, D 5, E 3, F 4

14 A 2, B 1, C 2, D 1, E 3, F 3

16 a 1. Präpositionen: in, mit, nach, über, auf, an, zwischen, vor, von, im, bei; 2. Konjunktionen: und, dass, obwohl, weil, wenn, aber, während

16 b 1 während; 2 an; 3 in; 4 aber; 5 zwischen; 6 auf; 7 dass; 8 und; 9 bei; 10 mit; 11 im; 12 von; 13 vor; 14 zwischen; 15 zwischen; 16 und; 17 an; 18 wenn; 19 aber; 20 und; 21 an; 22 wenn; 23 in; 24 wenn; 25 wenn; 26 auf; 27 mit; 28 wenn; 29 über; 30 mit; 31 nach; 32 in; 33 weil; 34 dass; 35 auf; 36 und; 37 mit; 38 in; 39 und; 40 dass; 41 und; 42 und; 43 auf; 44 in; 45 in; 46 in

6   Im öffentlichen Raum

2 b) e Bitte, -n / um + A; c) e Spende, -n; d) e Wahl, -en; e) e Eröffnung, -en; f) s Studium, -dien; g) s Management; h) e Werbung / für + A; i) e Gründung, -en; j) e Rekrutierung; k) e Finanzierung, -en; l) r Kauf, ⁀e; n) e Forderung, -en / nach + D; p) r Kampf, ⁀e; q) e Leitung; r) e Vermeidung; s) r Riss, -e; u) e Begleitung; v) e Verhandlung, -en / mit + D über + A

5 b Die Arbeitsschwerpunkte sind: *Ärzte ohne Grenzen:* medizinisches Hilfspersonal in Kriegs- und Katastrophengebieten.
terre des hommes: die Rechte und bessere Lebensbedingungen von Kindern, insbesondere in Entwicklungsländern. *amnesty international:* Hilfe für „Gewissensgefangene", Kampf gegen Folter und Todesstrafe. *Greenpeace:* Umweltschutz.

5 c Degagement: abnehmende oder fehlende Neigung sich für öffentliche Belange einzusetzen.

8 *neutral:* mitteilen, meinen, vorschlagen, verlangen, hinweisen, ergänzen, ansprechen, erläutern, erklären, sprechen, begründen, verlautbaren lassen, als Grund nennen, äußern, durchblicken lassen, beabsichtigen, bezeichnen
positiv: bestätigen, sich aussprechen für, unterstützen, würdigen, zustimmen, akzeptieren, sich überzeugt zeigen, fordern, sich beeindruckt zeigen, übereinkommen, begrüßen, aufrufen, verständigen, stimmen für, bekräftigen, die Meinung teilen, sich einsetzen für, plädieren für, empfehlen, versichern, sich überzeugt zeigen, sich aussprechen für
negativ: kritisieren, bedauern, vorwerfen, protestieren, in Frage stellen, zurückweisen, bezweifeln, stimmen gegen, ablehnen, Kritik üben, es kommt zu Differenzen
Passen folgende Verben in das Schema: unterstellen / dementieren (widerrufen) / behaupten / zu erkennen geben?

9 „Politikverdrossenheit" (Desinteresse an Politik) war 1992 in Deutschland ein „Wort des Jahres". – Vor einer „Gewissensentscheidung" steht z. B. ein junger Mann, der sich für Wehrdienst bzw. Zivildienst enscheidet. – „Schwellenland": nicht mehr Entwicklungsland, noch nicht Industrienation – „basisdemokratisch": wenn die Bürger direkt über Gesetze entscheiden (z. B. beim Volksentscheid) – „Grundrechte": die ersten 19 Artikel des deutschen Grundgesetzes (u. a. zu Meinungsfreiheit, Versammlungsfreiheit)

11 Beispiel: Die Parteien stellen ihre Kandidaten auf und führen mit ihnen den Wahlkampf. Bei der Wahl bestimmen die Bürger, welche Kan-

Lösungsschlüssel

didaten sie im Parlament vertreten. Das neue Parlament setzt sich aus diesen Abgeordneten zusammen. Eine oder mehrere Parteien stellen die Regierung, die anderen bilden die Opposition.

12 a) Kandidaten; b) Wahlkampf; c) Parteien; d) Abgeordneten; e) Parlament; f) Regierung; g) Parlamente; h) Partei; i) Regierung
13 a) A; b) B – H; c) I – M; d) N
15 a) Obwohl; b) sich intensiv beschäftigen; c) nichts Kompliziertes; d) unsicher; e) zu entgegnen; f) negativen; g) bisher; h) entspricht seinem Charakter; i) weil
16 (B) dürftig, (C) geriet in die Polititk, (F) von routinierter Abgebrühtheit keine Spur, (F) offen, (J) ganz nebenbei, (L) überbezahlt, (L) mit Bedacht gewählt, (M) spontan
23 a) auflisten; b) angehen; c) andiskutieren; d) auszudiskutieren; e) durchdiskutieren; f) ignorieren; g) bedacht; h) angedacht
29 (1) diskutiert, (2) setzen, (3) vorzuziehen, (4) zurückzustellen, (5) vertagen, (6) setzen, (7) Thema, (8) aufgestellt, (9) gesetzt

7 Der Schokolade widerstehen

3   a) 1; b) 3; c) 4; d) 2; e) 6; f) 5
10 1 B, 2 I, 3 F, 4 D, 5 A, 6 C, 7 H, 8 E
11 A 1, B 1, C 2, D 1, E 1, F 3, G 2, H 1

8 Gordische Knoten

2   1 A; 2 B, C, D; 3 C, D; 4 B, D, E
3   Typische Wendungen sind u. a.: eine heftige Auseinandersetzung, ein heftiger Streit, ein schwerer Konflikt, eine bewaffnete Auseinandersetzung, eine offene Auseinandersetzung, ein offener Konflikt, ein schwelender Konflikt, ein versteckter Konflikt, eine blutige Auseinandersetzung, eine argumentative Auseinandersetzung, eine friedliche Auseinandersetzung u. a. m.
4   Entstehung: auslösen, hervorbringen, zu (+D) führen, suchen, hervorrufen, ausbrechen
    Konflikt: eskalieren, verzögern, austragen, sich heraushalten aus (+D), eingreifen in (+A), verlaufen, vermitteln in (+D)
    Beendigung: beenden, regeln, eine Lösung anstreben, eine Übereinkunft erzielen, lösen, schlichten, Frieden stiften
6   1. (6); 2. (3); 3. (2); 4. (7); 4.1 (4); 4.2 (5); 4.3 (9); 5. (8); 6. (1)
11 1: ein Gespräch eröffnen; 2: nachfragen; 3: sich beziehen auf einen anderen; 4: etwas ankündigen; 5: etwas richtig stellen; 6: jemanden unterbrechen; 7: eine Störung abwehren; 8: zum Ende kommen
15 Ausprobieren!
16 Situation 1: 2, 4, 10
    Situation 2: 1, 5, 8, 9, 11
    Situation 3: 3, 6, 7

17b 1: entschuldigen; 2: vermeiden; 3: ensteht; 4: ausräumen; 5: bedauern

9 Durch die Programme

4 (1) Fernsehen, (2) verlesen, (3) (einen Film) angesagt, (4) gedreht, (5) spielen, (6) zappe, (7) (live) übertragen, (8) begrüßt, (9) geführt (10) berichtet, (11) schalte, (12) um

10 Wir lieben den Stau

2b (Der Stau) sichert Wachstum, Wohlstand und Arbeitsplätze.

4a umsteigen auf Busse und Bahnen – täglich von A nach B pendeln – auf der Autobahn rasen – auf einer Strecke kaum durch- / vorankommen – mühsam durch- / vorankommen – ein anderes Auto behindern

5a investieren in den Straßenbau – das Straßennetz ausbauen – die Mineralölsteuer erhöhen – ein Stau bildet sich – Verkehrsprobleme / den Verkehrsfluss / den Benzinverbrauch verringern – das Verhalten ändern – eine Strecke verkürzt sich – ein Stau löst sich auf – Verkehrsprobleme bewältigen – den Verkehrsfluss optimieren – eine Strecke verlängert sich – Konsequenzen ziehen (aus + D) – Staus / Unfälle verursachen

6 c) eine lange Schlange von Autos, z. B. an Urlaubsreisetagen; d) eine „lebensnotwendige" Straße; e) z. B. große Blumenkübel oder Bodenschwellen auf der Fahrbahn; f) eine wenig befahrene Straße, auf der man schneller vorankommt; g) ein Messwert (z. B. des CO_2-Gehalts der Luft), bis zu dem noch alles in Ordnung ist; h) ein Unfall, an dem sehr viele Fahrzeuge beteiligt sind; l) eine risikoreiche Form des Überholens; m) wo der Verkehr aus der Stadt hinausfließt; o) eine Maßnahme mit dem Ziel, für weniger Verkehr zu sorgen: z. B. höhere Benzinpreise, Parkverbote, Fahrverbote für LKW u. a. m.

7a (1) A/Tendenz (2) F/Verkehrsunfällen (3) J/die Bürger (4) D/die Abgase (5) K/eine Studie (6) B/Fazit (7) I/Gedanken (auch denkbar: Erkenntnisse, Konzepte) (8) E/Erkenntnissen (9) N/Gegenstand (10) C/Entfernungen (11) O/Energie (12) C/Entfernungen (13) O/Energie (14) H/Parken (15) M/das Konzept (16) L/Schiene (17) P/den Einsatz (18) J/Bürger G kommt nicht vor

7c Der letzte Satz gibt einen Hinweis.

9 2 abmachen, abgemacht; 3 übereinkommen, übereingekommen; 4 absprechen, abgesprochen; 5 entscheiden, entschieden; 6 verabreden, verabredet; 7 beschließen, beschlossen; 8 einigen, geeinigt

10 privater Bereich: Abmachung, Verabredung; geschäftlich: Vereinbarung, Übereinkunft, Absprache (mit Arbeitskollegen), Entscheidung, Verabredung, Einigung; politisch: Vereinbarung, Übereinkunft, Entscheidung, Beschluss, Einigung

12 getroffen, gefällt, gefasst, gefunden, geschlossen, unterzeichnet, beschlossen, verabschiedet. Charakteristische Wortverbindungen sind: 1 treffen (erzielen), 2 treffen, 3 erzielen, 4 treffen, 5 fällen, 6 treffen 7 fassen, 8 erzielen, 9 finden, 10 unterzeichnen, 11 schließen, 12 verabschieden

11 Auf dem Markt

1 zu Frage 3: Laut Presseberichten '95 besitzt jeder Bundesbürger 10 000 Gegenstände.

4 a) 6; b) 2; c) 4; d) 10; e) 7; f) 3; g) 8; h) 9; i) 1; j) 5

5 A 2, B 1, C 4, D 3, E 5, F 10, G 6, H 7, I 11, J 9

7 (1) aufzuspüren; (2) zeigen, spiegeln; (3) dauerhafte; (4) abzeichnen; (5) liegt; (6) anschließen; (7) beeinflussen; (8) verkünden; (9) prognostizieren, prophezeien; (10) gehen; (11) liegen

11 A Zufälligkeiten; B Weltweite Vermarktung; C Steigende Anzahl von Warenzeichen; D Zur Person; E Interessierte Branchen; F Beispiele; G-J Die Arbeitsweise; K Die Kosten; L Trends

13 a) 2; b) 2; c) 2; d) 3; e) 1

17 einen eigenen Scheck ausstellen – einen fremden Scheck einlösen – von DM in Dollar umtauschen – die Bank wird einen Betrag abbuchen – ein Konto einrichten / auflösen – eine Überweisung tätigen – auf ein Konto einzahlen – von einem Konto (einen Betrag) abheben

19 Ein Indianer besuchte einst einen weißen Mann. In einer Stadt zu sein mit dem Lärm, den Autos und den vielen Menschen; all dies war neuartig und verwirrend für ihn. Die beiden Männer gingen die Straße entlang, als plötzlich der Indianer seinem Freund auf die Schulter tippte und sagt: „Hörst du auch, was ich höre?" Der Freund horchte und sagte: „Alles, was ich höre, ist das Hupen der Autos und das Rattern der Omnibusse." – „Ich höre ganz in der Nähe eine Grille zirpen." „Du mußt dich täuschen, hier gibt es keine Grillen; und selbst wenn es welche gäbe, würde man ihr Zirpen bei dem Lärm nicht hören." Der Indianer ging ein paar Schritte weiter und blieb vor einer Hauswand stehen. Wilder Wein rankte an der Mauer. Er schob die Blätter auseinander; da saß tatsächlich eine Grille. Der Weiße sagte: „Indianer können eben besser hören als Weiße." Doch der Indianer erwiderte: „Da täuscht du dich. Ich will es dir beweisen." Er warf ein 50-Cent-Stück auf das Pflaster. Es klimperte auf dem Asphalt. Leute, die nicht weit entfernt vorübergingen, wurden auf das Geräusch aufmerksam und sahen sich um. „Siehst du", sagte der Indianer, „das Geräusch, das das Geldstück gemacht hat, war nicht lauter als das der Grille. Und doch hörten es viele der weißen Männer. Der Grund liegt darin, dass wir alle stets nur das gut hören, worauf zu achten wir gewohnt sind."

22 1 Bestellung; 2 Lieferschein; 3 Rechnung; 4 Quittung

12 Eine Idee von der Welt

3 Der vollständige Text dieses Zitats aus dem Roman des niederländischen Schriftstellers Harry Mulisch *Die Entdeckung des Himmels* (dt. 1993) lautet: „das Bild der Hoffnung ist jemand, der mit einem Musikinstrument in einem Futteral vorbeikommt. Es trägt nicht zur Unterdrückung bei und auch nicht zur Befreiung, sondern zu etwas, das tiefer liegt. Der Junge auf seinem Fahrrad, mit einer Gitarre in ausgebleichtem Kunstleder auf dem Rücken, das Mädchen, das mit einem zerschrammten Geigenkasten auf die Straßenbahn wartet. Die heiligen Hallen unter den Konzertbühnen, wo die Orchestermusiker auf Tischen und Stühlen und auf dem Boden ihre Futterale und Kästen öffnen und ihre glänzenden und blinkenden Instrumente herausnehmen und die Hohlformen dieser Instrumente zurückbleiben: ‚negative' Klarinetten, Querflöten und Fagotte mit ihren Mund- und Zwischenstücken ausgespart in weichem, ausgeformtem Samt; der Raum füllt sich allmählich mit der gedämpften Kakophonie der Instrumente, die sich um das a bewegt wie Spatzen und Möwen und Stare und Drosseln um ein Stück Brot, und die Deckel der mannshohen Behausungen der Kontrabässe stehen offen wie Türen zu einer anderen Welt ..."

5a positiv: Erkenntnis, Geistesblitz; negativ (?): Luftschloss

5b Charakteristische Wortverbindungen sind u. a.: Überlegungen anstellen – auf einen Einfall kommen – die Bedeutung erkennen, erläutern – eine Erkenntnis gewinnen – den Sinn erkennen – Vorstellungen haben, sich machen, konkretisieren – Phantasie entwickeln – auf einen Gedanken kommen – eine Idee zum Ausdruck bringen – ein Projekt in Angriff nehmen – sich Illusionen machen – ein Luftschloss bauen – einen Geistesblitz haben – die Essenz ausdrücken ...

9 1971: haben – 1972/1973: konkretisieren – 1976–1995: begründen, diskutieren, erläutern – 1987: ablehnen – 1990: unterstützen – 1995: entscheiden über – 1995: ausführen

12 d Nachbilder

16 *formell:* Guten Tag, Auf Wiedersehen
regional: Moin (zu jeder Tageszeit in Norddeutschland gebräuchlich), Servus (Süddeutschland, Österreich), Grüezi (Schweiz), Tschüs (Norddeutschland)
Der Rest ist eher informell.

Textquellen

Seite	
10	Was ist Glück? – Mit freundlicher Genehmigung des Verlages, aus: Hans-Joachim Gelberg (Hrsg.), Was für ein Glück, Beltz Verlag, Weinheim und Basel 1993, Programm Beltz & Gelberg, Weinheim
20	Nicht das Allerweltsglück, auszugsweise aus: Judi Tobias, Dem Himmel verfallen, in: GEO Nr. 4/1980, S. 56–78
25	Der Mordsspaß an der Todesgefahr, in: Deutsches Allgemeines Sonntagsblatt Nr. 35 vom 2.9.1994
28	Peter Hamm, Loctudy/Bretagne (Sommer 1979), aus: Der Balken. Gedichte, Carl Hanser Verlag München Wien 1981
29	Was blieb von der Schulzeit? – aus: Walter Kempowski, Immer so durchgemogelt, Albrecht Knaus Verlag GmbH, München 1979
38	Wie leicht es einem zum Beispiel fällt …, aus: Rolf Niederhauser, Alles Gute, Hermann Luchterhand Verlag GmbH & Co.KG, Darmstadt und Neuwied 1987. Alle Rechte vorbehalten: Luchterhand Literaturverlag, München
46	Christian Ankowitsch, Ich und mein Computer, in: DIE ZEIT magazin Nr. 10 vom 3.3.1995, S. 10–15
53	Christiane Oppermann, Ein Tag im Multimedia-Reich, in: DIE WOCHE vom 25.8.1994 Extra „Fremde neue Welt" S. II-III
56	Internet-Stories, aus: Süddeutsche Zeitung, Beilage Neue Medien Nr. 45 vom 23.2.1995, S. XI
67	Michael Munkler, Jeder bekommt den gleichen Lohn, in: Die Abendzeitung vom 7.4.1987
69	Wolfgang Kessler, Da treffen sich …, in: PZ Nr. 62/1990, S. 15
81	Britta Fehrmann, Gute Manieren am heißen Draht, in: Berliner Zeitung Nr. 10 vom 12.1.1995
84	Edgar Piel, Die Deutschen fürchten Streß – und Langeweile, in: natur Nr. 11/1993, S. 38
89	Marion Rollin, Ach du liebe Zeit, in DIE WOCHE vom 29.12.1993, S. 25
93	Werner Koch, Meine Katze, in: Akzente Heft 3/1989, Giselore Freyberger, Köln
110	Beatrice von Weizsäcker, Das Geheimnis des Erfolges ist der Fleiß, in: Der Tagesspiegel Nr. 13 881 vom 26.5.1991
122	Jürgen Becker, Konferenz/Geschäftsbesuch, aus: Erzählen bis Ostende, Suhrkamp Verlag Frankfurt am Main 1981, S. 37/38, 61/62
132	Michael Freitag, Warum können wir der Schokolade nicht widerstehen, Herr Pollmer? – in: Frankfurter Allgemeine Magazin H.773 vom 23.12.1994
146	Cornelia Eybisch, Meditation: Wenn sich zwei streiten …, in: Psychologie heute, Heft 3/1995 (gekürzt)

154	Flugzeugentführung, aus: Herbert Gudjons, Spielbuch Interaktionserziehung, Julius Klinkhardt, Bad Heilbrunn 1995, S. 192–194
157	K. Knapp, A) In einem Klub ... B) Ein Staatspräsident ..., in: DIE ZEIT vom 15.1.1988
166	Zwei Filmkritiken: A) aus: Margret Köhler, Deutsche Trennung und individuelles Schicksal, in: Medien + Erziehung Heft 1/1995, S. 30–31; B) Andreas Kilb, in: DIE ZEIT, nach Kulturchronik 3/1995
174	Klaus Weise, Wir lieben den Stau, in: Frankfurter Allgemeine Zeitung, Beilage Nr. 217 vom 18.9.1990
178	Harald Ries, Ein Zukunftsmodell für den Verkehr, in: Westfalenpost vom 6.3.1991
185	Reiner Kunze, Orientierung in Marseille, aus: Eines jeden einziges Leben, S. Fischer Verlag GmbH, Frankfurt am Main 1986, S. 78
189	Konsequenzen für das Handelsmarketing, aus: Die 13 Schlüsseltrends im Konsumentenverhalten, BBE-Verlag, Köln
194	Susanne Latour, Gut getauft ist halb gewonnen, in: Handelsblatt-KARRIERE Nr. 32/1994, S. K2
212	Wim Wenders, Highway durch Moskau, Verlag der Autoren, Frankfurt am Main

Bildquellen

14	oben: Dagmar Knöpfel Filmproduktion, München / Photo: Karl Stocker; Szenenphoto aus: „Brigitta", einer Verfilmung nach Adalbert Stifter unten: Tele Bunk / Süddeutscher Verlag Bildarchiv, München
39	oben: Mike Schröder / argus Fotoarchiv, Hamburg unten: Jupp Menzen, Bonn
60	Thomas Brenner, Kaiserslautern
74	oben: Barbara Klemm, Frankfurt am Main unten: Jürgen Jeibmann, Dresden
75	Heinz Birg, München
95	Matthias Müller-Wieferig, Iserlohn
126	oben: Mike Schröder / argus Fotoarchiv, Hamburg: Zivildienstleistender im Altersheim unten: Serge Cohen / Frankfurter Allgemeine Magazin: Das internationale Sekreteriat der Menschenrechtsorganisation „amnesty international"
137	Globus Kartendienst, Hamburg
138	oben: Matthias Müller-Wieferig, Iserlohn unten: Barbara Klemm, Frankfurt am Main
149	oben: The Associated Press, Frankfurt am Main unten: Matthias Müller-Wieferig, Iserlohn
165	Kinoarchiv Peter W. Engelmeier, Hamburg; Szenenphoto aus: „Das Versprechen", ein Film von Margarethe von Trotta
180	Presse- und Informationsamt der Stadt Münster

Quellen

200	aus: Chaval, Zum Lachen und zum Heulen, Diogenes Verlag AG Zürich 1969
208	Christo, Photo: Wolfgang Volz
210	Alexandr Deineka, Staatl. Russisches Museum, St. Petersburg / Insel Verlag Bildarchiv, Frankfurt am Main

Wir haben uns bemüht, alle Inhaber von Text- und Bildrechten ausfindig zu machen. Sollten Rechteinhaber hier nicht aufgeführt sein, so wären wir für entsprechende Hinweise dankbar.